フェルナンド・カサード・カニェーケ
スチュアート・L・ハート＝編著
BoPグローバルネットワーク・ジャパン代表理事
平本督太郎＝訳

BoPビジネス 3.0

持続的成長のエコシステムをつくる

Base of the Pyramid 3.0

Sustainable Development Through Innovation and Entrepreneurship

英治出版

BoPビジネス3・0

持続的成長のエコシステムをつくる

日本語版　訳者まえがき

平本督太郎
ＢｏＰグローバルネットワーク・ジャパン

まず本書を手に取ってくれたことに、心からの感謝をお伝えしたい。本書は、２０１５年４月に米国で出版された『*Base of the Pyramid 3.0: Sustainable Development Through Innovation and Entrepreneurship*』の日本語版である。ＢｏＰビジネスは日本では一時期メディアでよく取り上げられたものの、一般的な認知は十分ではない。しかし、海外においては相変わらず重要なテーマとして政府・国際機関・企業・ＮＧＯなどのさまざまなステークホルダーから注目を浴び続けている。

そして、世界中でＢｏＰビジネスに関するさまざまな取り組みやその振り返りが行われてきた中で、ＢｏＰビジネスの実態やあるべき姿は大きく変わってきている。残念ながら、日本の中では、そうした潮流の変化を一部の人のみが知っている状態にとどまってしまっている。こうした状況の中で、本書の原著に執筆者の一人として参加するとともに、日本語版の出版に携わることによって、ＢｏＰビジネスの潮流に関して多くの人たちに共有させていただく機会をいただけたことに感謝したい。

本書は、ＢｏＰグローバルネットワークの各国代表が、それぞれがもつ知見を共有する章を執筆し、それを編著者のフェルナンド・カサード・カニェーケとスチュアート・ハートが取りまとめてできた書籍である。ＢｏＰグローバルネットワークとは、ＢｏＰビジネス考案者であるスチュアート・ハートによって二〇〇七年に設立された、有識者ネットワークである。

本書の執筆者は、先進国、途上国双方から輩出され、それぞれの国で中心的な役割を担うリーダーであり、ＢｏＰビジネスの実態がさまざまな視点から描かれている。そのため、最新の潮流を把握するには、非常に役に立つ内容になっていると思う。他方で、独立した章が集まった作られた書籍であるために、正直に言えば一つの読み物として通しで読むためには事前の予備知識が必要とされることだろう。従って、自分が関心の高いキーワードが書かれている章から読み始めたほうが読みやすいかもしれない。その点については留意していただきたい。

また、日本語版においては、日本の状況に関する解説や日本企業の先進事例を紹介する特別章を付け加えさせていただいた。最近のＢｏＰビジネスの動向を把握していない読者には、まずこの特別章から読み始めることをお勧めする。特に、ＢｏＰグローバルネットワーク・サミットやＣＯＰ21といった国際会議において、世界における先進事例として紹介されている会宝産業、フロムファーイーストといった日本企業の事例は、ＢｏＰビジネスに興味・関心を持っている人々にとても参考になるのではないかと思う。これらの企業は、ＢｏＰ３・０の萌芽事例であり、オープンイノベーションを重視している。是非、事例を知るというところにとどまらず、積極的に彼らとの連携可能性を模索していただきたい。ＭＤＧｓ（ミレニアム開発目標）がＳＤＧｓ（持続可能な開発目標）に発展し、途上国と先進国がともに手を取りあい、持続可能な開発をしていくことの重要性がより強まっている。ビジネスを通じた持続可能な開発が実現できるかどうかを議論するのではなく、どのように実現していくのかを共に行動しながら探していくことが必要である。本書がその第一歩を踏み出すために少しでも役に立つことを心より祈っている。

最後にこの場を借りて、日本語版出版について力強い支援をしていただいた英治出版の原田英治社長、下田理プロデューサー、フロムファーイーストの阪口竜也社長、会宝産業の近藤典彦会長、馬地克哉専務には心より感謝したい。

Part 1
ビジョン・能力

第4章 開かれた参加型のプラットフォームとは何か

Part 3 エコシステム

第5章 資金調達の壁を超える ―「パイオニアギャップ」をどう埋めるか

Part 5
パートナーシップ

特別章

日本におけるBoPビジネスの発展とBoP3・0の萌芽事例 273

編集部注

- 本文中、〔　〕は訳注を指す。
- 原書の注はすべて本文中に執筆者・年数が、章末に参考文献が記載されているが、読みやすさを考慮して注番号を振り、巻末の「原注・参考文献」に一覧としてまとめた。
- 「ピラミッドの底辺（The Base of the Pyramid）」の略称「BoP」の表記について。日本では「BOP」とすべて大文字で表記することが多いが、国際的には「BoP」と小文字の「o（オー）」を用いることが主流なためその表記に合わせた。

プロローグ――BoP3・0への道

スチュアート・L・ハート
バーモント大学および持続可能な世界構築に向けたエンタープライズ、アメリカ

二〇〇二年にC・K・プラハラードと共同執筆した論文「ピラミッドの底辺に潜む富」[1]を発表してから、BoPビジネスの研究と実践は急激に増えた。社会的インパクトに焦点を当てた企業のプロジェクト、新興ベンチャー、開発機関のプログラムや革新的な投資ファンドが怒涛のごとく何千と登場した。この現象を表現する一連の新しい用語も現れた。「BoPビジネス」や「ソーシャルビジネス」といったバズワードやキャッチフレーズなどである。企業や起業家が（単なる支援や慈善活動ではなく）貧困問題にアプローチできるということをテーマとした、カンファレンスやサミットの数は爆発的に増えた。BoPを取り上げた書籍、論文、ニュースレター、ブログもしかりだ。

しかしこれだけ注目されているにもかかわらず、BoPビジネスの秘訣が明らかになったとは言いがたい。過去一〇年間の取り組みは完全な失敗か、多大なコストに見合わない小規模な成果を出すだけで終わっているのが事実だ。そのため、今ではBoPビジネスを自社のCSR（企業の社会的責任）部門や関連財団の一部門へ格下げする組織が増えている。

このように、いまひとつ力に欠ける理由の一つとして、多くのプロジェクトがとっている漸進的なアプローチ[★1]があげられる。私たちは数年前に、「BoP1・0」と「BoP2・0」を区別する定義を打ち出した。前者のアプローチは、既存の製品を流用し、プライスポイント[★2]を下げ、多くの場合は経験不足を補うため民間非営利組織（NGO）と提携して、従来はサービスが十分に、あるいはまったく届いていなかった顧客に製品を行き届かせようとするのが中心だった。たしかにこうした「ビジネスモデルのイノベーション」は必要だが、結果として不十分だった。というのも、この「アウトサイド・イン[★3]」の取り組みのほとんどが商業的には失敗だったからだ。私はBoP1・0を「金づちを持った子供」になぞらえる。子供に金づちを持たせると、何でも釘に見立ててしまうという有名な例え話である。企業はもともと持っていた金づちの打ち方を知っているので、低所得の「消費者」は大量の新しい（小さくはあっても）釘に見えてしまうのだ。このアプローチを、企業帝国主義の新しい形態にすぎないとまでいう人もいる。

ここ一〇年で、単に「BoP層に売る」ことの問題点の多くを克服する形で、BoP2・0が進化してきた。2・0のアプローチは、サービスが不十分だったコミュニティと手をたずさえ、製品および魅力的な価値提案《バリュープロポジション》を共創し、ボトムアップでイノベーションを起こし、環境的に持続可能な技術を一足跳び《リープフロッグ》に発展させ、市場独自の特徴に合わせた指標と時間軸を創ることの大切さを重視している。BoP1・0モデルを簡潔にいえば、BoP1・0モデルが「BoPに富を発見すること」（相手にされてこなかったが存在していた市場という前提）であるとするなら、BoP2・0は「BoPと富を共創すること」（まったく新しい市場を創出するという前提）だと定義できる。テッド・ロンドンとの共著『BOPビジネス　市場共創の戦略』[2]はまさにこれを主張したものである。

私たちが立ち上げた〈BoPグローバルネットワーク〉は、BoPビジネス、すなわち包括的《インクルーシブ》

★1　順を追って徐々に目的を実現しようとするアプローチ。本書では、企業が既存のビジネスモデルを少しだけ改良し、BoP ビジネスにしようとしているやり方を指している。

★2　最も販売数量の多い売価のこと。

★3　外から中に持ち込む。ここでは他市場で流通しているサービス・製品を BoP 市場でそのまま流通させようとすることを指す。

で、文化に埋め込まれた、環境的に持続可能で、利益を生み出す事業の理論構築と実践の推進に力を注いできた。ネットワークのメンバーは過去数年間にわたり、ＢｏＰ２・０への移行に大きな貢献を果たしてきた。ＢｏＰ２・０の実行に必要な新しいスキルと能力と組織慣行はいまだ開発の途上であるが、さらなる課題、問題点、機会が明らかになりつつある。アプローチの欠点というものは、実践してみないとわからないものだ。予想していたことだが、ＢｏＰ２・０が終着点でないのは明らかだ。さらに前進してＢｏＰ３・０をめざすときがきた。

本書は私たちの発想を広げＢｏＰ３・０の方向性を指し示してくれる、ＢｏＰグローバルネットワークのメンバーによる寄稿論文集である。ＢｏＰ３・０は２・０とどう違うのか。本書では次のテーマを取り上げた。あなたの発想を「広げて《ストレッチ》」いただこう。

◆「守られた領域」から「目的とマインドセット」へ……ＢｏＰ２・０は新しい取り組みのなかで、実りある共創と、それが根づく時間と空間を確保するため、企業内に守られた「余白の領域《ホワイトスペース》」を創ることが大切だと強調した。これが大切なのはたしかだが、守られた領域を創るのは、必要ではあってもおそらく十分ではない。これからは、ＢｏＰ事業をより大きな、企業の歴史をつくってきた核となる目的と志から考えることがますます重要になっていく。すべての企業がＢｏＰ市場に向いているわけではないし、戦略（および効果）は企業の真の目的、マインドセット、志のレベルによって異なる。本書の第１部ではこの新たな課題を取り上げている。

◆「共創《コクリエーション》」から「オープンイノベーション」へ……ＢｏＰ２・０は、単にトップダウンで低コストの製品をマーケティングするのではなく、ＢｏＰ層と手をたずさえ、ボトムアップで解決策を共創する重要性を訴えた。共創の効果や互いにとっての価値を高めるために何が大切か、少しずつ判明しつつある。しかし今後は、オープンイノベーションがBoPビジネスの地平を拓くかもしれない。すなわち、「大衆の知恵《クラウド》」を利用して、これまでは想像もつかなかったような解決策を生み出すのである。ゆくゆくは、参加型の草の根《グラスルーツ》イノベーションによって、BoPビジネスはまったく新しい段階に到達する可能性がある。詳しくは本書の第2部で述べる。

◆**「単独の活動」から「イノベーションのエコシステム」へ**……BoP2·0は「エンゲージメント」、特に市場としては相手にされてこなかったコミュニティの人々と関与《エンゲージ》する大切さをはっきりと認識していた。しかし、企業のことを孤立した存在として捉えがちだった。つまり、成功と失敗は企業の戦略やアプローチに左右されると考えられていたのである。しかし今後企業は、潜在的な、技術や資金の提供者、人材育成者、現地パートナー、サプライチェーンプレイヤーを含む、より大きなエコシステムの一部に、自社を組み入れていくべきであることが明らかになっていくだろう。エコシステムを構成するパズルピースの一部が欠落しているせいで、良いアイデアがなかなか前に進まない事例はあまりにも多い。エコシステムについては、第3部で焦点を当てる。

◆**「流通の拡大」から「ラストマイルのためのイノベーション」へ**……BoP2·0は、危険なスラム地域や人口のまばらな農村地域に有効な流通を確保することへの挑戦であった。しかし、たった一種類の製品や限られた範囲で専用チャネルを持つことは、企業にとってコストが高くつく。実際この一〇年、十分な利益を生み出しえないコスト構造を持ったBoP事業が死屍累々たるありさまを見せてきた。今後は、幅の広い価値提案、他のパートナーやプレイヤーとのチャネル共有など、流通の課題を克服するための工夫あるアプローチが必要になるだろう。本書の第4部はこの新たな展望を探る。

◈「NGOとの協働関係」から「セクター横断的な提携ネットワーク」へ……BoP2・0は、特に企業自身の経験が乏しい地域において、NGOをはじめとする主要な現地プレイヤーと提携する大切さに注目していた。実際に、顧客と接する役割を現地のNGOに「アウトソース」して成果をあげた例は少なくない。NGOは、サービスが行き届いていないBoP層が住む地域に根づいて活動しているからだ。今後はNGO、政府機関、研究機関などのパートナーとの、より高度で複雑な提携ネットワークが、BoPビジネス成功の鍵となるかもしれない。第5部では、このような複数セクターとの提携モデルを見ていく。

◈「貧困削減」から「持続可能な開発」へ……BoPビジネスのもともとの動機は、企業の力を使ってBoP層にサービスを行き届かせ、生計を立てる手段を創り、その結果として貧困を削減することだった。今後はBoP領域においても、環境面から見た持続可能性という考え方や、環境・経済・社会への影響を総合的に評価する「トリプルボトムライン」といった考え方を取り入れていくことが決定的に重要になるだろう。BoPビジネスのロジックを用いることで、今よりも新しいモデルを創り出せるかもしれない。そして、その新しいモデルには、これまでサービスを十分に受けられなかった人々も参加することになる。第6部では、すでに現れはじめた持続可能な開発を実現するモデルを検証する。

自然資本を保全し、持続させつつ、万人に機会を創出し、なおかつ利益をあげることをめざすあなたにとって有益な次のステップが、本書を通じて見つかることを、著者一同願っている。

序章

教訓をどう活かすか

フェルナンド・カサード・カニェーケ
開発のためのパートナーシップセンター、スペイン

「ピラミッドの底辺（ＢｏＰ）」とは、世界経済をピラミッド型に表した際の基盤部分にあたる、一日八ドル未満で暮らす約四五億人の人々を指す。この層の多くは、基本的サービスを利用するために重い負担を強いられている。そして多くの人々が、自らの可能性を引き出す機会や自立への道筋をつける機会に恵まれていない。このような状況は「貧困ペナルティ」★と呼ばれている。また、貧困は特定の製品を買うための手段や所得がないという問題だけでなく、社会的、政治的、感情的、さらには文化的な側面においても問題を抱えている。つまり貧困とは、食物、衛生的な水、衣料、教育が不足し、病気に苦しみ、平均寿命が短く、死亡率が高いといったさまざまな状況を表しているのだ。

Ｃ・Ｋ・プラハラードとスチュアート・Ｌ・ハートが初めてＢｏＰの概念を定義して以来、組織

★ 豊かな人ほど安価で良質な製品・サービスが利用でき、貧しい人ほど割高で低品質な製品・サービスしか利用できないため、人々が貧困から抜け出すのが難しいという問題を表す用語。

や企業がこの考え方を自分たちの主要な戦略に取り入れて実行に移すという面では、大きな前進があった。今日では各国政府や国際機関、市民社会、とりわけ世界中の企業がこの概念を採用している。どうやってＢｏＰ層のニーズをつかみ、どうやって彼らをパートナーとして社会的価値をともに生み出していくか、成功の秘訣をつかもうとしている。

それだけではない。破壊的イノベーションとより包括的なビジネスを創出することは、横展開はもちろん、ピラミッドの上層部で革新的なチャンスを生む「トリクルアップ」の莫大な可能性を秘めているのだ。つまり、ＢｏＰ層の暮らしをよくするだけでなく、企業にとっても、イノベーションを起こして競争力を高めたり、新しい市場を獲得したりすることができるチャンスなのである。

しかし、ＢｏＰビジネスの可能性は魅力的ではあるものの、それを実行に移して成功させるのは難しいということがわかってきた。ＢｏＰビジネスにおいては、方法論やマネジメントのあり方においていまだ欠陥が多く、対策が必要とされている。例えば、「ＢｏＰ層との協働による適切なイノベーションプロセスを開発する」、「製品およびサービスプロセスのライフサイクル全体において、最大限に社会的・経済的価値を創出することの可能性を理解し、実際に高めていく」、「成功したパイロットケースをスケールアップして再現するためのモデルを見つけ出す」ということをいかに実現するかについては、いまだ確立された手法がない。

ビジネスモデルは次のような明確なコンセプトに基づいて組み立てるのが鉄則である。

◈ **入手のしやすさ《アベイラビリティ》**――ＢｏＰ市場は細かく分断されていたり、そもそも市場自体が存在しなかったりする場合があるので、流通の課題に対応する。

◈ **手ごろな価格《アフォーダビリティ》**――ＢｏＰ層のニーズに応え、週給や月給ではなく日給で収入を得ることが多い顧客のキャッシュフローに合わせる。

◆啓蒙活動《アウェアネス》——メディアの購読・視聴が限られていたり、そもそもメディアに触れることのない環境で、認知の向上と教育を行う。

◆受容性《アクセプタビリティ》——社会的・文化的側面から見てもＢｏＰ層の要求に沿うように、製品／サービスを適合させる。

ＢｏＰグローバルネットワークはこれらの課題に答えを提供するために設立された。スチュアート・Ｌ・ハートのリーダーシップのもと、数カ国のイノベーション研究機関をつなぎ、連携させてきた。具体的な目標は、競争力があり、環境的に持続可能で、地域文化にとって適切な、新しい事業を立ち上げることだった。その事業で得られる学びや事業が普及するプロセスにコミュニティを関与させ、持続可能なＢｏＰビジネスを生み出す方法論を構築することをめざした。

ＢｏＰグローバルネットワークは、「ＢｏＰビジネス」を四つの要素で定義した。

◆民間セクターのビジネスモデルを対象とする。社会的事業と非営利モデルも重要ではあるが、ここではＢｏＰ層に関わる営利ビジネスモデルに主眼を置くものとする。

◆質的変化を起こす、つまり現地コミュニティに大きなプラス効果をもたらすビジネスを対象とする。ＢｏＰビジネスは単に「製品を売る」だけでなく、コミュニティの能力を育て、生計手段をつくり出す。そこには、ビジネスが現地コミュニティの構成員をパートナーとして関与させ、大きな成功を達成するという期待が込められている。

◆ＢｏＰビジネスの戦略には、環境、社会、文化へのインパクトが考慮されていなければならないと考える。それなくして経済活動を行うだけでは、私たちが定義するBoP事業開発にそぐわない。

◈最初に対象としたコミュニティあるいは地域を超えて、事業をスケールアップし、再現する可能性を想定すべきである。現地のイノベーションと非営利の経験は重要だが、世界のBoPコミュニティに対して持続可能な事業をもたらしてこそ、持続可能な世界に向かう進歩が加速していく。

BoPグローバルネットワークの主な活動領域は知識の創出と普及、そして革新的なビジネスモデルの育成である。企業やその他のステークホルダーと連携して、ビジネスプロセスにおけるイノベーションの発見、設計、育成、推進を支援している。これまでに多くの事例が、新規企業の育成と発展、BoP層向けの製品開発の再設計と新しい製品およびサービスの創出、新規事業開発のための革新的な手法の実践、成功事例の普及と啓蒙、BoPビジネスが可能となる環境を整えるための政策立案者に対する働きかけなどを行ってきた。また、ビジネス価値を生み出す新たな機会を開拓しながら、同時に世界のBoP層の人々とコミュニティの発展を促す、ウィン・ウィンの解決策を開発し実践することをめざしてきた。

本書はBoPグローバルネットワークが行ってきた知識の創出と普及活動の一環で、BoPビジネスを推進するために、これまでに実践された、選りすぐりの革新的な戦略を紹介している。六部構成で、それぞれバリューチェーンの戦略的フェーズと対応するビジネスモデルを説明している（図0-1参照）。

本書の第1部は、参加型アプローチと、ビジネスモデル設計において企業がビジョンを持つ重要性を取り上げている。

第1章「いまこそビジョンと目的を見つめなおす」では、どんな状況でBoPビジネスが成功、あるいは失敗するのかを詳しく述べている。特に、企業のビジョンにBoPビジネスを組み込むことがいかに重要か、その理由についても述べる。ここで述べられた理由を見れば、なぜ企業がBoPビジネスに取り組むべきか、またピーター・ドラッカーが主張したようにあらゆる社会問題は隠れたビジネスチャンスであることがわかる。

第2章「インクルーシブな市場をつくる新しい組織のあり方」では、南アフリカのBoP市場が他地域と同様に、いかにサービスが不十分で行き届いていないかを説明する。一方で、中・高所得層向けに設計されたモデルをBoP市場に適用するのが賢明かどうか、検討すべきであるとしている。イシュマエルは、企業がBoP市場に進出する際には、ビジネスプロセスを大きく変える必要があると結論づけている。その変化は組織の内部に大きな変化をもたらし、リソース、プロセス、企業文化、時として業界全体をも混乱させる可能性がある。

第2部では、エンゲージメント、参加、ボトムアップ・イノベーションの役割を取り上げる。

第3章「新事業を生み出す参加型のマーケットリサーチ」では、マダガスカル、シエラレオネ、ブラジルでの調査をもとに、人々から自身の状況や選好、かかえる問題とその解決策について聞き出すための最適な市場調査の設計方法を探る。

第4章「開かれた参加型のプラットフォームとは何か」では、イノベーションの歴史をふまえて、いかにソーシャルイノベーションという考え方が生まれ、現代のオープンエコノミーと結びついてきたかを探る。オープンソースを活用してソーシャルイノベーションを起こすという考え方は、まだＢｏＰ層の人々の暮らしを大きく変える具体例として実現していないが、今後の製品やサービスの設計に組み入れれば可能性は大きく広がるだろう。さらに、これまで生まれたさまざまなイノベーションプラットフォームを紹介している。

続く第3部では、ＢｏＰビジネスを成功に導く、エコシステムを機能させる条件を述べる。

第5章「資金調達の壁を超える――「パイオニアギャップ」をどう埋めるか」では、ＢｏＰ層の人々の事業開発への関与に秘められた可能性を論じる。一方で、初期段階のＢｏＰビジネスを支援する金融スキームがないという「ミッシングミドル」が、いまだに通常の金融商品とマイクロファイナンスの狭間にあると訴えている。

図 0-1　本書の構成概要

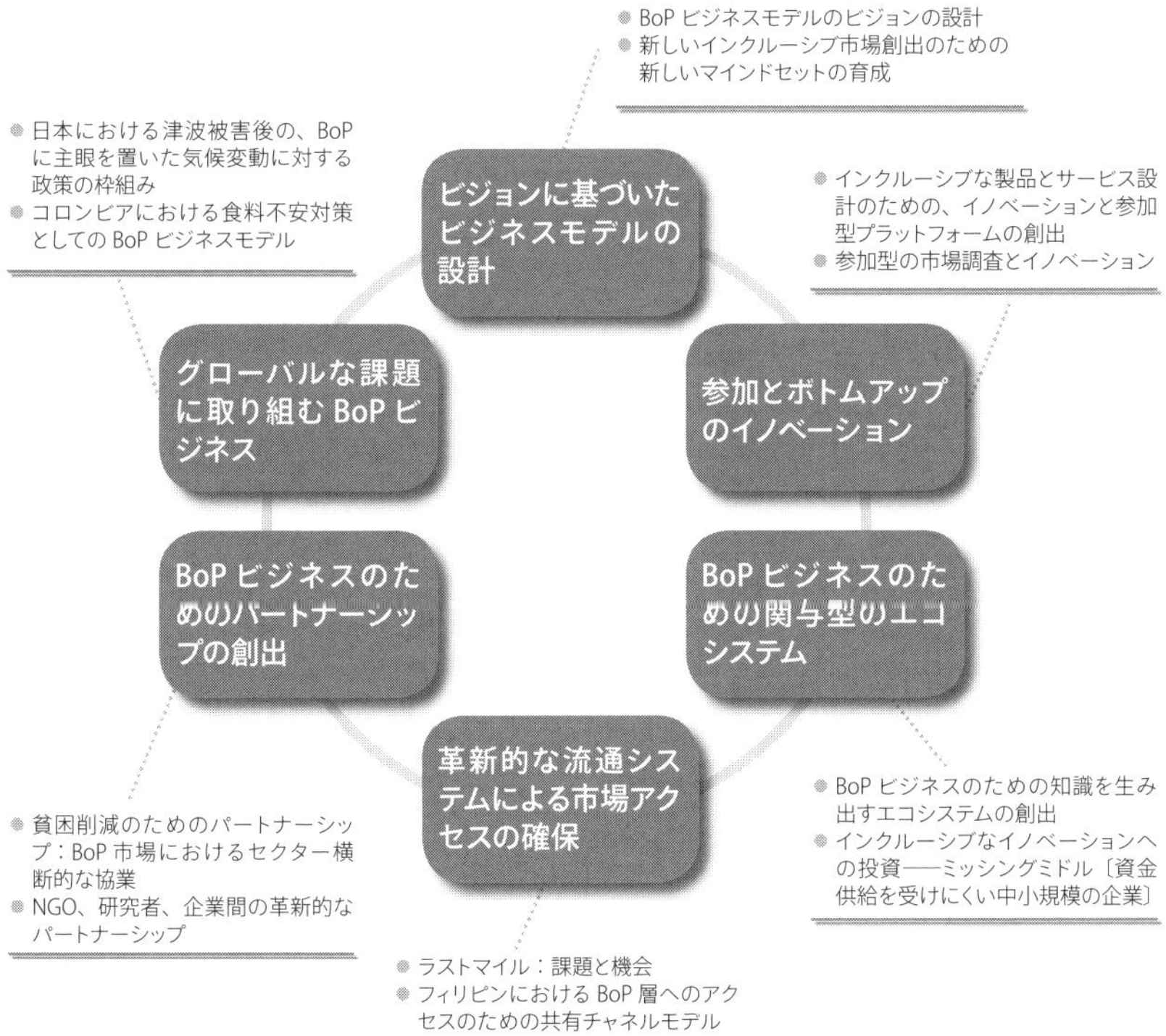

第6章「エコシステムをどうつくるか」では、過去一〇年間にBoPベンチャーの大半が、失敗か期待外れの結果に終わった理由を考察し、インドの〈エマージェント・インスティテュート〉と共同研究を行った経験に基づいて、BoPビジネスに対するエコシステムの必要性を突きとめている。また、エコシステムをどうつくるか、課題も含めて有効なアプローチを提案している。

第4部では流通の課題と市場へのアクセスを取り上げる。

第7章「流通のラストマイル——課題とチャンスとは」では、新興国市場の流通における大企業と現地企業の競争を分析し、イノベーションとパートナーシップと効率化を中心に、こうした障害を克服するための多くの解決策を例示している。さらに、小売業を流通のプラットフォームと捉えれば、BoP層の生活に必要な基本的サービスを届けることもできる可能性について論じている。

第8章「能力を補完する共有チャネルモデル——フィリピンの事例に学ぶ」では、BoPベンチャーをスケールアップする際の流通の課題を述べ、さまざまな共有チャネルモデルを分析している。また、共有チャネル評価フレームワーク（SCAF）も提案している。これは費用対効果の高い手段となる可能性があり、企業に対する訴求力を持っている。

第5部はパートナーシップフレームワークにまつわる課題を分析する。

第9章「誰と組むのか」では、業務提携という課題を取り上げている。ここでは、BoP市場でビジネスを行っている企業が、民間非営利組織（NGO）、現地のマイクロ起業家や企業、政府機関、政府間組織、大学など、さまざまなタイプの当事者との間に形成する多種多様なパートナーシップの概要を述べている。また、BoPビジネスにおいてパートナーが果たす役割を、共同開発者、供給業者、流通業者、補完役、顧客、マイクロファイナンスの提供者、ブローカー、資金提供者、インパクトの評価者、の九つのカテゴリで定義している。

続く第10章「パートナーシップを促進する仕組みとは——デンマークの事例に学ぶ」では、〈アクセス・トゥ・イノベーション（A2I）〉の立ち上げと実践から学んだ教訓を分析している。この取り組みは〈ダン・チャーチ・エイド（DCA）〉というNGOが、二一の企業と五つの研究ナームと共同で実施したもので、援助や開発のニーズを対象に、市場主導型の解決策を導入する四つのパートナーシップを立ち上げた。

第6部では、特定の開発課題について、より実践的なアプローチを提案することをめざした。第11章「自給率を高める都市農業の可能性」では、都市農業がいかにして新興国および開発途上国の都市生活者の栄養ニーズに応える有効な選択肢となったかを、特にBoP層にとっての意味に注目しながら分析している。本章ではボゴタの都市農業の事例を分析し、都市の貧困削減と地域規模の食料安全保障の向上の可能性について述べている。最後に、都市農業を実践しやすくするための環境づくりに公共政策が果たす役割を取り上げる。

最後に、第12章「三つの飛躍（トリプルリープ）」では、震災後に日本で発生した問題を説明し、日本企業が開発途上国で展開してきたBoP層向けの製品と技術が、津波の被災地でどのように活用され、被災したコミュニティに電気、食料、浄水システムを届けたかを分析している。

本書はBoPグローバルネットワークに参加している世界各地の専門家たちの応用研究と、世界中で行ってきた活動の成果である。本書がきっかけとなって、BoP層のさまざまなレベルで価値を生み出すために、イノベーションが果たす役割についての議論が始まることを願っている。こうした経験を世界各地で活動する実践者と共有することで、より多くの革新的かつインクルーシブなビジネスモデルが生まれ、ＢｏＰビジネスが前進する一助となれば幸いである。

Part 1
ビジョン・能力

BoP Vision and Capability
The Importance of
Purpose and Culture

第1章

いまこそビジョンと目的を見つめなおす

ウルス・イェーガー
INCAEビジネススクール、コスタリカおよびニカラグア
ヴィジェイ・サテ
ピーター・F・ドラッカー＝伊藤雅俊経営大学院、アメリカ

BoPビジネスに目覚めた企業

プラハラードとハートの著作によって、一日五ドル未満で暮らす貧しい人々がもたらすビジネスチャンスに注目が集まり、「BoP領域」にアクセスしようとする企業が増えてきた[1]。本章において、「BoP領域」とは、複雑かつダイナミックに絡み合う有形・無形のリソース、公式・非公式のルール、経済、環境、政治、社会上の関係を指している。企業が成功するつもりなら、複雑なBoP領域の中をうまくかいくぐっていくことを覚えなければならない。本章では、さまざまな企業

がBoP領域でどのようにビジネスをしようと試みてきたか、経験から得られる普遍的な学びは何かを検討する。

例えば、カナとパレプは、インドの〈タタ〉や韓国の〈LG〉のような開発途上国から現れた「新興国の大企業」が、BoP領域への綿密な理解をもとに、いかにBoP市場へのアクセスに成功したかを示している。[2] そうした新興国の大企業の例としては他にもメキシコ企業の〈セメックス〉、チリに本社のある〈ENAP（Empresa Nacional de Petróleo）〉、ベネズエラの〈PDVSA〉、ブラジルの〈ペトロブラス〉がある。一九九〇年のフォーチュン五〇〇ランキングには新興国の企業は数社しか入っていなかったが、二〇〇六年にはその数が五二に達した。

先進国の多国籍企業もBoP領域に参入している。〈テトラ〉〈プーマ〉〈ダノン〉〈コカ・コーラ〉〈ネスレ〉〈ウォルマート〉はBoP領域の新規事業に何百万ドルも投資し、ある程度の成功をおさめた。例えば、〈スターバックス〉と〈ネスレネスプレッソ〉は自社のサプライチェーンにBoP層のコーヒー生産者を取り込んできちんと利益を上げているが、このような調達方法は、特にヨーロッパとアメリカではあたりまえになってきた。ヨーロッパのNGO〈フェアトレード〉は、同組織が認証したコーヒー生産者団体が、二〇〇二年から二〇一一年の間に世界で五二パーセント増加したと報告している。これは二八カ国の農村地域にある五〇万軒以上の小規模農家に相当する。

ごくささやかなものもあるが、このような企業による新しい取り組みは、「BoP領域でビジネスを行う」ことについての新しい概念、例えばソーシャルビジネス、CSV（共通価値の創造）、CSR（企業の社会的責任）、インパクト投資、社会起業、社会的企業という形にも表れている。しかしBoPビジネスへの関心は高まりつつあるものの、成功した企業の例はまだあまりにも少ない。なぜだろうか。

成功しない理由

最近行われた二つの研究が、なぜこれほど多くの試みが失敗したかを知る手がかりになる。いずれも、成功のポイントについて、有益な指針を与えてくれる。

ギャレットとカルナニは、多国籍企業による有名な三つのBoPベンチャーを分析した。[3]〈エシロール〉は、二〇〇五年にインドで二つの非営利の眼科病院と提携し、農村地域に住む数百万人の貧しい人々に安価な眼鏡を提供するBoPベンチャーを立ち上げた。〈P&G〉は二〇〇〇年に、失敗をいくつか経ながらも、水に溶かせば安全な飲み水が作れる粉末剤「ピュア（PuR）」の販売を開始した。ダノンは二〇〇六年に、バングラデシュのマイクロファイナンス組織の草分けである〈グラミン銀行〉と提携して、バングラデシュの子供たちの栄養不良の改善を目的としたヨーグルト製品を開発するというミッションを掲げ、〈グラミン・ダノン〉を設立した。P&Gとダノンは現時点では収益を上げるにいたっていない。エシロールの取り組みは利益を出しているが、その規模と成長率はごくわずかにすぎない。

研究によって、これらのベンチャーが陥った四つの罠が特定されている。第一の罠は、「満たされていないニーズが市場を形成しているという思い込み」である。例えば、眼鏡を必要としているインド人が何人いるかを推定するのは簡単だが、そのうちの何人に眼鏡の購入能力があるかを、さまざまなプライスポイントで見きわめるのは、はるかに難しい。これにも関連する第二の罠は、「BoP層の顧客は、大幅に値下げした価格であれば、BoP市場向けにデザインしなおした魅力的な先進国企業の製品を購入したがるという思い込み」である。第三の罠は「BoP層の顧客に到達するコストと困難さを過小評価すること」、第四の罠は「達成しようとする目的が多すぎて、プロジェクトが散漫になってしまうこと」である。

それでは、どうすれば成功するのか。研究では二つの提言を行っている。（1）インドにおける携帯電話の例のように、技術革新によって製品のコストを下げ、価格的に手に入りやすくする。（2）議論を呼びそうだが、BoP層の顧客に受け入れられつつ、購入可能なレベルに品質を下げる。手には優しくても高価な洗剤が買えない貧しい人々向けの、手の荒れる〈ニルマ〉の洗剤がこのケースである。この研究の結論は、BoP領域で成功するには他のビジネス領域での成功に必要なのと同じ、戦略的で高度な統制力が必要ということだ。すなわち、目的を絞り込む、顧客を理解する、自社が提供する製品やサービスが、BoP層にとって魅力的かつ手の届くレベルにプライスポイントを下げるために、範囲の経済（製品やサービスの多様化によって利益率が高まること）と規模の経済の役割を評価することである。

シマニスはもっと最近の事例の、もっと大規模なデータをもとに、同じ結論にいたっている。[4] 生産、流通、マーケティングのコスト、そして資本コスト（三〇パーセント）がシリコンバレーの起業家が負担するコスト（二〇パーセント）よりも高かったら、BoP層の顧客に到達するのは非常に難しいし、高くついてしまう。成功するには、現実的な経営基盤に裏づけられた善意が必要なのである。

シマニスはさらに、成功に必要なレベルにまでコストを下げ、取引量を増やすことが可能な条件を特定した。すなわち、既存のインフラを活用できれば生産と流通のコストを下げられ、顧客がすでに製品に親しんでいれば教育コストを下げられる。〈ユニリーバ〉はこの二つを実現できたおかげで、洗剤「ホイール」でBoP市場リーダーのニルマと互角に戦えている。また、シマニスは製品のバンドル〔ある製品に別の製品を付属して販売すること〕と現地化《ローカライズ》、実用支援サービス〔顧客がよりうまく使えるようサポートするサービス〕の提供、顧客同士が形成するグループの育成によって、高価格・少量販売のビジネスモデルでも必要水準の利益を生み出せることを示し、ＢｏＰビジネスでは低価格・大量販売のビジネスモデルであるべきだという通念に挑戦している。

しかしシマニスは、ＢｏＰ層に高価格で利益率の高い製品やサービスを販売するのは、ＢｏＰ層に対する搾取だと批判されうる懸念については答えていない。シマニスに限らず、ＢｏＰに関する論文では、善意のＢｏＰベンチャーであっても、本当にＢｏＰ層のためになっているのか、という問題に十分に答えられていない。

二つのポイントがあるだろう。一点目として、企業は自社の製品やサービスがＢｏＰ層の顧客のニーズに合った場合に限り、買ってもらえると思うかもしれない。とすれば、ＢｏＰ層のためになることをしているかどうか、つまりインパクトを与えているかどうかは、経済的なロジックに従って測られる。企業は売れば売るほどＢｏＰに貢献していることになる。

しかし二点目として、ＢｏＰ層の人々の生活状況を考えると、個人にとってはためになっても、コミュニティ全体のためにはならないものがある。ＢｏＰ領域に製品やサービスが与えるインパクトを測るのは簡単ではない。ハーマン・レナードの論文「貧困層とのビジネスが善いのはどういう場合か――貧困層にとって」は、社会的インパクトの評価という非常に複雑な分野を紹介している。[5]ピーター・ドラッカーがマネジメントにおける測定の大切さを指摘したように、こうしたインパクトを測る方法は早急に必要とされている。[6]

これらの研究が出した結論は、ともに基本に立ち返ることの重要性を強調している。[7] ＢｏＰ領域で成功するには、この市場にふさわしいビジネスモデルと戦略が必要なのである。しかし、めったに取り上げられないもっと根本的な問いがある。それは、ＢｏＰビジネスがこれほどコストがかかり困難であるにもかかわらず、なぜ取り組む必要があるのか、というものだ。ＢｏＰビジネスを行うかどうかを決断するため、まず企業のリーダーがこの問いと真剣に対峙し、正直な答えを出すのは重要なことだ。そしてもし、事業目的に照らし合わせてＢｏＰビジネスを推進する必要がある、あるいは少なくとも推進する理由があるのであれば、必要とされる適切なモデルとは何だろうか。

適切なＢｏＰビジネスのモデルは何か

従来の営利と非営利の区別は、事業目的の説明としてはもう妥当ではない。営利事業はかつて非営利の領域だった活動に従事しているし、非営利事業は運営資金を調達するためにビジネスを行っている。では、ＢｏＰ領域でビジネスを行っている事業にとって適切なビジネスモデルとは何だろうか。

図１‐１はこの問いに答える分類法である。横軸は事業目的を表す。その事業は誰に利益をもたらすためにあるのか――オーナーのためだけか、社会と環境のためだけか、それとも両方か。答えはもちろん事業の法的構造と企業理念によるが、その事業が誰のメリットを追求しているのかを見定めることも重要である。これをどのように行うかは、少し先で説明する。縦軸は事業運営のためのリソースの源泉を表す。すなわち、事業活動のみか、金融資産および非金融資産（住宅、自動車、ボランティアのサービスないし時間）の寄付のみか、あるいは両方か。図１‐１のそれぞれのマス目はビジネスモデルを表す。その一つひとつを簡単に検討しよう。

マス目1……典型的な株式会社もしくは非公開企業。しかしインドの携帯電話会社の例が示すように、営利組織でも非営利組織と同等かそれ以上の社会的・環境的なメリットを生み出す場合がある。これはとりわけ、雇用と生活の安定が高い社会的価値を持つＢｏＰ領域にあてはまる。

マス目2……寄付に頼らず、事業活動によってリソースのすべてを生み出す社会的事業。インドの〈ナラヤナ・フルダヤラヤ心臓病院〉と〈アラビンド眼科病院〉はこのタイプの事業の例として世界的に有名だ。いずれも比較的安価な医療サービスによって高い社会的価値を創出しており、ＢｏＰ層には非常な低価格で、中間層と富裕層の人々にはそれよりも高いが手の届く価格でサービスを販売することにより、事業資金を獲得している。

マス目3……マス目2の組織と似ているが、オーナーと社会／環境の双方のメリットを意図した組織。のちほど〈パタゴニア〉を検証するが、その前にまずインドのタタ・グループを見てみよう。タタの上級幹部が近頃『エコノミスト』に語っているところによると、「当社は資本利益率をビジネスの中心にしていない。当社の目的は国づくり、雇用の創出、技術的スキルの獲得である」[8]。

マス目4……寄付などで資金を集め、起業したり、中小企業の所有権を獲得して経営改善を促したりする事業。

マス目5……〈ワールド・ビジョン〉のような非営利組織。寄付のみを資金源とし、社会または環境を利するために存在している。

マス目6……寄付などで資金を集め、クラスター開発の推進を行う事業。例えば、〈米州開発銀行〉をはじめとする援助資金供与者が、中南米の途上国の経済開発を支援するために、企業や海外投資の推進を目的とする機関に投資する。

マス目7……企業ボランティアが流行している。企業は社員が、自社や社員自身が選んだ活動のために有給であれ無給であれ働くことを、許可したり奨励したりしている。この取り組みの目的は社員の成長と能力開発であるが、ＣＳＲ（企業の社会的責任）活動による評判の向上というメリットもある。

マス目8……社会と環境を利するために存在する事業で、活動資金を事業活動からの収益と寄付の両方から得ている。グラミン銀行の創設者、ユヌス教授はグラミン・ダノンのベンチャーを「ソーシャルビジネス」と呼んでおり、彼はこれをマス目２に入れるだろうが、同ベンチャーは株主に元金のみ還元して投資額に対して利息や配当金を支払わないので、投資家は事実上、資本コストを寄付している形になる。

マス目9……ハイブリッド型は営利事業と非営利事業が合体したものである。例えば、非営利の美術館が営利のギフトショップを併設しているものはハイブリッド型だ。

図１‐１で紹介したビジネスモデルは、法的

図 1-1　事業を目的とリソースの源泉でマッピングする

リソースの源泉 ＼ 目的	オーナーのためだけ	社会と環境のためだけ	両方
両方	7 企業ボランティア	8 ● グラミン・ダノン	9 ハイブリッド型
寄付のみ	4 中小企業開発	5 非営利組織	6 クラスター開発
事業活動のみ	1 ● インドの携帯電話会社	2 ● NH 心臓病院 ● アラビンド眼科病院	3 ● パタゴニア ● タタ

目的
その事業は誰に利益をもたらすためにあるのか

保護と税制上の優遇を受ける資格があるだろう。例えば、最近アメリカの一部の州政府が、低営利型有限責任会社（L３C）とベネフィット・コーポレーション（Bコープ）の創設を認可する新しい法律を採択した。このような州では、企業がオーナーと社会および（または）環境の利益のために活動することが公認されるため、株主価値以外の目的を追求しているという理由で株主から訴訟を起こされないように法的な保護を受けられる。こうした新しい法制はまだ他の多くの州や国にはないものの、将来は広く採用される可能性がある。西洋的な法の伝統が強いインドなどの新興国も例外ではない。

図１‐１の分類は事業目的のマッピングの糸口としては役に立つが、事業のそもそもの存在理由をさらに踏み込んで考察することも可能であり、また必要でもある。そのためには、目的という言葉の定義を明確にしておかなければならない。

目的 vs. ミッションとビジョン

目的とミッションとビジョンは関連した言葉であり、区別せずに用いられがちだが、重要な違いがある。簡単な例えを借りて説明するのが、最もわかりやすいだろう。例えば、アメリカの有名な「月へのミッション」――一九六一年にアメリカのジョン・F・ケネディ大統領が、アメリカは「一九六〇年代のうちに」月に人間を送り込み、無事に地球に帰還させる事業を完遂すると決断した。このミッションはきわめて明快だった。「一九七〇年一月一日になる前にロケットと宇宙船を建設し、人間を月に着陸させ、無事に地球に帰還させること」である。しかし、このミッションの目的は何だろう。なぜわざわざ費用をかけ、困難をおしてまで実行するのか。その目的は、宇宙開発競争でソ連に勝ち、宇宙開発技術におけるアメリカの首位を守ることだった。「なぜ」を問いかけることによって明らかになる目的への理解なくしては、ミッションの重要性を十分に認識できない。「どのように」――宇宙飛行士たちを無事に地球に帰還させるか――を問いかけることによって、ミッション達成のよりどころとなる行動規範と価値観が明らかになる。そして、ビジョンは目的達成のための長期計画と可能性を表すが、これは志と能力にかかっている。例えば、月面に人間を常駐させる基地を建設するというアメリカの当初の宇宙計画は、後に、太陽系の無人探査を行うというビジョンに置き換わった。アメリカの宇宙への志と能力が、時間の経過とともに変化したからである。

同じように、企業がＢｏＰ領域に投資する理由を理解することも重要だ。例えばグラミン・ダノンは、バングラデシュの子供たちの栄養不良の解消に尽くすソーシャルビジネスの草分けとして広く称賛されてきた。その明らかな貢献は認めつつも、掲げたミッションに比べてダノンの投資額は少なすぎるという批判も絶えない。ダノンは現在までにこのベンチャーに約一三〇万ドルを投資し、ターゲットとしている栄養不良状態の児童およそ八五〇万人のうち、約一〇万人の栄養不良を改善した。ダノンの二〇〇九年の総純利益は二二億ドルだったため、同社はこのベンチャーに純利益のわずか〇・〇六パーセントを投資しただけで、大きなプラスのパブリシティ効果――わずかな投資に対して破格のリターン――を世界中で得たと批判者は指摘しているのである。そこで、ダノンのリーダーたちが、グラミン・ダノンに投資する真の目的を理解し、外部に説明することが非常に重要になってくる。ダノンは、グラミン・ダノンのミッションステートメントで明言しているとおり、ＢｏＰ層について憂慮し、バングラデシュの子供たちの栄養不良の解消に本気で取り組んでいるのか。それとも、真の目的は市場での評判を高めること、バングラデシュのような開発途上国で市場シェアを伸ばす方法を学ぶこと、あるいはそれ以外の理由なのか。

事業の真の目的を読み解く

ここで、図1-1の横軸を深く掘り下げて、事業の真の目的を読み解くことが重要である理由を示そう。本項ではパタゴニア（図1-1、マス目3）の診断方法を解説する。パタゴニアはカリフォルニアに本社を置く一九七二年創業の衣料メーカーで、高級アウトドア衣料を主力としている。『フォーチュン』誌の特集記事で「地球上で最もクールな会社」[9]と呼ばれたパタゴニアのミッションは、次のとおりである。[10]

1. 最高の製品を作る
2. 環境に与える不必要な悪影響を最小限に抑える
3. ビジネスを手段として環境危機に警鐘を鳴らし、解決に向けて実行する

そのためにパタゴニアは
――利益を出さなければならない
――成長しなければならない（今後五年間で年一〇パーセントの成長率）

しかし、パタゴニアの最終的な目的、企業の根本的な存在理由は何だろうか。創設者のシュイナードが、環境への関心を語るときによく口にする言葉の一つに「われわれが作るものはすべて環境を汚染する」がある。環境保護にそれほど強い思いがあるなら、なぜ会社を閉鎖するか売却して、

環境にインパクトを与える責任を回避しないのだろうか。
シュイナードが会社を七億五〇〇〇万ドル（売上額二億五〇〇〇万ドルの三倍）で売却し、うち二億五〇〇〇万ドルを私財として手元に残して五億ドルで環境のための基金を立ち上げ、基金から環境活動を行っているグループに年間二五〇〇万ドル（基金の財産の五パーセントを引き出す）の助成金を与えれば、現在同社が実施している助成金の一〇倍にも増やせるのだ（パタゴニアのケーススタディの指導要領からの分析に基づく[11]）。

こうして問いを重ね、答えを探っていくと、パタゴニアの真の目的が明らかになる。その目的とは、環境への悪影響を最小限に抑えながらも利益を上げることは可能だと身をもって示し、他の企業に対するロールモデルになることだ。会社を閉鎖したり売却したりしては、この最終的な目的を達せられないだろう。実は、二〇一二年にパタゴニアは有限株式会社からベネフィット・コーポレーションとなり、真の目的に法的な保護を受けるようになった。

他社の模範となるパタゴニアの環境への関心が、社会にも同じように向けられているわけではないことは、興味深い点として指摘しておこう。これはアメリカ企業とアメリカ人の論文の特徴で、彼らのいう「持続可能性」という言葉は、利益（企業の成功）と地球（環境）を両立できることを指す。アメリカ以外の世界では、「持続可能性」という言葉はBｏP層（人々）をはじめとした社会問題への関心も含む、いわゆる「トリプルボトムライン」を指している。

パタゴニアが環境面におけるロールモデルになろうとするのと同じくらい、社会面におけるロールモデルになろうとしている企業を、私たちは知らない。しかしパタゴニアの例は、企業の根本的な存在理由を読み解くヒントを示す。基本的な手法は、近い過去に企業が行った、あるいは行わなかった最も重要な意思決定（例えば、なぜパタゴニアは自社を売却しないのか）を批判的に検証し、真の事業目的に踏み込むことである。事業目的は複数ありうる。例えば、パタゴニアの三つのミッションステートメントそれぞれが目的である、ということもできる。しかし今しがた行った分析からは、一つの目的が他の目的と比べて突出しているのが明らかにわかる。それが、私たちが「最終的な」ないし「真の」事業目的と呼ぶものである。

真の事業目的が明らかになれば、リーダーは自社の現在のBoPビジョンが何か、そしてどうあるべきかを検討できる。その際には次のような問いかけを行う。自社の真の事業目的はBoP領域への関与について何を示唆するか。そもそも関与すべきか。関与する理由は何か。

リーダーがBoP領域への関与を決断した場合は、次の問いかけを行って自社のBoPビジョンを作る必要がある。BoP領域における自社の志は何であるべきか。その志を実現する能力が自社にはあるか。必要な能力がない場合、その能力を育てるか外部から獲得すべきか。それとも、能力に見合ったスケールに志を縮小すべきか。

BoP領域における自社の志は何か。

志は認識と動機に左右され、制約を受ける。方程式が好きな人のために書くと、志＝認識×動機である。それぞれをこれから詳しく見ていこう。

BoP領域に対してどんな認識を持っているか

認識1　BoP領域は貧しい人々であふれている

BoP層についてスラム、飢え、教育の欠如というステレオタイプなイメージを持っているリーダーは、BoP層を企業の製品を買うお金があれば喜んで買う、受け身の顧客と考えがちだ。このような思い込みがあると、顧客主導・市場主導のアプローチではなく、低コスト・低価格・大量販売でＢｏＰ層に自社製品を売り込む技術と製品のプッシュ戦略をとり、思うような成果が出ずにＢｏＰ市場から撤退するはめになりかねない。

一方で、ＢｏＰ領域で上げられる利益はわずか、あるいはゼロと認識していたとしても、ＣＳＲの取り組みの一環として、自社の財団を通じＢｏＰプロジェクトを支援する場合がある。例えば〈ノバルティス〉は医師が代表を務める〈ノバルティス持続可能開発財団〉を運営し、「人間の顔をした開発」を支援するＢｏＰプロジェクトに投資している。

認識2　ＢｏＰ領域には独自のニーズを持った潜在顧客がいる

リーダーがＢｏＰ層を顧客として認識すれば、ＢｏＰ層特有のウォンツとニーズを理解しやすくなる[12]。この顧客層の声に耳を傾けることにより、企業は価格を下げ、パッケージのリデザインを行い、新しい流通チャネルを開拓し、非営利組織と協働して、ＢｏＰ市場向けの有望なソリューションを創出できる可能性がある。シマニスらはこうしたビジネス慣行を「ＢｏＰ1.0」と呼んでいる[13]。しかし、ＢｏＰ層の顧客の非経済的価値観を理解するために、彼らが生活し仕事をしている背景全体を理解することが重要だ。彼らにとって非経済的価値観は、お金以上に大切なものかもしれないからだ[14]。

認識3　ＢｏＰ領域はコミュニティのルールに従うインフォーマル市場で構成されており、その中に顧客ニーズが潜在している

インフォーマルなＢｏＰ市場での事業活動は、政府の監視がなく、課税されず、ＧＮＰ（国民総生産）に算入されていないのが通例である。[15] たいていの交渉は口頭で行われ、契約は形だけで、競争は地域社会の絆に制約され、フォーマルな市場ほどお金に価値が置かれていない。[16]

先進国の経営の概念は「貨幣経済」を前提にしている。[17] 貨幣経済の特徴は強制力のある契約、法の支配、財産権、機能している市場制度、競争を有するフォーマル市場である。しかし、このような前提はBoP領域にはあてはまらず、貨幣経済に慣れた企業のリーダーがBoP領域でビジネスを行うことをきわめて困難にしている。

この課題に対し、シマニスらは、単にBoP領域の人々の声を聞くのではなく、もっと洞察に富んだ対話を生み出す新しいプロトコル、「BoP2・0」を開発した。[18] BoP2・0の中核になっているのは、企業の能力をBoPコミュニティの能力と融合させる創造性である。この作業はエスノグラファー（民族誌学者）の、「土着化する」ことで現地コミュニティに密着した生活を行うという作業に似ているが、少なくとも二つの点でより複雑である。

第一に、エスノグラファーは特定のコミュニティの文化を理解する仕事に何年も専念するが、企業は数週間で適合性の高いデータを収集しなければならない。単純かつ費用対効果の高い手法が求められるのだ。第二に、現場の人々は文脈により特化したデータを求める傾向があるのに対して、本社の人々は地域横断的な比較が可能となる標準化された手法を求める。

企業リーダーのBoP領域に対する認識は、そこでビジネスを行う動機に影響を及ぼすものの、その動機は次に考察する多数の他の要因にも影響される。認識と動機はともに、企業の本拠地が現地にあるかそれとも他国にあるかに影響を受け、企業の志のレベルを決定する。

ＢｏＰ領域でビジネスを行う動機は何か

現地の企業は、国内市場だけで運営しているにせよ、グローバル市場に進出した新興国の大企業であるにせよ、さまざまな理由から自国のＢｏＰ領域に投資する動機を持っているはずだ。例えば、本章の共著者の一人が行った調査では、ラテンアメリカの一二カ国で事業運営している三三社について以下の結果が得られた。企業の六割はラテンアメリカに本社を置きながらグローバル市場に展開し、四割は国内のみで運営していた。企業の七割はＢｏＰ領域でビジネスを行っていた。その動機は次のとおりである。

動機１　社会や環境の問題解決に貢献してほしいという、市民社会や政府からの期待

〈持続可能な開発のための世界経済人会議〉の「ビジョン２０５０レポート」[19]が示唆したように、多国籍企業の将来の市場は新興国にあり、その国々でのビジネスが今後一〇年間で二〇〜五〇パーセント増加することが予想される。[20]その増加分の少なくとも一部は、それらの国々でのＢｏＰビジネスに由来すると見込まれる。

さらに、多国籍企業に対して倫理や道徳の原則を守るべきという、非営利組織、政府、一般社会からの期待が高まりつつあるという現実がある。ＢｏＰビジネスも例外ではない。さらに進んで、多国籍企業がグローバルな社会や環境の問題解決に積極的に貢献することまで期待する人もいる。

動機２　新興国の大企業の知識

リーダーたちは、自国内の国際企業がＢｏＰ領域で有する優位性を認識しており、その優位性を

生かそうという動機がある。例えば、ＢｏＰ領域へのアクセスの良さ、日常業務で苦労しているインフォーマル市場での経験の豊富さ、コミュニティとの強い絆、地元の視点からＢｏＰ市場の理解が可能である、などがあげられる。

動機３　顧客の期待と国際規範

顧客の期待……先進国市場の顧客は、企業がＢｏＰ層を支援することを期待している。

国際規範……新興国から国際市場に進出した企業は国際規範に従う必要があるが、その規範にはＢｏＰ層へのサービス提供が含まれていることが多い。

動機４　正当化の必要性

一般の人々の視点……格差の大きな国でビジネスを行う企業は、社会的責任を果たしていると認識してもらうことで自社の存在意義を正当化し、「営業許可」を維持する必要があるかもしれない。その一つの方法がＢｏＰ層への取り組みである。

中心的・周辺的なステークホルダーの視点……企業は自社が活動しているコミュニティに良くも悪くも直接的な影響を与えている。例えば雇用の創出、安全の確保、土地利用、環境汚染、社会的混乱などである。スチュアート・ハートが指摘したように、「周辺的なステークホルダー」――企業の活動に直接の関わりはほとんど、あるいはまったくないが、事業から影響を受ける可能性のある人々――は、潜在的な問題を予測し、革新的なビジネスチャンスを見出す鍵となる知識と視点を持っている。[21] 企業には、中心的なステークホルダーだけでなく、周辺的なステークホルダーからの期待に応える動機があるのだ。

動機5　営業効率を向上させる

ＢｏＰ領域でビジネスを行うことで運営コストが下げられる可能性がある。また、より良質な流通システムによって市場アクセスが広がり、売上が増えれば、ＢｏＰビジネスの業績が向上する可能性がある。

動機6　リバース・イノベーション

〈ＧＥ〉の会長兼ＣＥＯのジェフリー・イメルトは、これを次のように述べている。「われわれが貧困国でイノベーションを生み出し、グローバルに展開しなければ、〈マインドレイ（邁瑞医療）〉〈スズロン〉〈ゴールドウィンド（金風科技）〉のような開発途上国の新しい競合他社がそれをやるだろう[22]」

これまで見てきたように、ＢｏＰビジネスに対する企業の志は、企業リーダーがＢｏＰ領域をどのように認識しているか、そこでビジネスを行う動機が何であるかに左右される。しかし、企業の志は、その企業のＢｏＰ領域でビジネスを行う能力に見合ったものでなければならない。

ＢｏＰ領域における自社の能力はどれぐらいか

ＢｏＰビジネスに成功している企業の経験をもとに、主要な能力を六つにまとめた。

能力1　BoP領域とフォーマル市場の橋渡しをする

企業がBoP領域についてよく知らないまま、BoP領域とフォーマル市場の接点をマネジメントしようとする例はあとをたたない。〈ラテンコンプ〉（仮名）もそんな企業の一例である。同社は、中米の小規模生産者から有機果物を買いつけて西側諸国に高級有機果物を販売する、フォーマル市場のグローバル企業である。そして、中米の某国のBoP領域で有機果物の生産と販売を行っている地元の団体に供給業者として関心を持った。しかしその団体の人々は非常に貧しく、所得も生活状況も同国の貧困ラインをはるかに下回っていた。そこで、ラテンコンプは次のような介入を計画した。

同社は生産者に現代的な技術と有機肥料を使った果物栽培を教えたいと考えた。そうすれば供給業者の生産性が上がり、供給業者も買い手も利益が増える。また、例えば農村地域の生産者の生活水準を上げることによって彼らを支援するというような、自社が定めたCSRの基準を満たせる。ラテンコンプは、コミュニティの子供たちのための学校建設まで計画した。一見すると複数の価値基準を満たし、さまざまなステークホルダーを利する賢明な試みのようだが、この計画は実行にいたらなかった。フォーマル市場のCSR規範と現地のBoP領域の現実が異なっていたためである。

フォーマル市場に軸足を置いたラテンコンプとBoP領域で活動している地元団体の文化の違いに注目すれば、なぜこの計画が成功しなかったかの理解が進むだろう。経済的価値観の違いがあったのだ。ラテンコンプの見方に反して、現地の多くの人々は、自分たちを貧しいと考えていなかった。彼らは数百年前から受け継いできた自然哲学に従って暮らしていた。豊かさは金融資産の有無ではない。自然の一部であること、自分たちの土地から日常の必需品をすべてまかなう力、自然の法則への敬意が彼らの豊かさの尺度だった。だから地元の団体では果物を自然農法によって、自分たちの文化と哲学に合った生産レベルで生産していたのだ。彼らには自分たちの生産法を変える理由が見あたらず、ラテンコンプの練りあげられた計画を実行することに関心が持てなかった。

ラテンコンプの事例のように、二つの異なるロジックを追いかけてしまう企業は多い。一方では、フォーマル市場の経済的・社会的・環境保護的な顧客価値に見合っていて、ＢｏＰ領域での事業運営の社会的・環境保護的な規範となるブランドを創出したい。その一方で、新興国でビジネスを行うマネジャーの給与額は、相変わらず昔ながらの短期的な財務指標に沿って決めているため、マネジャーは長期的な視点で投資に踏み出せない。このように、企業はフォーマル市場とＢｏＰ領域の相克を、それをうまくマネジメントできる立場に置かれていない新興国のマネジャーに肩代わりさせ、両者の接点を全社レベルで体系立ててマネジメントすることを回避してしまいがちなのである。ＢｏＰ領域で成功するためには、企業はこの相克をきちんとマネジメントして、ギャップを埋める能力を育てる必要がある。

能力2　小規模な供給業者と協働し、バリューチェーンを育成する

これをどうすれば実現できるかについては、〈ＣＯＰＲＯＣＡ（コプロカ）〉の例が教えてくれる。ＣＯＰＲＯＣＡは、アンデス高地のアルパカやリャマの毛を用いた製品に対する国際的な需要に応えるため、一九九一年に創業された。現在は、ボリビア高地に暮らすアルパカとリャマの飼育農家一二〇〇世帯と協働している。彼らはボリビアで最も重要な農業セクターの、およそ五万四〇〇〇世帯の一部だ。ボリビアの一人あたりの国内総生産（ＧＤＰ）は一〇〇〇ドルにすぎず、リャマとアルパカの飼育農家も小規模農家全般と同じく、ＢｏＰ層に属している。

リャマとアルパカの飼育農家が比較的貧しい状況にあるという現実は、持続不可能な農村開発の

例と考えることもできた。家畜の多大な損失によって農業で自立できなくなったり、栄養状態のバランスが悪かったり、仕事への意欲が低かったりした結果であると。

ＣＯＰＲＯＣＡは、ラテンアメリカのマイクロ事業および中小規模事業の競争力育成を推進している国際ＮＧＯ〈ＦＵＮＤＥＳ〉に支援を求めた。ＦＵＮＤＥＳはサプライチェーンを強化し、物流と輸送のコストを下げ、仕事の水準を上げるために小規模供給業者を育てることを提案した。

ＣＯＰＲＯＣＡの主な目標は生産基準を確立し、バリューチェーンを育成し、供給業者の水準を上げることによって、その生産基準を満たせるようにすることだった。こうしてＣＳＲと商品化プロセスおよび生産プロセスが一体となった。ＣＯＰＲＯＣＡは供給業者マネジメントに関する社内プロセスの分析も行い、原材料の量と質の向上に成功した。

能力３　セクター横断で協業する

企業はＢｏＰ領域を知り尽くした非営利組織と協業して事業運営コストを下げ、製品とサービスの質を上げることができる。官民連携の成功例は、コロンビアの企業、〈アルピナ〉である。同社は一九五〇年代から国内市場向けに乳製品、菓子、飲料を製造してきた。また、ラテンアメリカ諸国にも輸出している。アルピナは、遠隔地の農村地域に暮らす、多数の小規模生産者から牛乳を買いつけている。製品が非常に腐りやすく輸送距離が長いため、インフラと物流の整備が欠かせない。アルピナは〈アソポレチェ〉〈アソグラハン〉〈コーアプリサ〉など、農村部の生産者団体と提携関係を築いた。この提携に成功したおかげでさらに多くの団体をパートナーに迎え入れ、長期契約を結ぶことができた。また、〈ＵＭＡＴＡ（市町農牧技術支援部）〉などの政府機関の協力を得て、生産者団体に技術支援とトレーニングを提供し、最高の技術水準を確保した。こうしてアルピナは、高い品質水準を維持することで取引量が安定的に伸びていき、生産者団体も加盟農家の収入を増やすことができた。

能力4　不安定な環境で長期的な関係を築く

ペルーの企業〈パルマス・デル・エスピノ〉を見てみよう。一九七九年に創業した同社は、パーム油用ヤシの栽培、パーム油の抽出、パーム油製品の製造にたずさわってきた。ゲリラ集団〈センデロ・ルミノソ（輝く道）〉が支配していた時代に、非常に治安が不安定だったワジャガ川渓谷上流地域の住民たちにとって、パーム油用ヤシの栽培はコカの栽培よりも安全な代替の生計手段だった。パルマスは、センデロ・ルミノソが残した影響を理解していた。ゲリラ活動はきわめて残虐で、生き残った住民たちは疑心暗鬼に陥っていた。そのため、土地の収用に対しては反対運動が起こりやすかった。

パルマスはアブラヤシ生産者に必要な技術支援と財政支援を提供し、公正な市場価格を提示した。一九八七年に一五〇〇名からなる集団がパルマスの所有する三〇〇〇ヘクタールの土地を不法に占拠した。パルマスは彼らを退去させるかわりに、侵入者に土地の半分を供与するというユニークな合意をとりつけた。その後、占拠した世帯をパーム油ビジネスに取り込んで、彼らに必要な初期費用を貸し付け、収穫が始まってからの五年間にわたり収穫量の半分で返済させたのである。

パルマスは時間をかけて、これらの世帯およびコミュニティを説得し、その多くをコカ栽培から、それよりは実入りの少ないアブラヤシ栽培に転換させることに成功した。農家にとっての利点はリスクの低さ、維持費用の低さ、安定収入、技術支援、市場が保証されていることだった。パルマスはこの地域の歴史と反対運動の起こりやすい土地柄を認識し、現地の自治体の支援はあてにできないこともわかったうえで、地元住民の合意ばかりかパートナーシップまで求め、功を奏したのだった。

能力5　ＢｏＰ領域で合法的に事業を行う

情報技術はグローバルな透明性を実現した。今では、企業活動によるＢｏＰ領域へのインパクトを、ソーシャルメディアや公共メディアを使って全世界の人々に知らしめることが可能になった。そのため、ＢｏＰ領域で事業を運営する企業は、グローバルな規範に従う必要がある。エクアドルの乳製品メーカー、〈フロラルプ〉がその一例だ。

一九六四年創業の同族経営企業フロラルプは、社会的および環境的目標を掲げたプロジェクトを非公式に実施してきた。しかし二〇〇六年、フロラルプの供給業者が土地を濫用して環境を破壊し、牛乳の生産量の低下をまねいた。乳製品企業は環境を破壊すると世間から認知されれば、フロラルプの主力事業に長期的な影響を及ぼし、また同社が操業を続けることに対する社会の認識もあやうくなりかねない。

二〇〇八年、フロラルプは自然保護協会の後援のもと、農地の責任ある使用と森林保護に関する酪農センターとの協定書に署名した。協定の狙いは、乳製品企業に原料を供給している小規模生産者とのパートナーシップを通じ、放牧地の範囲を縮小して森林地域の管理を改善することだった。その結果、フロラルプは各種国際機関からＢｏＰビジネスのロールモデルとして認知された。この取り組みによって新たな事業機会も開拓し、有利な条件の資金調達ができるようにもなった。このように、企業がグローバルな持続可能性の規範に従うことには意味があるのである。

能力6　BoP領域でイノベーションを起こす

BoP2・0で示したように、BoPビジネスを成功させる際の最大の課題は、この領域でイノベーションを起こす企業の能力である。〈マガジネ・ルイーザ〉はそれをやってのけた。同社はブラジル第三位の非食品小売企業である。同社は速い消費のペース、顧客ロイヤルティの強さ、BoP層への注力、技術の革新的な利用によって、並外れた成長を果たした。

ルイーザは顧客を高所得層、中間層、BoP層に分けて考えた。BoP層の顧客は文字が読めず、正規の学校教育をほとんど受けておらず、変化を好まない。ルイーザはBoP層をターゲットに据え、製品開発とマーケティングを行った。BoP層の顧客を他の顧客層よりも親身に扱った。クレジット融資に関しては、BoP層は所得レベルよりも収入の安定性の方を重視していると認識し、フォーマル・インフォーマル両方の収入源を考慮した。また、従業員と顧客の人間関係が最も重要であると考え、顧客と従業員の両方を大切にするために相当な努力をした。この取り組みが実を結び、ルイーザは二〇〇三年の「ブラジルベスト雇用者」に輝いた。

BoPビジョンの策定

図1－2は本章で述べたことを図にまとめたものである。企業がそもそもBoPビジネスを行うべきか否かという問いへの答えは、ミッションステートメントの文言ではなく、企業の根本的な存在理由である真の事業目的を読み解くことによって得られる。BoP領域で事業活動を行うコストと困難さを踏まえたうえで、真の事業目的はBoPビジネスを行うことを求めるか、少なくとも促すものだろうか。

その答えがイエスであったとしても、企業の志のレベルは、ＢｏＰ領域に対するリーダーの認識と、そこでビジネスを行う動機に左右される。そして成功するためには、企業の志が能力に見合っていなければならない。ＢｏＰビジョンは三つのステップを経て策定することができる。

ステップ1　自社のＢｏＰビジネスへの志と能力は何か

企業リーダーは、表1‐1のＢｏＰビジネスへの志と、ＢｏＰビジネスにおける能力に関する質問に答えなければならない。

ステップ2　志－能力マトリックスの位置を見極める

ステップ1の結果をもとに、現在自社が志‐能力マトリックス（図1‐3）のどこに位置づけられるかを確認しよう（1が最低、9が最高）。自社の真の事業目的に照らせば、自社はどこに位置すべきだろうか。また、自社の志と能力を時間の経過とともにどのように変えていくべきだろうか。

マトリックスの四つの隅は、企業ビジョンの四つの「パーソナリティ」を表す。

図 1-2　あなたの会社のＢＯＰビジョンの原動力は何か

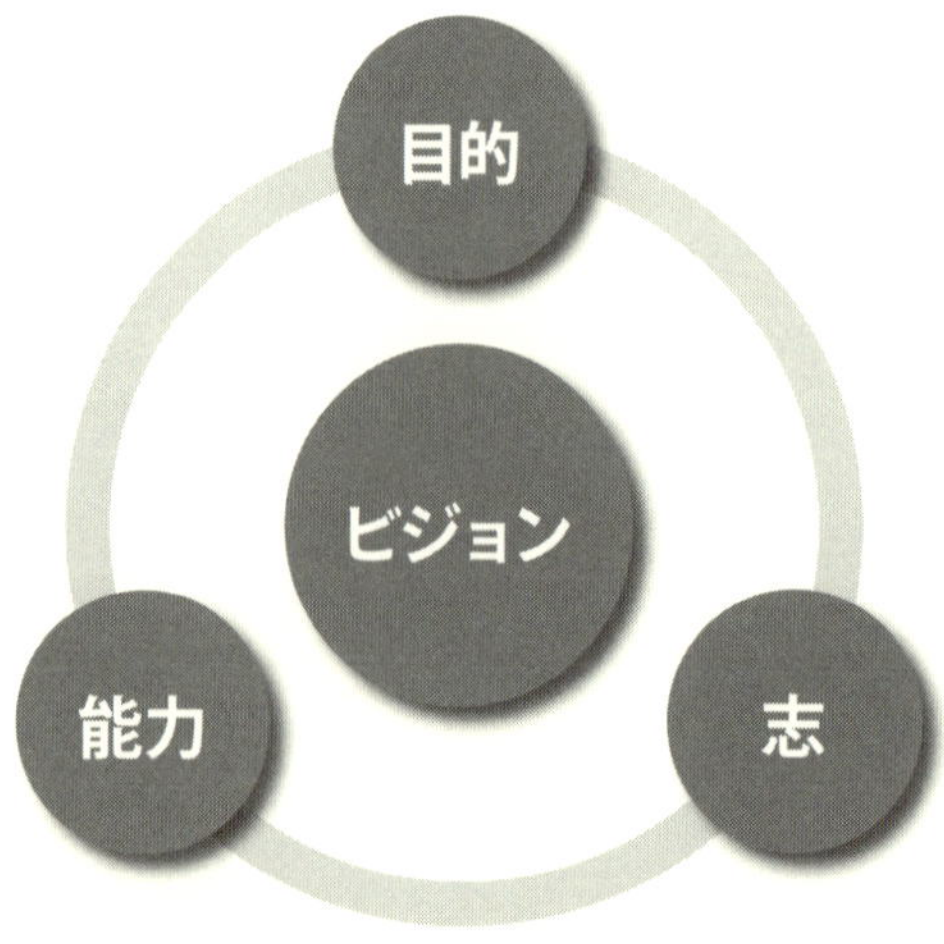

◈落伍者《ドロップアウト》……真の事業目的がＢｏＰ領域への進出を求めるどころか促しもしない企業。このような企業はＢｏＰ市場に参入すべきではなく、仮にＢｏＰビジネスを行っている場合は出口戦略を立てるべきである。

◈夢想家《ドリーマー》……必要な能力に欠けているため、ＢｏＰ戦略の実行が困難な企業。ＢｏＰ領域の経験に乏しい多国籍企業がこれにあたるだろう。このような企業は経験豊富な国内の国際的企業と新興国の大企業から学ぶべきである。

◈眠れる獅子《スリーパー》……ＢｏＰ領域でビジネスを行う能力がありながら、志に欠けている企業。自社が有する能力の価値を自覚していない、新興国の大企業がこれにあたるだろう。このような企業は競合する多国籍企業のＢｏＰビジネスへの志に注目すべきである。

◈勝者《ウィナー》……ＢｏＰ領域で成功するだけの志と能力を有する企業。

ステップ3　自社のＢｏＰビジョンは何か

志‐能力マトリックスのどこに自社が位置づけられるか、将来はどこに位置したいかがわかれば、現在の位置から将来

図1-3　志－能力マトリックス

の位置に移行するためのビジョンを策定できる。完成したビジョンは、真の事業目的と、自社がBoPビジネスを行う理由を明確に説明したものでなければならない。次に、BoP領域に対する認識とBoPビジネスで成功する動機に絡めて、現在の志のレベルと望ましい志のレベルを描くべきである。最後に、BoPビジネスにおける自社の現在の能力と、それを時間の経過とともに、どのように発展させたり獲得したりして、望むビジョンを達成するかを明記すべきだ。

表 1-1　自社の BoP 領域への志と能力は何か

自社の BoP ビジネスへの志は何か	BoP 領域に対してどんな認識を持っているか	認識 1	BoP 領域は貧しい人々であふれている
		認識 2	BoP 領域には独自のニーズを持った潜在顧客がいる
		認識 3	BoP 領域はコミュニティのルールに従うインフォーマル市場で構成されており、その中に顧客ニーズが潜在している
	BoP 領域でビジネスを行う動機は何か	動機 1	社会や環境の問題解決に貢献してほしいという、市民社会や政府からの期待
		動機 2	新興国の大企業の知識
		動機 3	顧客の期待と国際規範
		動機 4	正当化の必要性
		動機 5	営業効率を向上させる
		動機 6	リバース・イノベーション
BoP 領域における自社の能力はどれぐらいか		能力 1	BoP 領域とフォーマル市場の橋渡しをする
		能力 2	小規模な供給業者と協働し、バリューチェーンを育成する
		能力 3	セクター横断で協業する
		能力 4	不安定な環境で長期的な関係を築く
		能力 5	BoP 領域で合法的に事業を行う
		能力 6	BoP 領域でイノベーションを起こす

第2章

インクルーシブな市場をつくる新しい組織のあり方

タシュミア・イシュマエル
プレトリア大学ゴードン・インスティテュート・オブ・ビジネス・サイエンス、南アフリカ

私が口座を開いたとき、支店長がやってきて握手してくれたんです。陳腐で古くさく思われるかもしれません。でも支店長は同じように口座を開いたタタ（おじいちゃん）とも握手していました。感激しました。

この顧客の言葉は、「二〇一四年バンク・オブ・ザ・イヤー調査」の結果を報じた南アフリカの地元紙『ビジネス・デイ』からの引用である。受賞したのは、〈キャピテック銀行〉だった。[1]既存のライバルを制して受賞したこの銀行は、コスト削減を徹底し、低所得消費者に価値を提供するという独自の取り組みを掲げて二〇〇一年に開業した。

南アフリカのＢｏＰ層は、経済力が低く比較的アクセスしづらいことから、金融セクターの大部

分から「優先順位の高い顧客」とはみなされず、無視されてきた。しかし、アパルトヘイトで荒廃した南アフリカに民主主義政権が誕生し、黒人消費者が大挙してフォーマル経済に参入するようになると、この考えにも変化が起きはじめた。二〇〇四年に施行された金融セクター憲章が、銀行の経営戦略の転換点となった。この憲章によって、金融セクターが社会的・経済的なサービスを統合し、これまで銀行を利用していなかったり、ほとんど利用してこなかったりした人々への金融サービスを提供していくことが促進されることとなった。しかし、ファイナンシャルインクルージョン（金融包括）、すなわち金融サービスをＢｏＰ層まで行き渡らせることを実現しようとした銀行の、初期の戦略はまったくお粗末だった。利用者のニーズと選好をろくに考慮していないサービスが設計された、従来の口座とほぼ同じ間接費とコストがかかる、本質的には従来口座のミニチュア版にすぎない「ムザンジ」口座が何百万も開設された★。設計に致命的な欠陥があり、利用者の行動に対する配慮がなく、価格設定が不適切だったこれらの口座は休眠状態になり、銀行にコストばかりがかかる結果になった。

その後、状況が動き出した。ＢｏＰ層の顧客を獲得することに特化した戦略を持つキャピテック銀行が市場に新規参入したのである。小売業的な営業方針、洗練されたＩＴシステム、生体認証、低コストへのこだわり、信頼の醸成と顧客との強い絆の構築によって、同行はこのほとんど注目されてこなかったセグメントの市場シェア獲得に邁進した。その努力が実り、金融サービス専門のリサーチ会社〈インテリデックス〉が行った二〇一四年度バンク・オブ・ザ・イヤー調査では、キャピテックが既存の四大銀行を制し、消費者の心を最もつかんだ銀行に輝いた。

現在キャピテックは市場シェアを二〇一二年の九・二パーセントから一一・七パーセントに伸ばし、二〇二〇年までには二五パーセントをめざすという意欲的な目標を掲げている。成長は衰える兆し

★　当時の南アフリカのメインバンク４行が共同で設計した口座の総称。「ムザンジ」という共通の呼称を使い、各種手数料を減額したサービスとして提供した。

を見せず、金融サービス業界に大破壊をもたらした。価値が低いとみなされていた消費者の多くが経済成長の途上にあり、有望な顧客生涯価値を持っているという事実に各銀行も目覚めたのである。キャピテックは市場シェアを伸ばすだけでなく、消費者の生涯にわたるロイヤルティも構築しつつあった。さらに注目すべきなのは、この革新が、小売業的な営業方針を採用したとはいえ、金融セクター内部からもたらされたということである。

これまでは、他のセクターの競合他社が金融サービスに入り込んできていた。携帯の通信業者が始めたモバイルバンキングサービスは、またたくまにアフリカ全土に広まった。スーパーマーケットや「スパザ」と呼ばれる個人商店のレジが銀行窓口の役割を担うようになり、銀行は自社商品をこの市場セグメントの消費者に近づけるため、小売セクターとの提携を熱望していた。

企業が新しい市場セグメントや地域に進出し、セクターの垣根を越えて事業活動を行うようになると、勢力図は根本から変わる。たった一つのゲームプランで完璧をめざすのではもはや不十分だ。継続的なイノベーションと現状破壊が求められる。一度に多くの製品を買えない顧客がいる市場では、商品とサービスをまとめて提供するバンドリングによる販売方法が、コスト効率に優れた効率的なソリューションとなりやすいからだ。

ケニアの保険会社〈ＵＡＰ〉は、「キリモ・サラマ」という穀物保険商品でＢｏＰ市場に参入した。小規模農家に保険を購入するよう説得するかわりに、農家が種蒔きの時期にいずれにしても買わねばならない種子や肥料の価格に、保険のコストを含めたのだ。ＵＡＰは〈シンジェンタ〉と〈バイエル〉との協働により保険コストを抑え、農家が負担する経済リスクを低くすることで、まず試しに使ってもらい、その後の継続利用を促していくことができた。認証を受けた、旱魃《かんばつ》に強く収穫量の多い種子は、ケニアの農村地域に点在し、地元農家に信頼されている獣医がもともと持っていたネットワークを通じて販売された。農村のエコシステムに既に存在していたネットワークを利用することにより、UAPは流通とマーケティングのコストを下げた。天候観測所が地表近くの気候のデータを集め、ナイロビに送る。対象地域で不作が記録されれば、テクノロジーを活用し、農家のポケットならぬ携帯端末のモバイル口座に、直接モバイルマネーを送金するという形で保険金を支払う。

この業界破壊は産みの苦しみをともなった。銀行はこの領域で事業を行うために、会社としての発想を大幅に変えなければならなかった。長期的な資本回収と目標達成を前提にすれば、アクセスもコストも利幅も変わってくるし、従来のやり方では競争にまずついていけない。この市場に新商品を売り出そうとした南アフリカの大手銀行のある行員が、自行のジレンマを次のように述べている。

BoP層の顧客はもともと従来のやり方に染まっていませんから、新たな手法を受け入れやすい。そこにこそ抜本的なイノベーションのチャンスがあります。ここを出発点にしてしまえば、漸進的なイノベーションとかプロセスのイノベーションなどは、もはやできません。単に今やっていることをBoP市場に持ち込むわけにはいかないのです。

顧客が何を必要とし求めているか、何にならお金を出そうと思うかがすべてなのです。（中略）私たちはビジネスのやり方を大きく変えるしかない。そうしなければ、漸進的な改善策しかできない。それでは必ず失敗します。（中略）よしわかった、どうすればやり方を完全に変えられるのだろうか、と問うべきなのです。（談話）

キャピテックの幹部、カール・フィッシャーは、自行のアプローチをメディアに次のように語っている。「単純さと透明性があれば顧客はコントロール力を手にする」[2]。つい最近まで、単純さと透明性は金融サービス業界では幻にすぎなかった。しかし、この二つの信条を守ることはファイナンシャルインクルージョンを推進し、大手の競合他社より優位に立つために不可欠だった。

ＢｏＰ層を相手にして成功する方法を学ぶには、業界の指標とシステムとプロセスの破壊を受け入れ、抜本的なイノベーションを可能にする組織構造を作らなければならない。

どこから始めるか

先ほど、顧客が何を求めているかを理解することが大切だという発言を引用した。しかし多くの企業が、信頼できるデータと消費者インサイト（洞察）を集めきれていない。ビジネスモデルはふつう、仮説、思い込み、一般的な定量的データベースをもとに構築されるが、ＢｏＰ市場に関心を持つ企業にとっては、エスノグラフィーの技法である、密着、一対一の会話が重要な出発点となる。しかし、消費者の生活について大事な洞察をもたらしてくれるこれらのテクニックは、これまで無視されてきた。なぜなら、言葉の壁、コスト、時間、アクセシビリティ、インフラなどが障害となるからだ。

また、ＢｏＰ層は買い物で失敗できない。つまり付加価値のある製品やサービスなら買ってもらえる反面、乏しいリソースの無駄使いになるようなものは市場からはじき出されるということである。手の込んだマーケティングキャンペーンよりもクチコミの方が効果的で、最も強力なマーケティングツールとなる。消費者は、村やスラムにいる同じ集団の仲間、すなわちピアネットワークの意見を信用し、ブランド体験を共有するからである。さらに、携帯電話によってソーシャルメディアが大衆化したことでブランド体験はますます共有される。下手な手を打てば痛手が大きい一方で、双方向のブランド体験の提供に成功すれば、その効果は高い。

そのため、ＢｏＰ層のカスタマー・ジャーニー・マップをつくり、日常的な悩みや問題意識に関するインサイトを得ることが、初期の取り組みにおいて重要な道標となる。すべてのセグメントに共通することであるが、イノベーションは消費者の問題解決を出発点としなければならない。定量的にも定性的にも、詳細な市場情報がなければ、このようなインサイトを得るのは不可能である。

キャピテック銀行は、低所得顧客のために解決すべき問題をいくつか特定した。主要な課題は、金融サービスを手の届く価格にすることだった。手ごろな価格のサービスの提供を増やすには間接費を下げる必要があるが、それでも利益創出が大前提であることは認識していた。そこで効率性に優れたＩＴシステムと生体認証を導入し、無駄をそぎ落として人員を減らし、支店の規模を小さくしたのである。

次に解決すべき問題は、アクセシビリティだった。街の中心部にある支店を訪れる顧客は、一〇〇ランド預金するために二〇ランドも交通費を使っていた。キャピテックは小さな支店を多数開設することにより、銀行を利用者の身近に移動させた。支店の営業時間を長くし、スーパーマーケットのレジでも取引ができるようにした。

ほかの問題としてあがったのは、顧客が金融に関して知識が足りないことや、銀行側の官僚主義や威圧感のある店舗デザインであった。キャピテックは顧客と窓口係を隔てていた厚いガラス板をとりはらい、威圧感をやわらげてより人間的なやりとりができるようにした。また、リレーションシップマネジャー（顧客担当営業）が入店する顧客にあいさつするようにした。待ち時間を公平にするために番号札が自動発券され、書類はすべて一枚におさまるようにし、簡単な言葉を使い、大きな文字で印刷するようになった。

さらに、顧客が銀行を利用する際に負担する五種類のコストを特定した。すなわち直接コスト、社会的・文化的コスト、機会コスト、心理的コスト、コンプライアンスコストである。ＢｏＰ市場を獲得するためには、多方面にわたるイノベーションが必要だった。その中でも重要だったのは、顧客にとっての価値を最大化し、不要なコストを最小化することだった。

ＢｏＰ市場に進出する際、企業は商習慣と業務プロセスを大きく変更しなければならない。その変更は社内にインパクトを与え、リソース、業務プロセス、企業文化――時には業界全体を破壊する可能性を秘めている。中間層の顧客も効率性と顧客中心主義とサービスコストの低さを評価し、キャピテックに乗り換えるようになった。

ところで、経営陣のリーダーシップが重要な役割を果たすことは、明記しておかねばならない。彼らはトップの立場からイノベーションを支持し、従来にはなかった要素を取り入れ、顧客ニーズに直接関わる本質的な機能の中心部分だけを提供し、より環境に優しい事業運営に移行した。従来の銀行業務の複雑な構造を調整しようとするのではなく、顧客が銀行にしてほしいと考える仕事、という原点から業務を設計したのだ。

それでは、この例にも見られたような、アフリカでのＢｏＰ市場で成功するビジネス理論とはなんだろうか。

破壊的な倹約型《フルーガル》イノベーション

検討したいのは、破壊的な倹約型《フルーガル》イノベーションという考え方である。ＢｏＰビジネスの先駆者は、すなわち低コスト・高価値のモデルを開発する破壊者であり、私たちはそれらの事例から、いかに少ないリソースでイノベーションを起こすかを学ぶことができる。キャピテックの小売業スタイルの銀行サービスが、最初はＢｏＰ市場を対象としていたにもかかわらず、すぐに富裕層・中間層の顧客を引きつけるようになったことは興味深い。

一九九七年に破壊的イノベーション理論を提唱したクレイトン・クリステンセンによれば、確立した定型業務や価値観に邪魔されない、新しい企業ほど破壊的イノベーションを起こしやすい。破壊的イノベーションの特徴――コストと利幅を下げる、簡素化する、既存製品・サービスよりも機能を落とす、異なる製品アーキテクチャを必要とする、新しい顧客セグメントを引きつける、そして重要な点として最終的に既存の中核的製品やサービスとシェアの奪い合い《カニバライズ》をしてしまう――を考察すると、なぜそれらが企業自身の現状と既得権への脅威となるのかが理解できる。

倹約型《フルーガル》イノベーションは、ＢｏＰ層のプライスポイントに合わせて高品質な製品とサービスを設計できる方法を、企業がさまざまに実験していた開発途上国の市場で起こった。そこでは「白紙状態」で倹約型《フルーガル》イノベーションの開発に臨み、ＢｏＰ層が評価する要素だけが製品・サービスに含まれ、余分なものはすべてそぎ落とされるように一から設計する必要がある。

さまざまな分野における倹約型《フルーガル》イノベーションの有名な例を取り上げておこう。自動車業界では、〈タタ〉の「ナノ」や〈ルノー〉の「ダチア」シリーズ。日用消費財（ＦＭＣＧ）では〈Ｐ＆Ｇ〉の「タイドナチュラル」や一枚刃のカミソリ、あるいは〈ユニリーバ〉の石鹸「ライフボーイ」、〈ヒンドゥスタン・ユニリーバ〉の「シャクティ」モデル。金融サービスでは〈ボーダフォン〉のＭ‐Ｐｅｓａ（詳しくは後述）のようなモバイルマネー商品、キャピテック銀行の事業、ＵＡＰの小自作農向け穀物保険「キリモ・サラマ」。医療では〈ＧＥ〉のインド農村部向けの心電図装置や、八〇〇ドル未満で心臓外科手術を成功させるというイノベーションを起こしたシェティ医師の〈ナラヤナヘルス〉がある。

倹約型《フルーガル》イノベーションを起こすには、サプライチェーンをさかのぼって、生産の標準プロセスを変え、生産コストも下げなければならない。製品やサービスに表層的あるいは漸進的な微調整を加えるのでは、低コストかつ高品質は実現しない。企業は資金力頼みのマインドセットを捨て、BoP層と同じ発想をしなければならないのである。

コストとメリット——ペイシェント・キャピタルと長期的な取り組みの必要性

企業は何らかの成果を得る前に、リソースを投資して種蒔きをする覚悟をしなければならない。そしてこれには何年もかかる。

◆前述した破壊的な倹約型《フルーガル》イノベーションは組織にコスト負担を要求する。プロセスの早い段階でコスト負担が感じられることが多いが、メリットが明らかになるのはビジネスモデル開発のかなり後期になってからである。インクルーシブモデルが生き残るためには、このトレードオフをうまくマネジメントしなければならない。

◆現地の消費者に受け入れられ、あるいは人々に売り込み、教育し、消費者について知るためにも、現地ネットワークの構築、スキルの移転、コミュニティへの投資、現地エコシステムへの自社の埋め込みが必要である。企業が受け入れられるには「よそもの」感をなくさなければならない。

◆新しい製品・サービスはリソースと技術に左右されるだろうが、技術そのものも革新的であり、開発の途上にある。

◆新市場と新製品に挑む者は、そのメリットについて他の人々を説得するのに苦労することが多い。長期にわたる試行錯誤にはコストがかかり、もどかしい思いもするだろう。

社内の強い抵抗にもかかわらず、インクルーシブなビジネスモデルに根気よく取り組みつづけた社内起業家の例として、ボーダフォン・グループのインターナショナル・モバイル・ペイメント・ソリューションズ部門長だったニック・ヒューズがいる。彼はケニアでM-Pesaというモバイルマネー・モデルの浸透にたゆまぬ努力を傾けた。M-Pesaはアフリカにおけるモバイルバンキング革命の端緒となったモバイル・ペイメント・サービスである。このサービスは従来の金融モデルを破壊し、ボーダフォンの〈サファリコム〉〔ボーダフォンとケニア政府の合弁会社〕を通信事業から金融サービスという不慣れな分野に移行させた。先駆者としてもう一人言及しておきたいのは、イスラエル・モレノである。彼はBtoB〔企業間取引〕を行う多国籍企業セメックスを、セメントの販売専業から都市のスラムでの住宅建設に踏み出させ、バラセメント販売と住宅建設の常識を破壊した人物だ[3]。

このようなマス市場ないしBoP層を対象とするチームは、生きのびるためにリーダーの支援、リソース、自律性、適切な評価基準を必要とする。先進的な企業がとる戦略の一つが「スカンクワークス」、つまり芽吹いたばかりのアイデアに反対する社内の抵抗勢力の影響が及ばないところで、破壊的アイデアを育てる独立チーム、インキュベーターの設立である。

そのために、〈フィリップス〉や〈エリクソン〉などの企業は、ケニアのような国で現地の開発者やエンジニアを雇ってイノベーションラボを開設した。〈スタンダード銀行〉などの銀行は「コミュニティバンキング」と称する構想の初期のアイデアを育てるスカンクワークス事業を始めた。これは、現在はインクルーシブバンキング部門として銀行本体に再編入されている。〈ホラード保険〉が小売業の〈ペップ・ストアーズ〉と組んだように、BoP市場ですでに豊富な経験のある企業と提携するところもある。

BoP市場という新しい分野にアクセスしようとする企業が、特有の嗜好、選好、願望、可処分所得を持つ消費者に付加価値を与える新製品を考えなければならないのは明らかだ。成功の度合いはともかく、BoPビジネスには新しい発想、利幅と規模と取引量の小ささ、ハイリスク、忍耐強い資本（ペイシェント・キャピタル）、長期目標という特徴を持ったモデルを重視する考え方が必要である。社内の構造とマインドセットの転換に加え、より顧客に近づき信頼を得るために、エコシステム志向とコミュニティへの自社の埋め込みも求められる。企業の抜本的な再編、古い製品を古い市場で売るために機能している現状の破壊なくしては、いずれも実現しない。

組織再編

イシュマエルとクレインは、複数のケーススタディをもとに、BoPビジネスの成功を支援する、社内のプロセス、構造、システムに関するガイドラインを策定した。[4]

二人は、役割の柔軟性、部門間のコミュニケーションの良さ、対応の速さが重要だと述べている。加えて、一人が複数のスキルを使いこなせるようにすることにも注力すべきで、そのためにはスタッフのみならず、現地パートナーをトレーニングしなければならない。縦割り組織や自前主義を抱えている余裕はない。

倹約型エンジニアリングについて書いたヴィクラム・セガールらは、次のように考察している。

一般的に、組織が成熟するほど部門の縦割り化は進む。トップ層からの明確な働きかけがない限り部門間の連携はなくなりがちで、コミュニケーションを促すためには新しい体制を作るか、強制力を使わなければならない。[5]

イシュマエルとクレインは、企業がイノベーション力を向上させ、市場の変化に迅速に対応できない無気力な階層組織から脱却するための、クリステンセンとオーバードルフの提案を次のようにまとめた。[6]

◈既存の組織内に、適任の人々を引き抜いて新しいグループをつくって既存の体制と区別し、新しい能力《ケイパビリティ》を創造する。

◈スピンアウト組織を創設する（物理的に場所を変える必要はない）。第一の要件は、この組織のプロジェクトが本体組織のプロジェクトとの競合を強いられないことである。

◈自社が必要とする強みを持つ新しい会社を買収する。しかし買収側企業の組織文化の中で、新しい会社の能力を「蒸発」させてしまってはならない。それよりも、その会社のビジネスの独立性を守り、親会社のリソースを、買収した会社のプロセスと価値観に注入する方が賢い策である。

評価基準の転換

もう一つ、企業が転換すべき重要なポイントは、評価基準と報告方法である。ビジネススクールで昔からいわれてきた「評価の対象になるものが成果である」は、ＢｏＰセグメントの報告方法にもあてはまる。金銭的リターンの利幅が小さく、しかもそのリターンが長期のあいだに段階的にしか発生しないという可能性が高いなら、ＢｏＰビジネス・チームに利幅の大きな既存の社内部門と同じ評価基準をあてはめるのは不当だ。ネスレやユニリーバのような企業は主要な業績指標にインクルーシブな目標を取り入れて、マネジャーの意思決定の方向性を示している。

ＢｏＰ市場は不安定で、ＢｏＰ層向け製品は利幅が小さいため、マネジャーは短期的に成果が出せず株主からとがめられるのをおそれ、ＢｏＰ市場向きのモデルを実験することに対して尻込みしてしまう。

そのため、このような失望を防ぎ、マネジャーの活動を支援するためには、ふさわしい評価基準が不可欠となる。

イシュマエルとクレインは次のように説明する。

> ＢｏＰコミュニティでのビジネス構築は、時間をかけて進んでいく発展型プロセスであるため、財務計画も同じ形で立てるべきである。段階的な意思決定を支援するだけでなく、（中略）ＢｏＰ市場向けの製品・サービスに着手し、維持したという実績を作るためにも、取引量ごとにそれぞれ見込まれる利幅を想定する必要がある。[7]

評価基準は社内の、損益に関するものだけであってはならない。ビジネスモデルが環境、コミュニティ、現地パートナー、現地経済に与えたインパクトを判断する、外部の評価も考慮することが重要である。こうした評価基準は、社員を動機づけしたり、公的機関からの支援や、場合によっては資金調達上の支援を促したりするために使うことができる。

優れた評価基準があれば、それが成長のロードマップの役割を果たし、今後の客観的な意思決定が可能になる。公正なレンズを通してプロジェクトを評価することで実績を作り、社内の懐疑派の意見を変えることもできる。

事業理念——取引型モデルから変革型モデルへの移行

途上国のＢｏＰ層が直面している制度やインフラの機能不全については、多くの研究者が指摘している。貧困、不平等、基本的な医療と衛生的な水の不足、不十分な教育制度に苦しむコミュニティは多い。長期的な成長計画を持つ企業は、自社が事業展開している市場の、経済的・社会的現実を無視することはできない。事業の進捗と取引コストに影響するからだ。企業が自社をエコシステムへの重要な貢献者としてではなく、取引一辺倒の単なる商人としてしか考えていない従来型のビジネスの発想は、短期主義的である。現地市場を開発する戦略を採用することで、企業はより安定し成功する未来を確保することになる。

ヨハネスブルクを拠点とする〈ＧＳＫ〉のチームは、バイスプレジデントのデイブ・トーマスのリーダーシップのもと、タウンシップ〔旧有色人居住区〕の市場で時間をかけて自社ブランドを育てようと考え、変革型のビジネススタイルを採用している。日用消費財（ＦＭＣＧ）分野における

ＧＳＫの主力ブランドの一つが「グランパ」という粉末の頭痛薬である。このブランドの名前は職業訓練校「グランパ・スパザ・アカデミー」に由来している。南アフリカの一流ビジネススクール〈ゴードン・インスティテュート・オブ・ビジネス・サイエンス（ＧＩＢＳ）〉と提携したＧＳＫは、オープンイノベーションと非従来型のパートナーシップ構築の価値を理解することになった。ＢｏＰ市場のダイナミクスについて経験と知識があるＧＩＢＳは、コースを受講したタウンシップのマイクロ起業家向けに、実践的で適合性の高いトレーニングプログラムを設計することができた。

ＧＳＫのＢｏＰ層向けブランドは、個人商店《スパザ》を通じて販売されている。このような小規模事業オーナーの多くは学校を卒業しておらず、ビジネスについての基礎的なトレーニングが不足しており、事業を成長させるのに苦労していた。しかし彼らは雇用を提供し、被雇用者の扶養家族まで含めた大勢の人々の生活を支えており、タウンシップの経済の重要な一部を担っている。また、彼らは広く分布した顧客とのタッチポイントであり、ブランドが最終消費者への「ラストマイル」に到達するうえで欠かせない存在でもある。

彼らマイクロ起業家にビジネスの基礎を学ぶプログラムを受講してもらうことにより、いくつかの長期的目標を達成できる可能性がある。

第一に、受講した商店主たちがＧＳＫの製品の在庫を継続的に保有して、商品の売り込みと値付けと販売を上手にやってくれる可能性が高まる。第二に、彼らマイクロ起業家を育てることにより、タウンシップの経済が繁栄、安定するようになり、市場のポテンシャルが大きくなる。第三に、非常に重要な点として、地域の能力構築に投資することでＧＳＫはこの領域に属するブランドとして自社を埋め込み、よそものというマイナス点を克服できる。コミュニティ内に忠実な仲介者たちのネットワークを構築することにより、ＧＳＫは貴重な市場についての学びと消費者情報を引き出す手段も獲得できる。良い循環が生まれ、より価値の高いイノベーションを市場に提供できるようになるのである。

相当の先行投資とリソースの引き出しが必要であるにもかかわらず、このようなプロジェクトからすぐに得られる成果は大きくはない。もちろんGSKはBoPコミュニティに投資したことで好意的な報道をされるので、ある程度のマーケティング上のメリットは発生する。しかし、真のメリットは四半期財務報告書に載る項目として評価できるものではなく、時間をかけて感じられてくるもののはずだ。このタイプのビジネス戦略は、社会におけるビジネスの役割について変革型のマインドセットを持った経営陣のリーダーシップと、長期的な取り組みへのコミットメント、および現地経済に深く関わり変化させようという意志があって初めて効果を発揮する。

閉じたビジネスモデルから開かれたビジネスモデルへの転換

めまぐるしく変わる消費者を取り巻く状況と外部環境、通信端末およびソーシャルメディアの爆発的な普及を考えると、現在の社内のリソースと人員だけを使ってイノベーションを起こすのは難しいことが次第に明らかになってきた。社内だけに目を向けたクローズドな企業は競争で苦戦するだろう。ソリューションは、企業を取り巻く消費者、競合他社、供給業者、公共機関のネットワークに見つかる。各レベルに知識と人脈を有する現地スタッフ、そしてパートナーを持つことが必須だ。多くの研究者が、社外ネットワークへの関与、現地経済への埋め込み、共創、非従来型のパートナーシップが、BoP市場領域での成功に不可欠であると提言している。[8]

この挑戦を各社はさまざまな方法でマネジメントしている。オランダの多国籍企業フィリップスはアフリカにイノベーションラボを設立し、現地でアイデアだけでなく人材の開発と育成を行っている。〈ロシュ〉や〈メルク〉などの製薬会社は世界中の幹部を、ＢｏＰコミュニティに密着させるべく送り込み、幹部たちはそこでスラムやタウンシップの家庭や事業主と密な対話を行っている。世界的な幹部会議が、新興国市場で開催されることが増えていることにも私たちは注目している。このような会議のプログラムには現地の研究者が加わり、新興国および開発途上国の市場のケーススタディが盛り込まれている。

　ユニリーバの人事部担当バイスプレジデント、ミシェル・チェティによれば、同社はグローバルスタンダードにのっとった、未来を担うリーダーのグローバルな育成プログラムを確立している。しかしアフリカ市場では、ユニリーバは既存の枠を超え、政府と大学を巻き込んで草の根レベルの人材開発戦略を構築した。エチオピアでは、自社が特に精通しているマーケティング領域において、業務に関連したカリキュラムの開発で大学に協力することを申し出た。大学卒業生は就職市場への準備が十分でないことが多いため、加速学習プログラムや他市場への配置転換とローテーションを受けて、現場に身を置き、経験を積むことになる。現地の機関や団体との共創とパートナーシップという考え方なくしては、人材開発の質と規模は望めないとチェティはいう。

　南アフリカの四大銀行の一つ、スタンダード銀行は、〈アクセス・バンキング・モデル〉の一次取次ぎとしてコミュニティに根付く現地の人々を採用している。彼らはタウンシップの街角に店舗を設置し、通行人に銀行サービスの案内をし、携帯端末を使ってその場で口座を開設させることもできる。さらに同行では現地の個人商店《スパザ》を銀行のミニ支店として活用し、預金、引き出し、さらに携帯電話の通話時間や電力などの購入をデジタルに行えるようにした。つまり、銀行のエコシステムの一部に現地の人々をとりこんでいるのだ。

南アフリカの多国籍企業〈ブルー・ラベル・テレコム〉は、拠点を増やして携帯電話の通話時間や電力のようなデジタルパッケージの流通を拡大するにあたって、パートナーシップを育成することを主要な優先課題としてきた。ゴスペル歌手、部族長、サッカークラブとの協働は同社の成長ストーリーに欠かせなかった。現地の人々の憧れの対象やリーダーや影響力を持つ人物とのパートナーシップを育てることによって、ブルー・ラベルはこれらの仲介者が持っている社会資本と信頼関係を共有できた。社会資本の共有はギブアンドテイクによって初めて可能となる。ブルー・ラベルはデジタルの売上から発生した収益の一部を、同じ仲介者を通じてコミュニティに再投資するという形で還元している。またコミュニティの人々を、携帯通話時間の換金にまつわるトラブルを解決する販売代理店として教育している。同社はこのように現地の能力開発を手がけているが、農村地域では、この仕事が現地の若者にとって、初めて正規の職を得るチャンスとなることが多い。

さまざまな手法を通じて、筆者らはオープンイノベーションとオープンビジネスモデルへの意欲の高まりを確認できた。企業は組織内の現在のリソースだけに頼ることの限界を知っているのだ。

パートナーシップの構築

適切なパートナーシップの育成は、オープンイノベーションと双方向型ビジネスモデルの重要な要素である。意外な相手と、非常に実のあるパートナーシップが成立する可能性もある。ブルー・ラベル・テレコムは、なんとメキシコの〈グルッポ・ビンボ〉というベーカリーチェーンと提携した。その理由は「パンのあるところには携帯電話でのおしゃべりもあるから」である。ビンボは非常に評判がよく信頼されている現地ブランドと、広い流通ネットワークを提供し、ブルー・ラベルは最先端の技術とデジタル通話・金融サービスのビジネスモデルを提供して、ビンボが持つＢｏＰ層向け小売店や小規模店のネットワークに付加価値を提供するのに貢献した。

真に信頼を得るために

かつてはコマーシャルソング、映画スター、映像、テレビコマーシャル攻勢などあの手この手で、客を説得するやり方で企業は満足していた。かつては客が企業を信じていた。

今日では、賢い消費者は多数のチャネルを通じて、ブランドの宣伝文句を検証し確認できる。ＢｏＰ層の消費者であれば、自分の選択をよりいっそう厳しく見きわめなければならない。失敗のコストを負担する余裕はないからだ。クチコミが最も信頼され利用される情報源であることが多いが、ソーシャルメディアの爆発的な普及と携帯電話経由の情報アクセスのおかげで、クチコミはさらにバーチャルな力を獲得した。企業は、価値と有用性が絶対に必要な、これらの顧客のメガネにかなう存在となるべく変化しなければならない。偽って嘘の宣伝をすれば市場からしっぺ返しを受ける反面、本物を追求して消費者の生活に真の価値をもたらせば、ブランドが受け入れられ、ファンになった顧客の生涯価値を獲得できるだろう。

真の価値とは何かを知り、それを創り出す方法を学ぶことは、消費者と深く積極的に関わり、めざすブランドを創出することによってしかできない。ただし、共創の場に顧客を参加させ、創造力を発揮してもらうには、顧客の背景と伝統と言語への深い敬意を徹底させなければならないことをぜひ覚えておきたい。メキシコでセメントの「小分け販売」がＢｏＰコミュニティへの参入戦略として失敗した理由をセメックスが理解したのは、チームを送り込んでコミュニティの生活に密着させたあとだった。そこで得た重要なインサイトは、セメント販売で問題となるのはパッケージサイズではなく、住宅建設にまつわる不安、知識、長期間にわたる経済的責任だということだった。セメックスは自社製品の販売のみに力を注ぐのではなく、住宅建設にまつわる煩雑な問題や知識に関して顧客をサポートすることによって付加価値を生み出した。

BoPからの学び

これまで述べてきたように、南アフリカのBoPコミュニティを対象にビジネスを行ってきた、先駆的な現地企業から学べる貴重な教訓はたくさんある。

こうした企業からの学びをまとめると次のようになるだろう。

- インクルーシブ戦略にはビジネスモデルを改革し、通常のアプローチをしてきた従来のビジネスを破壊する覚悟が必要である。
- 手の届く価格で付加価値のある製品やサービスのポートフォリオを創るためには、倹約型《フルーガル》イノベーションの原則を適用しなければならない。
- 社内の体制と構造を変革して、柔軟で軽快なチームを創設し、BoPビジネスの開発にふさわしい評価基準を作成する必要があるかもしれない。
- 企業はビジネスを開発する際、取引だけに目を向けるわけにはいかず、社会的・政治的・経済的な面を考慮し、株主の目的とともに現地開発の目的にも沿うべく事業理念を転換させて、現地のエコシステムに自社を埋め込まなければならない。
- 共創が市場に適合したイノベーション開発の指針となる。

◆現地の能力開発と互恵的なパートナーシップの創出が、ＢｏＰ市場への適応と、この市場における学習および成長に役立つ。

◆ＢｏＰ層の消費者を対象にして成功するためには社内リソースでは不十分なため、ネットワークを広げ、従来では考えられなかったパートナーを探さなければならない。

インクルーシブなビジネスモデルによって、企業は社員の人道的価値観と仕事を融和させ、仕事と個人的なアイデンティティの調和を高めることができる。それにより社員の幸福感と生産性が上がり、企業の経営者としての役割とコミュニティの一員としての役割は統合できることが証明されているのである。

Part 2
エンゲージメント・参加

The Role of Engagement, Participation and Bottom-up Innovation

第3章

新事業を生み出す参加型のマーケットリサーチ

アリーヌ・クレーマー
クリスティーナ・ティーベス・グラール
クラウディア・クノブロッホ
エンデヴァ、ドイツ

ＢｏＰ市場についてのデータは、ほとんどといっていいほど手に入らない。かりにあったとしても、理解が難しい――あるいは解釈を誤りやすい。例えば、消費パターンのデータを見ると、ブラジルのＢｏＰ層は家具にあまりお金を使わないと受け取れる。しかしこの市場を掘り下げて調査してみたところ、消費者は家具を購入したいという意向はあるが、求める品質と彼ら特有のニーズに合った家具が見つからないのだとわかった。★ 実際に、私たちのフィールド調査に参加してくれたほとんどの人が、既製品にどう適応したかを教えてくれた。例えば、ベッドが部屋よりも大きすぎる場合は、半分に切って二段ベッドにする。店で品質の低い家具を買うより、同じ値段で地元の大工

★ 〈カサス・バイア〉や〈マガジネ・ルイーザ〉など、クレジットを利用できるようにした革新的なビジネスモデルで BoP 層を対象にしている小売業者もいる。しかしこのような企業は、しばしば利息を高く設定し、品質が低く消費者のニーズに合わせていない商品（例えば、天井の低い部屋に入らない商品）を販売している。

にオーダーメイドする方がいいと話してくれた人もいた。自分たちのニーズに合ったデザインを伝えられるし、材料も選べるからだ。

ＢｏＰ市場を本当に理解するためには、ターゲット集団の現実を深く理解する必要がある。手に入る選択肢と、選択に影響を与える変数を知らなければならない。そうして初めて、事実と数字について意味のある解釈ができる。参加型市場調査は、ターゲット集団の現実について理解を深める効果的な手法である。マダガスカル、シエラレオネ、ブラジルにおけるフィールド調査（コラム３‐１参照）をもとに、どんな方法が調査対象の状況認識、選好、課題、解決策を共有してもらうのに最適かを検討した。

ここでいう「参加型」とは、ターゲット集団が調査員のものの見方に影響を与えるようなアプローチを指す。その意味では、定型の質問項目しか使わない調査は、ターゲット集団に参加してもらうといっても「参加型」とはいえない。参加型調査は、ターゲット集団が単なる情報源ではなく、アイデアと解決策の源泉であることを前提としている。本章では、このアプローチのメリットと、実際にとったプロセス、および学んだ教訓をお伝えする。

▼コラム３‐１　私たちのケーススタディについて

〈エンデヴァ〉はベルリンを拠点とし、ＢｏＰ市場におけるイノベーションの加速をめざすコンサルティング企業である。ＢｏＰ層ビジネスについての情報提供を目的とし、企業と共同で現地での市場調査を行ってきた。本章では、三つのまったく異なる背景から学んだ教訓をお伝えしたい。

ブラジルでは、住宅／家具、エネルギー／照明、雨水収集という三つの分野でＢｏＰ層の福利向上をめざす**新製品**を開発するための調査を行った。調査はブラジル南部にある三カ所のスラムで行われた。これは、パラナ連邦大学の〈デザインおよび持続可能性センター（Center for Design and Sustainability）〉とエンデヴァが共同で開始したプロジェクトである。他に、現地の〈パラナ住宅公社（ＣＯＨＡＰＡＲ）〉、ブラジルのイノベーション開発公社〈Ｆｉｎｅｐ〉とブラジル企業の〈ソリフォルテ〉および〈ティグレ〉がパートナーとして参加した。

シオラレオネでの調査は、食品加工業の起業家向けの**新サービス**創出を目的に行った。これは、〈国際連合工業開発機関（ＵＮＩＤＯ）〉とエンデヴァが〈若年雇用ネットワーク（ＹＥＮ）〉と提携して開始した「ビジネスブースター」プロジェクトの一環である。本プロジェクトでは、食品加工会社を国内外の高級市場でのチャンスに導く——それにより「彼らのビジネスを促進する《ブースト・ゼア・ビジネス》」組織の設立をめざした。私たちの市場調査は、起業家がどのような種類の支援を必要としているかについて、起業家自身から意見を聴取することに専念した。

マダガスカルでのフィールド調査の目的は、**新しいビジネスモデル**、すなわち農村コミュニティに電力を供給するモデルの開発に関して、情報を提供することだった。この調査結果は〈ＨＥＲｉマダガスカル〉による太陽光発電の給電キオスク事業のパイロット計画に利用された。ＨＥＲｉマダガスカルは顧客にソーラーランタンなどの機器や、太陽光発電による携帯電話の充電、情報やＩＴサービスへのアクセスを提供している。

参加型市場調査のメリット

参加型市場調査はフォーカスグループ、インタビュー、ワークショップ形式などの定性調査の手法を用いる。このアプローチでは参加者に自分の考えを述べるよう促し、時には元の調査の質問から逸脱することも許している。そうすることによって参加者は調査、特に「テーマ」に対する調査者の視点を方向づけ、必要に応じて調査の質問項目を拡張したり改善したりする権限を与えられる。☆参加型の手法の中には、参加者にみずから解決策を創るよう勧めるものもある。ターゲット集団を調査プロセスの欠かせない一部と捉えることで、従来の調査手法を使った場合に起こりやすい問題の多くが回避され、具体的なメリットが生まれやすい。

▼コラム3-2　参加型アプローチの歴史

参加型の手法は、開発およびイノベーション調査の両方において長い伝統がある。

一九七〇年代に、「トップダウン」の開発手法にかわるものとして参加型の開発が登場した。それまでは、BoP層を、単なる支援の受け手と捉える向きがあった（そのため、人々の依存と疎外につながった）。参加型アプローチはその視点を変え、BoP層自身が自分たちのニーズや解決策を知っている、開発の「専門家」だと捉えようとするものだ。開発プロジェクトの中で彼らに発言権と積極的な役割を与えることで、彼らをエンパワーする

☆　このため、参加型調査は必然的に構成主義的認識論に立脚する。調査者は客観的な現実が存在していて、それを明らかにできる（その現実になるべく干渉しない）とは考えない。むしろ現実は集合的に構成されていくものであり、したがって調査者と調査者が対象としている現実の間に分断はないと考える。この集合的現実はプロセスを経て構成されるものであり、参加型の手法はこのプロセスを設計する手段である。

だけでなく、ターゲット集団に受け入れられやすく価値の高い、したがって長い目で見て持続可能な解決策への手がかりも見つかる。[1]

興味深いことに、イノベーションへのアプローチでも同様の転換が起こった。新製品開発のための市場調査をする際、企業は従来、消費者を「聞かれたときだけ発言する」単なる情報源と見るのが常だった。[2] 企業の役割は消費者のニーズと選好を把握し、最終的に的確な解決策を開発することだった（「クローズドイノベーション」）。開発の専門家が問題解決者としての「受益者」の力を認識しはじめたのとほぼ同時期に、イノベーションの専門家も消費者が「共創者」となりうることに気づきはじめた。つまり、消費者自身が自分たちのニーズに合った、具体的なソリューションの発見に力を貸してくれるのだ。その結果、企業は消費者をはじめとするステークホルダーをイノベーションプロセスに積極的に組み入れるようになった。[3]

エンパワーメントと信頼の醸成

マダガスカルの農村やブラジルのスラムを歩いてみてわかったのは、あたりまえではあるが、外部の人間と気づかれずに人々を観察することはできないということだった。同じ国の人間ですら、その地域の出身でなければ目立つ。コミュニティの人々は、なぜ外部の人間が自分たちのもとを訪れて、人々に聞いてまわるのかを知りたがっている。また、スラムの住人や農村の人々は、高学歴で裕福な人間からインタビューされると、質問に答えるのをためらう。外部の人間から自分の所得や消費習慣を聞かれると、貧しいのを恥ずかしく感じてしまうからだ。したがって、彼らの信頼を得るのが不可欠である。

参加型の手法は、調査者とコミュニティの間に信頼を築く。深い交流と対話をともなうからである。また、手法の目的についての適切な説明も行う。調査の「対象」である人々に活動の目的を理解してもらい、どのような貢献ができるかを考えてもらう必要があるためだ。シオラレオネの農民は調査の背景と目的を知らされ、実際のプロジェクトが実施されるかどうかは未確定で、事業計画の信頼性と資金提供者の関心にかかっていると説明を受けた。このような形で参加者をエンパワーすれば、自尊心が生じ、信頼が築かれる。[4]

理解の深化

これまでのＢｏＰ層向けの製品には、現地の認識、願望、非公式なルールや制約といった、無意識の中にある暗黙の情報を深く理解していない人々によって開発されたものが多い。その結果、多くの製品がユーザーの心を捉えきれずに終わった。最も顕著な例はソーラー調理器《クッカー》である。ソーラー調理器は技術的には優れたソリューションだったが、ターゲット集団の現実を考慮していなかった。ほとんどの人は太陽の出ていない夜に温かい食事を楽しむ。また、三つの石を並べたかまどの方が文化的な理由から好まれた。長女が嫁ぐときの嫁入り道具として石を受け継ぐためである。さらに、直火で調理した食事は何より味が違う。参加型の手法ではターゲット集団とじかに接して意見を求め、このような「暗黙の」情報に触れるので、ビジネスモデルの開発に活かすことができる。

ターゲット集団と深く交流することで、尋ねづらい質問への答えも見つけやすくなる。例えば、雨水収集器はブラジルのスラムには存在しない。そのため、どんな機能や見た目がよいか、参加者に希望を尋ねるのは難しかった。しかしターゲット集団との踏み込んだやりとりから、人々にとっての水の価値や、雨水を収集する製品はステータスシンボルとなるだろうということがわかった。そこで、製品を地中や屋根の下に隠すよりも、家の付属品として目立つように見せるべきだと製品デザイナーは判断できた。

実用的なユーザーイノベーションの発見

調査者がターゲット集団に何が欲しいかを聞いても、答えは非現実的であることが多い。参加型の手法は、与えられた問題に対して実際的な解決策を発見するのにも役立つ。アイデアコンペで家具のアイデアを自分なりに出すよう求められた人々は、アイデアをどうすれば実現できるか、どうすれば家の中におさまるか、コストはいくらかかるかを考えた。その結果、人々の現実をはるかによく反映した解決策が出され、選好や優先順位についても参考になる情報が得られた。

参加型市場調査の手法

調査手法は、結果、つまり得られる情報の種類別に分類できる（表3-1参照）。消費者の使用状況、特定のテーマや製品・サービスについての認識、消費者が思い描く解決策、という情報の種類ごとにそれぞれ適したやり方が存在する。

消費者の使用状況

通常、定性調査では、例えば家庭への訪問を通じて消費者の状況を観察する。しかしコミュニティ外部の人間は、たとえ国籍が現地の人間であってもすぐにわかってしまい、観察されることに抵抗感をいだきやすい。そのため、バイアスが生じるおそれがある。私たちが訪れたブラジルの都市スラムのコミュニティのいくつかでは、恥ずかしいからと自宅に入れてもらえないこともあった。自分たちには見せるものなどないと思っていたのだ。

しかし役に立った手法がある。それは、一定期間、自分自身を観察してもらう「**パパラッチ**」と呼ばれるものだった。この手法では、人々に能動的な調査者になって自分たちの活動を記述してもらう。例えば家具の改善策では、使い捨てカメラと、嬉しい顔と悲しい顔のついた紙を配った。そしてカメラを持ち歩いて自宅や他人の家にある家具の写真を撮り、気に入った家具の写真には嬉しい顔、気に入らない家具の写真には悲しい顔を貼ってもらった。読み書きができる人には、日誌に自分の考えを記述してもらった。自分を観察するツールを与えることで、関係があると思われる他の側面についても記述する自由が生まれる。調査の目的がきちんと理解されていればより効果が高い。家具についてだけでなく、部屋の間取りや家具の使い方も書いてもらえる可能性がある。

表 3-1　参加型の手法の選択

消費者から得られる情報の種類	手法	ターゲット集団の役割	説明
消費者の使用状況	自己記述（「パパラッチ」）	自分の活動を記述する	ターゲット集団が自己観察する
特定のテーマや製品・サービスについての認識	参加型インタビュー、フォーカスグループ	質問に答え、討論する	ターゲット集団が情報を求められたり、特定の情報について意見を聞かれたりする
消費者が思い描く解決策	アイデアコンペ、ツールキット、イノベーションワークショップ	製品とサービスの共創	ターゲット集団が共同の活動に参加して「共創」する

特定のテーマや製品・サービスについての認識

調査者は、ターゲット集団が状況、問題、解決策をどう認識しているかまで理解したくなるものだ。ターゲット集団のメンタルモデルを明らかにすることで、人々が何を選択するか、予想しやすくなるかもしれない。キャッシュフローのような測定可能な事実以外にも、例えば「お金がない」と不安を感じはじめたとき、人々がその事実をどう評価し説明するかを知ろうとする。

参加型インタビューは、特定の製品に対するニーズや経験をターゲット集団がどのように考えているかについて、掘り下げた洞察を得ようとする半構造的インタビューである。[5] このインタビューに「イエス／ノー」の質問はなく、コミュニティ内のさまざまな視点を多面的に捉えることをめざす。そのため調査者は、対象者自身から出る意見に対して、オープンでいなければならない。それには、参加者をゲームや活動に巻き込むのがよい。

例えば、住宅用家具の改善策として何があるかを発見するため、自宅のビジュアルツアーをしてもらった。調査者と対象者が一緒になって、対象者の住まいと各部屋にある家具や製品を描いた。そして対象者に各部屋で何をしているかを説明してもらった。これにより、どんな製品が何をするために使われ、何が改善できるかについて、非常に具体的な情報が得られた。

フォーカスグループは通常、与えられた問題をグループで話し合ってもらうために行う。[6] しかし従来のやり方でこの手法を使っても、不十分な結果しか得られないことがある。例えば、参加者同士の上下関係を考慮せずに年齢の高い者と低い者、女性と男性を混ぜてしまった場合、文化的要素のせいで実態に即した結果が出ない可能性があるのだ。集団の中では、自分の収入がいくらあるかといった、文化的にデリケートな内容を話すのに抵抗があるかもしれない。視覚化手法やゲームに参加させるといった、参加型に近い形にしてこの方法を用いれば、そうした障壁を多少は回避できる。

シエラレオネでは、キャッサバ農家の協同組合のメンバーと、組合のキャッシュフローを知るために季節カレンダーを作成した。カレンダーにはいつどのような農作業を行い、いつどれだけの生産高があったか、作物をいくらで販売したかを視覚的に示した。視覚化したおかげで話し合いの下地ができた。例えば、作物を販売してお金のある時期と、お金がなくて少ししか使えない時期が特定できた。

消費者が思い描く解決策

「共創」という意味では、ターゲット集団は自分たちのニーズを満たし、問題を解決する方法についてすでにアイデアを持っている。そのアイデアは解決策に取り入れられるだけでなく、ターゲット集団の選好や制約と思われていることを解決する手がかりも提供してくれる可能性がある。

アイデアコンペは、ユーザー自身が創造力を発揮して、イノベーションを発見するのに適した手法だ。この手法では、消費者に特定の課題に対する新しいアイデアと解決策を出してもらう。[7] この手法の利点は多くの人々が参加できることだ。ブラジルで行った三回のアイデアコンペには約九〇名が参加し、家具、雨水収集、省エネの解決策についてのアイデアを提出した。私たちが協働していたコミュニティではインターネットアクセスの利用が限られていたため、コミュニティセンターに直接集まってもらい、アイデアを募集することにした。応募を促すため、アイデアを提出してくれた人にはささやかなお礼の品を渡し、各コンペで上位三位に入賞したアイデアには賞品を出した。

集まった解決策は、すぐに実行可能あるいは試作品になりそうなものとは、ほど遠かった。

しかしユーザー発の豊富なアイデアを分析すると、彼らが適切な解決策としてどのようなものを思い描いているかがわかり、今の消費者トレンドのパターンが発見できた。例えば、エネルギーに関する解決策のコンペによって、消費者が新しいエネルギー源をあまり求めていないことが明らかになった。むしろ、住宅の構造を変えて、自然光をもっと有効に活用したいと提案してきた。「オープンイノベーション」の分野から取り入れられる手法は他にもある。**ツールキット**は、一定の組み合わせの素材やデザインの選択肢を提示して、参加者に自由にいじってもらう。これは、すでに事業者側に製品のコンセプトや試作品がある場合に使える手法である。この手法では、「トライアンドエラー」のプロセスが完全に参加者の手に委ねられ、参加者からのフィードバックや具体的な提案が促される。**イノベーションワークショップ**では消費者のグループ、あるいは消費者と専門家と企業のプロフェッショナルのグループを作って、構造化されたプロセスに従って体験を共有したりアイデアやコンセプトを作成したりする。

学んだ教訓

前述の手法をブラジル、シエラレオネ、マダガスカルでの調査目的に使用してみて、準備、実施、使用についていくつかの学びを得た。

準備

市場調査には必ず相応の準備が必要だが、参加型の手法を使う場合はなおさらだ。参加者から集めたインプットに対してより柔軟に対応する必要があるため、調査者は何が起こりうるか、さまざまな状況をどう取り扱うべきかを周到に考えておかなければならない。

◆**コンテクスト（文脈・背景）についての知識を持っておく**……コンテクストを理解しておくことは、調査介入の上手な設計と実施に不可欠である。文化的背景、社会の中での役割（例えば年配者と若者が発言する順番、女性と男性が発言する順番）、人々の認識を決定する文化的枠組み（例えば時間や地位に対する考え方）への理解がこれにあたる。私たちは現地調査員のサポートを受け、チームで仕事をした。現地調査員はコミュニティ内の案内役を務め、観察結果を正しく解釈する作業を手伝ってくれた。また、学際的なチームを作って共同作業すると、効果が高いこともわかった。製品開発者と人類学者では物の見方が非常に異なり、お互いの視点から得るものが大きい。

◆**適切な手法、あるいは手法の組み合わせを選択する**……前述の表３－１が示すように、どの手法を使うかは得たい情報による。また、前の調査結果に積み上げていくように調査介入を設計するのが理にかなっている。例えば、家具の解決策についての調査を行う際はまず、「パラッチ」やフォーカスグループのような手法を適用して、消費者が直面している問題についての理解を深めた。ターゲット集団が最も関心を持っているのが空間の有効利用ができる解決策だとわかり、それが次に行ったアイデアコンペのテーマとなった。そしてコンペを行うことで、優れた問題解決者、つまり良いアイデアをすでに持っていて、提供してくれる消費者を見つけることができた。さらに次の段階として、その問題解決者たちに、企業の専門家とのイノベーションワークショップに参加してもらい、アイデアを磨いて試作品の開発を行ってもらうことが考えられる。

◈**絞り込む……**フィールド調査のための時間とリソースは常に限られている。同様に、参加者の側も割ける時間と関心が限られている場合が多い。そのため、時間とリソースを有効に使えるように、参加者の関与がなければ回答を得られないような最も重要な調査項目を特定することが大事になる。マダガスカルでは、他の組織によって収集済みの情報をすべてそろえるところから調査を開始した。最近の国勢調査から社会・経済関連の情報をとり、〈農村電化開発局〉から現在のエネルギー供給と使用についての情報を得た。そのおかげで、人々がエネルギーにいくらお金を使うか、一カ月の可処分所得はいくらか、という二つの重要な質問に専念できた。

実施

参加型調査には実施中の的確な判断が必要になる。実施方法によっては、調査者の行動や発言が、対象者の理解と反応に影響を与えるからだ。

◈**参加者の選定……**まず、求める情報を明確にしてから、必要な参加者を決める。マダガスカルでは、村でのエネルギー需要に関する集約データを、灯油やバッテリーなどのエネルギー源を販売している店の経営者から集めた。もっと一般的な質問については、市長、族長、教師、聖職者などのオピニオンリーダーが、コミュニティのニーズについて詳しく把握している可能性がある。少なくとも、コミュニティ内の誰を調査対象にすればよいかは教えてくれるだろう。女性の自助会や農家の組合のような、既存の社会集団を通じた参加者を選ぶのも、調査項目に最もふさわしい参加者を見つけやすい方法だ。

◈**インセンティブを作る、ただしやりすぎは禁物……**調査への参加に報酬を出すと、自主的な参加を促すことができる。参加者は貴重な自由時間を使って調査に協力してくれるのだ。その時間と労力へのお返しに、ささやかなお礼の品や金銭的な報酬を出せば感謝の気持ちを表せる。ただし、インセンティブもほどほどが肝心である。やりすぎると、お金やモノめあての参加者ばかりが集まり、本来のテーマに関心を持って参加しようとしている人がはじき出されてしまう。「与える」ことで、プロジェクトにおける参加者の役割に誤解をまねくおそれもある。特に、参加者に主体性をもってプロジェクトに貢献してほしい場合は注意すべきだ。シエラレオネでは、人々が受益者として扱われることに慣れきっていたため、事業サービスにいくらなら払いたいと思うかと聞いて驚かれるという事態が生じてしまった。

◈**参加者に適切な情報を与える……**調査者の状況理解に基づき、調査の目的、参加者を募った理由、調査結果の活用方法を、十分な時間をかけて参加者に説明する。参加者が期待してよいこと、期待できないことを明確にすべきだ。調査に入ったブラジルのBoPコミュニティで、私たちは政治家やNGOと間違えられることがよくあった。ふだんコミュニティに外部からやってきて聞き取りを行うのが、その二者だけだったからだ。さんざんいろいろな約束がされてきたため、私たちも疑わしげな目で見られがちだった。私たちの意図と、調査の結果期待できることを詳しく説明してようやく、信頼感を持ってもらえた。人々は調査プロジェクトに参加することを誇りに思い、心を開いてくれるようになった。

◈**言語の壁を超えるために視覚的資料を使う……**言葉は複数の解釈ができてしまうし、BoP層は、特に時間やお金といった抽象概念になると、考えを言葉で表明することに慣れていない。そもそも、インタビューを受けたりフォーカスグループに参加したりした経験がなく、質問方法に慣れていない人が多い。また、学歴もまちまちで、読み書きが楽にできるとも限らない。視覚的資料を用意したり、地図やスケジュール表を描くよう促したりするとギャップが埋まりやすい。方法としては、コミュニティの地図やインタビュー対象者の自宅を描かせる、一日ないし年間の活動のフローチャートやスケジュール表を作らせる、などがある。例えば、マダガスカルでは一週間にエネルギー源にいくら使うのかを知ろうとした。そこで、人々に村の地図を描いてもらい、エネルギー源を購入する場所を書き込んでもらった。その後自然な流れで、店に行くたびにいくら使うか、一週間に何回店に行くかをたずねることができた。

◆**なじめる環境を作る……**楽しんでできれば、市場調査に参加しようという気になってもらいやすい。そのため、ゲームや体を動かす要素など、遊びを取り入れて調査プロセスを設計し、レストランや集会所、学校など慣れ親しんだ環境を提供するとよい。例えば、ブラジルで開催したアイデアコンペはすべて、きれいに飾りつけをしたコミュニティセンターで行い、飲食物も出すようにした。このおかげで人々に興味を持ってもらえた。人々は最初、コミュニティセンターにやってきてただ所在なく寄り集まっていたが、やがてなじむと、参加する気になってくれた。

◆**十分な時間を与えること、そして臨機応変に!……**どれほど周到に準備しても、現実は予想以上に難しかったり、予想が裏切られたり、満足いかなかったりするのが常である。車の故障、葬式、結婚式、嵐といった想定外の出来事が起きたり、事前によくよく伝えてあったのに予定になかったはずの事情で相手に待たされ、多大な時間を「浪費」したりするだろう。いちばん大事なのは、時間に余裕を持った計画を立て、あらゆる不測の事態を覚悟しておくことだ。

使用
参加型調査からは情報が得られるだけでなく、現在進行形で一緒に現実を創り出すことができる。一緒に創り出した現実の可能性を追求してもよいが、それだけでは把握しきれないことがあることも考慮すべきだ。

◆**結果を多面的に捉える**……定性調査の有用性は、複数の人の関与と複数の手法により、結果を多面的に捉えられるかどうかにかかっている。一つの手法だけに頼ってはいけない。フォーカスグループの話し合いやインタビューで人々が語ったことは、彼らの実際の行動とかならずしも一致しない。彼らが「望んでいる」と言っていたことは、解決策を出すように言われたときに彼らが提案するものと、かならずしも一致しない。ここでも、複数のステップにおいて、出てきた仮説を複数の方法でテストしていくことにより、時間をかけてインサイトを構築し強化できる。

◆**制約を知っておく**……どんな調査手法にも盲点やバイアスがあるため、調査者はそれを頭に入れておいて対応する必要がある。ここでも積み重ねが大切だ。調査を重ねるごとに、人々が課題をどう解釈したか、何が彼らの反応に影響したかの理解が深まる。同じく重要なのは、調査者が自分自身の盲点、自分がどんな発言をしやすいか、何を見落としやすいかを知っておくことである。参加型調査では調査の「対象」が盲点を指摘してくれるが、調査者も先入観を捨てる必要がある。

◆**キープレイヤーを見つける**……参加型の手法の一つの利点は、インサイトを得られるだけでなく人間関係が構築できることである。ターゲット集団との関係の他、コミュニティの代表者、コミュニティの団体、役人、市民社会組織、現地の調査機関などとの関係も含まれるだろう。こうした接点をきちんと文書化しておき、あとあと活用できるようにしておくべきである。マダガスカルでは調査に最も積極的だった人々に、給電キオスクの運営にふさわしいと思われる人々を紹介してもらった。オピニオンリーダーたちが意見を求められることを誇りに思ってくれたため、これは非常にうまくいった。

結論

ブラジル、マダガスカル、シエラレオネでのフィールド調査は、ＢｏＰビジネス開発に役立つ情報を提供するために行われた。参加型の手法のおかげでターゲット集団の現実についての理解を深め、解決策の構想に着手することができた。

この経験を振り返ると、大きな教訓が一つ浮かび上がってくる。それはコミュニティとの交流のプロセスが、気づきの最大の源泉だとわかったことである。理解を深めるのに役立ったのは手法の成果、すなわち情報だけではない。むしろ私たちがプロセスに参加して、準備し、現地のパートナーやコミュニティとともに立ち上げ、実行し、評価するまでをじかに体験したことが大きかった。私たちはかなり選択的だった認識を徐々に広げていき、新しくなじみのないものを吸収する能力を高めることができた。たしかに、参加型の手法はリソースと時間がかかるプロセスである。しかしこの感度を高めるプロセスをフィールドで経験したおかげで、他のやり方では得られなかった理解に到達できたのである。

第4章

開かれた参加型のプラットフォームとは何か

フェルナンド・カサード・カニェーケ
開発のためのパートナーシップセンター、スペイン

概念の歴史

イノベーションにはさまざまな定義と解釈がある。『オックスフォード現代英英辞典』では「新しいものやアイデアを導入すること、あるいは新しい何かが導入されたという認識に基づいてこれまでとは異なる方法を導入すること」となっているが、本当のイノベーションとは、リソースその他の資源から、より大きな価値を得るために情報や想像力を用いることをいう。新しいアイデアを生み出し、有益な製品やサービスに変えるあらゆるプロセスもイノベーションである。

一般的には、イノベーションとは、顧客やステークホルダーにとっての製品価値を高めようと、創意工夫がこらされた結果生まれると考えられている。エコシステムに対する社会的・環境的価値

も含まれる。また、パートナーシップ構築、ジョイントベンチャー、柔軟な勤務時間、購買力向上などについて新しい方法を生むこともイノベーションになる。★

　興味深いことに、当初は「イノベーション」は褒め言葉ではなく、むしろ非難の言葉だった。カナダ人歴史家のブノワ・ゴダンが書いているように、イノベーションは模倣や発明のような以前から使われていた用語を統合した言葉である。「ノベーション〔novation、「更改」の意〕」の概念は、一三世紀の法律文書に契約の更新を指す言葉として初めて登場した。創造というより新しさを表す言葉だった。一六世紀と一七世紀には、特許は現在のように発明者に与えられるのではなく、既存の発明を輸入した者に与えられていた。[1] 一八世紀のイギリスにおける消費財の場合も同様で、模倣は発明であると認識されていた。模倣によって新しいものが日用品として普及し、質（デザイン）の向上や種類の多様さと豊富さをもたらしたからである。[2]

　イノベーションが科学と産業に関連した、特に技術的発明に特化した言葉として定着するようになったのは、一九世紀になってからだった。消費者文化の台頭、特許数の増加、研究開発のための研究所設立に政府が力を入れはじめたことも手伝って、イノベーションという言葉に今日のようなプラスの意味合いが生まれた。[3]

　さらに時代が進んで一九七〇年代になると、フリーマンが書いているように、新たな段階に入った。もともとは軍事目的だったが、世界的な価値観の変化を背景に（超大国間の緊張の緩和、世論の変化、新しい問題の出現）、フリーマンは「軍事的イノベーションシステム」から「ソーシャルイノベーションシステム」への移行を予言している。[4] これは軍事から顧客へ、生産者主体から顧客主体への移行になると予言された。[5]

★　http://www.businessdictionary.com/definition/innovation.html.

イノベーションが市場にもたらすもの

さて、イノベーションという概念の理論家として最も認知されている一人、ヨーゼフ・アロイス・シュンペーターは、イノベーションを経済的変化の不可欠な要素であるとし、イノベーションから生まれる市場の力は、「見えざる手」★や価格競争よりも優れた結果を生み出す可能性があると主張した。また、経済的なイノベーションの概念を次のように定義した。[6]

◆新しい財、すなわち消費者にとってまだなじみのない財、もしくは新しい品質を備えた財の導入。
◆改善もしくは向上した生産方法の導入。これはかならずしも新しい科学的発見に基づく必要はなく、商品の商業的取り扱いの改善もこれに該当する。
◆新しい市場の開拓。これは今まで存在していなかった市場であるか否かにかかわらず、当該国の特定の製造部門がこれまで参入していなかった市場を指す。
◆原材料または半製品の新しい供給源の獲得。これも、今まで存在していたかどうか、初めて創出したものかどうかは問わない。
◆独占的地位の形成、あるいは独占的地位の破壊など、産業構造の改善の実現。

もっと最近では、ピーター・ドラッカーがイノベーションの概念を整理した。その一つが、イノベーションの七つの機会を定めたものである。[7]

★ アダム・スミスが提唱した、市場経済においてはそれぞれの個人が自己の利益を追求すれば、「見えざる手」に導かれるように社会全体の利益が達成されるとする考え方。

1.「**予期せぬもの**」——予期せぬ成功、予期せぬ失敗、予期せぬ外部の出来事。
2.「**ギャップ**」——実際の現実と、想定した、もしくは「こうであるはずだ」と思っていた現実とのギャップ。
3.「**プロセスニーズに基づいたイノベーション**」——すでに存在するプロセスを、弱い部分を入れ替えたり、欠落した部分を補ったりすることにより改良していく。
4.「**産業構造**」——誰も気づいていなかった産業構造や市場構造の変化。
5.「**人口構造**」——人口の規模、年齢、構成、教育水準、雇用状況、所得の変化。
6.「**認識の変化**」——「コップの水がもう半分しかない」から「まだ半分ある」に顧客の見方が変わったとき。
7.「**新しい知識**」——技術や科学の躍進に限らず、その知識を革新的な方法で利用して新しい製品やサービスを創出すること。

社会への影響

イノベーションが社会に与える影響や可能性については、多くの議論が行われてきた。欧州連合（EU）はソーシャルイノベーションを次のように定義している。

ソーシャルイノベーションとは、目的と手段の両方において社会的であるイノベーションをいう。特に、同等品よりも効果的に社会のニーズを満たすとともに、新しい社会的関係ないし協力関係を創り出す新しいアイデア（製品、サービス、モデル）を、ソーシャルイノベーションと定義する。それは社会にとって良いだけでなく、社会の行動力を高めるようなイノベーションである。[8]

ソーシャルイノベーションは「倹約型《フルーガル》イノベーション」「草の根《グラスルーツ》イノベーション」「インクルーシブイノベーション」というような概念のいずれかに含まれるが、これらすべてが、BoPコミュニティのニーズを直接満たし、人々の生活と機会へのアクセスを向上させることをめざした創造性と知識の創出、獲得、吸収、普及の取り組みを何らかの形で表したものである。

その意味で、イノベーションとは不平等という状況に複数の方法で対処することだといえるかもしれない。これには、スキルが高くリスクをとる人々に偏った所得配分に直接のインパクトを与えること（社会的イノベーション）、BoP層と中間層の福利向上のための解決策を提供すること（倹約型イノベーション）、BoP層自身によるイノベーション（草の根イノベーション）、企業と現地コミュニティのパートナーシップ（インクルーシブイノベーション）が含まれる。

プラハラードはBoP市場向けのイノベーションについて、このアプローチの適合性を重視しながら、一二の原則を有するフレームワークを定義した（図4・1参照）。

図 4-1 プラハラードによる BoP 層のためのイノベーションの原則[9]

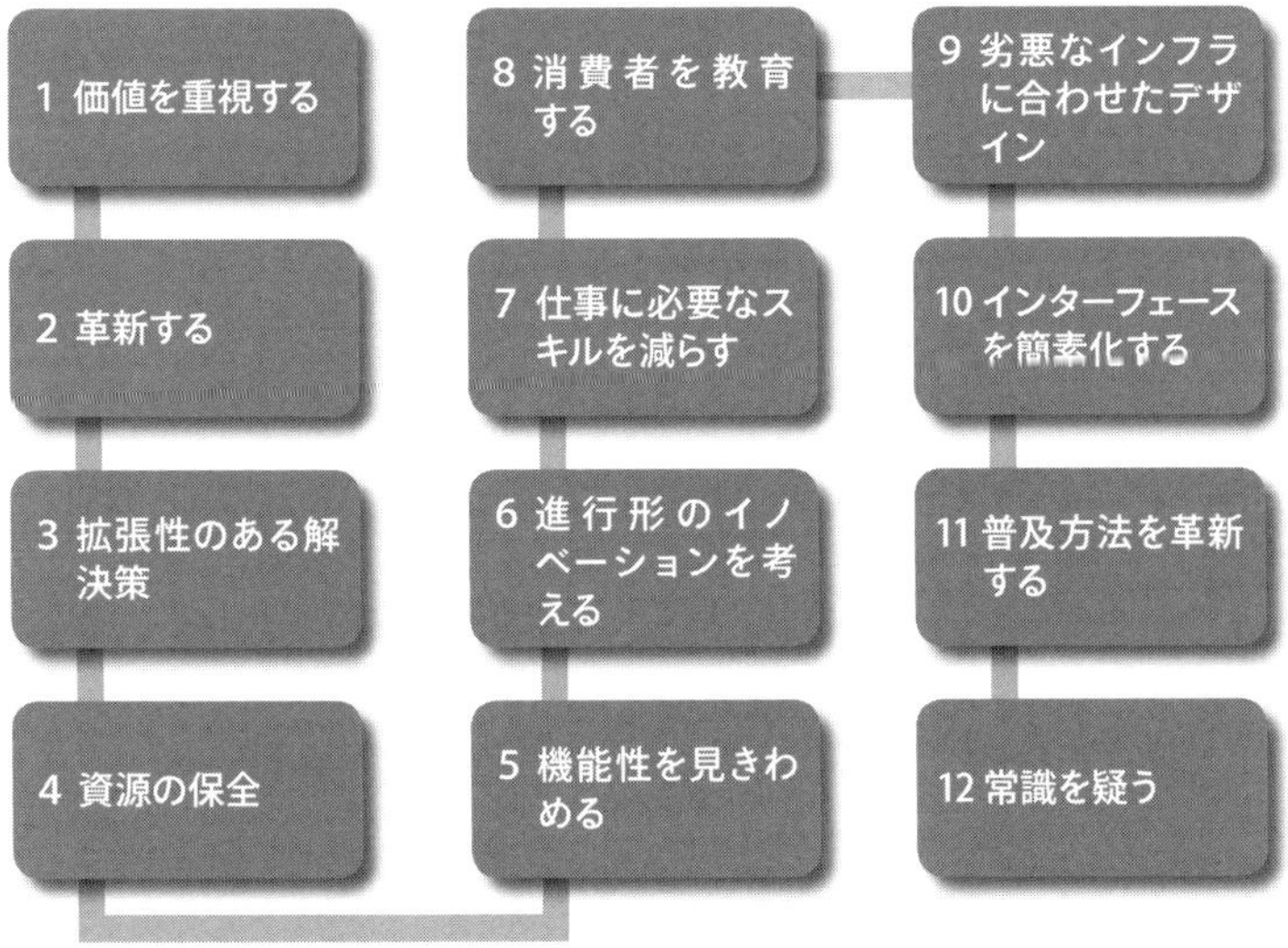

この一二の原則には、誤解されがちなニーズが含まれている。例えば、価値および価格に見合ったパフォーマンスの提供を重視している点だ。BoP層の消費者は低価格だけでなく、支払った価格なりに最大限のパフォーマンスを得ることに関心がある。したがって、コストを大幅に下げつつもBoP層の最大のニーズを満たす特徴を盛り込むように、製品の徹底的な見直しをすべきだ。そう考えると、イノベーションはリソースを節約して効率を最大化することに重点を置かなければならない。例えばプロセスの標準化、流通チャネルおよび製品やサービスの設計をBoP層に適合させ、BoPコミュニティにとってアクセスしやすくする、などである。

このようなイノベーションのプロセスから、利益を上げながら社会的価値を生むという目標を達成した革新的な製品群がもたらされた。例えば、インドで開発された低コストの義足、「ジャイプール・フット」★1の製造コストは一五〇ドルほどだが、コストを下げるために灌水チューブを取り入れた設計にするなど、巧みな工夫をしている。「チョットクール冷蔵庫」★2は革新的なデザインの小型冷蔵庫だが、個々人の好みに合わせた注文を受けつけるプロセスを備えた、独創的な広い流通システムを持っている。

他にも、大きなイノベーションが独自の市場を創出し、多彩な製品とサービスを生み出した。モバイルバンキング革命、マイクロクレジット制度、農村向けの太陽光発電などだ。

イノベーションを通じて採用されたアプローチがどのようなものであれ、公共セクター、民間セクター、市民社会がとってきた従来の方法では、もはや十分でないのは明らかだ。ソーシャルイノベーションはリソースを違う方法で活用し、社会的価値を生み出す別の選択肢なのである。

〈欧州委員会欧州政策顧問局（BEPA）〉は、ソーシャルイノベーションについて、三つのアプローチを提案している。ここでは、「社会的《ソーシャル》」とは、イノベーションがもたらすものとして期待さ

★1 http://jaipurfoot.org/
★2 http://www.chotukool.com/

れる価値ないし成果の種類を指す。単純に利益に関わるものではなく、成果を測定する際のさまざまな指標を包含した価値である（ＢＥＰＡ、二〇一一年[10]）。

◈**社会的要請の視点**……「社会的」とは、どちらかといえば弱者で、市場経済が生み出す価値を享受しづらい人のニーズを指す。これは、経済的視点あるいはビジネス視点と相互補完的である。この観点では、ソーシャルイノベーションはＢｏＰコミュニティの社会的ニーズを満たしたいという意志が起点となる。

◈**社会課題の視点**……持続可能な開発の枠組みの中で、経済的成果に加えて、幸福な生活を実現しているかどうかを評価していくといった考え方である。ある意味、社会と経済の境界がぼやけて、「社会的」であることが価値を生むうえでの制約ではなくチャンスになる。ノーベル経済学賞受賞者のダニエル・カーネマンが『アメリカン・エコノミック・レビュー』で詳しく述べ、最近ではスティグリッツ委員会でも報告されているように[11]、ここでは、イノベーションは社会の当事者間の関係の新しい形を通じて、社会課題に取り組むプロセスとされる。

◈**システム変化の視点**……三つ目の考え方は、ソーシャルイノベーションの最終的な目標は、持続可能なシステム変化を推進していくことである。具体的には、エンパワーメント／学習／ネットワーク形成によって、人々の生活と仕事のあり方を改善していくことをめざす。また根本的な態度と価値観、戦略および政策、そして制度の機能のしかた、制度とさまざまな当事者の連携の変化などにも、この視点は関係している。

実現を促す《イネーブリング》エコシステムをつくる

ボトムアップのアプローチによるイノベーションの中心的な課題の一つが、品質と収益性を維持し、ステークホルダー全員の自主性を引き出す参加型アプローチを提案できるかどうかである。そして、その結果として品質と収益性を維持したうえで、ＢｏＰコミュニティがアクセス可能な製品やサービスを開発することが求められる。この目標を念頭に置いたうえで、満たさなければならない最大のニーズの一つが、このようなプロセスの醸成、実現を促す環境と、能動的なエコシステムである。なぜなら、自社単独で有しているリソースと能力だけでは、事業拡大時の障壁を乗り越えることができないからである。

したがって、ほかのステークホルダーとともにイノベーターと起業家の関与を促すエコシステムが基本となる。ＢｏＰコミュニティと協働しながらの事業創造は、当然ながら難しい。バリューチェーン全体から参加した多様なパートナーが、生産プロセスと流通プロセスにおいて互いを強化し、補い合わなければ、ビジネスの創造はまず成功しない。つまりこれが、積極的なパートナーシップと、プロセス全体を通したリソース、スキル、リスク、利益の共有による、新しい方法である。「実現を促す《イネーブリング》エコシステム」とは、現地の団体によって現地のイノベーションを促す能力を持ったエコシステムを指す。昔ながらの知恵を応用してイノベーションを起こしたり、現地のコミュニティをエンパワーする目的で、イノベーションの創造プロセスに参加させたりすることができるようなものだ。

このエコシステムの中で時間の経過につれて成長するのが、「草の根《グラスルーツ》イノベーションプラットフォーム」とでも呼ぶべきものである。このプラットフォームは、資金、トレーニング、サービス、能力開発を提供するネットワークやプログラムなど、一見するとそれとはわからない形で現れるが、イノベーションを支援するために必要不可欠な触媒となる。エイドリアン・スミスらはこうした草の根《グラスルーツ》イノベーションを支える事例とデータを検証し、多様なネットワークを挙げている[12]（表4-1参照）。

イノベーションプラットフォームを創出する

世界中でイノベーションプラットフォームが続々と誕生している。この状況をふまえると、こうしたプラットフォームが、それを育成する「実現を促すエコシステム」とともに、いかに開発に関するマインドセットを変えていくのか、そして、いかに、BoPコミュニティにとっての機会を増やしていけるかは一考の価値がある。その対象は雇用の創出、BoPビジネスの開発、パートナーシップ構築、気候変動対策との連携などさまざまだが、力を結集してこのような課題にいっそう効果的に対処するために、プラットフォームが形成されつつある。

例えば、チュニジアの雇用創出を目的としたエコシステムの場合は、〈ドイツ国際協力公社（GIZ）〉が資金を提供し、同国の工業地区におけるプロジェクトが立ち上げられ、〈開発のためのパートナーシップセンター★（CAD、Centro de Alianzas para el Desarrollo/Center of Partnerships for Development）〉がそれを実施した。国家経済の民主的な移行と再編成を背景に、工業地区で進みつつある経済成長と地域開発を実現することは、チュニジアにとってきわめて重要性が高いと考えられている。チュニジアには現在、一五〇以上の工業地区があり、政府は短期間のうちにさらに一〇〇以上の新しい工業地区の建設を計画している。しかしほとんどの工業地区は稼働しておらず、

★ http://www.globalcad.org

表 4-1 ①　草の根《グラスルーツ》イノベーション・ネットワーク

ネットワーク／機関	説明	活動内容と対象地域	イノベーションの例
プロリノーバ	環境保護志向の農業と自然資源管理における現地イノベーションを推進する。農民、森林の住人、牧畜民、漁民の土着の知識と日常生活の中での実験を評価している。手法を発展させ、能力を開発し、経験をスケールアップすることをめざしている。	アフリカとアジア 16 カ国に国レベルのプラットフォームが、アンデスに 1 つ地域レベルのプラットフォームがある。	ガーナにおける農民主体の参加型動画制作。ネパールで気候変動に適応するための参加型イノベーション開発。マラウイにおける農業のイノベーションと連動した HIV ／エイズ対策。南アフリカにおける女性による家畜飼育のイノベーション。
適正技術に関する国際ネットワーク **適正技術に関する年次国際会議**	適正技術に関する年次会議の運営を継続するために設立された。	アフリカ、グローバルサウス〔南半球の開発途上国の総称〕、アメリカ。2004 年以降 5 回の年次会議を開催。	アフリカにおける都市住宅ニーズに対応するための土建築。作物の改良と市場へのアクセスのための情報通信技術。
アジア太平洋国家イノベーション・システム・オンライン・リソース・センター	アジア太平洋諸国のイノベーション政策を通じて蓄積された、リソースと情報へのアクセスを提供する。例えば、環境に優しい草の根（グラスルーツ）イノベーション人名録（Directory on Green Grassroots Innovation）など。	アジア太平洋。中国、フィリピン、マレーシア、スリランカ、インドで 2007 ～ 2008 年にかけて現場視察と 6 回のワークショップを実施。	ミツバチネットワーク（Honey Bee Network）（下段参照）との連携。
ミツバチネットワーク	草の根レベルのイノベーションや実践の収集、記録、普及のために個人や機関を交流させている。持続可能な技術と制度の研究および取り組み協会（SRISTI、Society for Research and Initiatives for Sustainable Technologies and Institutions）と、国家イノベーション基金（NIF、National Innovation Foundation）の支援を受けている。	アジア：インド。これまでに 10 万件のアイデア、現地イノベーション、伝統的な知識の実践を記録した。会員は年 2 回のショド・ヤトラ（発見の旅、農村コミュニティを訪れて知られざる工夫を発見し記録する）に参加できる。	現地に適応した伝統的な米と果樹の栽培技術。労力とコストを節減する機械（例：サリー用生地を低コストな生理用ナプキンに仕立てる機械、竹の加工をする機械）。現地の作物に合わせた灌漑システム。サイクルリキシャ用の歯車。
草の根（グラスルーツ）イノベーション拡大ネットワーク GIAN	草の根（グラスルーツ）イノベーションと伝統的知識の技術および事業育成組織、ミツバチネットワークおよび NIF と連携している。	アジア：インド。6 地域、および多数の州レベルの育成組織がある。GIAN はイノベーションを市場に投入するための育成センターをインド全土に設立した。	ラクダバス。映写機。落花生掘取機。溝掘機。

表 4-1 ② 草の根《グラスルーツ》イノベーション・ネットワーク

ネットワーク／機関	説明	活動内容と対象地域	イノベーションの例
伝統的知識の電子図書館 TKDL	現地語の伝統的知識および情報と、国際的な特許審査官の橋渡しを行う。	アジア：インド。これまでに伝統医学についての 150 冊の書籍を複写。	アーユルベーダ、ユナニ、シッダ、ヨガなどのインドの医学体系に含まれる伝統的知識。
農村のための科学センター CSV	科学研究者と農村コミュニティを、研修その他の取り組みを通じて結びつける。	アジア：インド。100 名以上のスタッフとボランティアで 3 カ所のデモンストレーションキャンパスを運営。	雨水収集。植物由来の殺虫剤。養蜂場。
中国イノベーション・ネットワーク CHIN **天津大学**	SRISTI の姉妹組織。イノベーション奨学金の設立および国際草の根（グラスルーツ）イノベーションと伝統的知識のレジストリを計画している。	アジア：中国。30 の行政区から 54 の大学が加盟している。約 6000 のイノベーションを発掘した。	自転車を利用した鍬。乾燥させる農産物を屋根に上げるための簡易エレベーター。
国家草の根（グラスルーツ）イノベーションデータバンク **マレーシア**	マレーシアの草の根（グラスルーツ）イノベーションと伝統的知識の発見、維持、拡大に機関として支援を提供する。	アジア太平洋：マレーシア。228 件のイノベーションを登録。	屋根の雨樋での蚊の繁殖を防止する。キャッサバからとったでんぷんで製造したバイオエタノール。
プラクティカルアクション	技術を利用して貧困対策に取り組む。エネルギー、農業、都市インフラ、新技術、廃棄物処理でコミュニティと協働している。	本部はイギリス。バングラデシュ、東アフリカ、中南米、ネパール、南アジア、アフリカ南部、スーダンに事務所がある。	水の濾過用のナノテクノロジー。山間部で市場に生産物を輸送するための、重力を利用したロープウェイ。津波被害地域におけるコスト効果の高い住宅再建。
社会的技術ネットワーク **ブラジル**	コミュニティと共同で開発した製品と技術を支援する。RedTISA（下段参照）など他のネットワーク設立のきっかけとなった。	中南米に 900 の加盟組織。毎年社会的技術賞を開催し、応募作品とプロジェクトのデータベースを構築している。	飲料水の貯水槽。家畜の糞を家庭用燃料にするための堆肥製造機。アルゼンチンとパラグアイの農村部で伝統種の交換のための種子見本市の開催。
社会的包括のための技術ネットワーク RedTISA	コミュニティの知識と科学技術知識の創出および交流を支援し、包括的で持続可能な開発のためにその学びを共有する。	中南米：アルゼンチン。90 の機関とプロジェクト。	共同リサイクルベンチャー。小規模生産者向けのサトウキビ収穫機。
社会的技術バンク **ブラジル**	〈ブラジル財団銀行〉の社会的技術賞で認定された社会的技術を収録したデータベース。	中南米：ブラジル。認定された応募作品を 600 以上収録。	乾燥地農法およびカシューナッツと果実のパルプへの加工。都市の農生態学プロジェクト。水の保全と再生利用。

表 4-1 ③　草の根《グラスルーツ》イノベーション・ネットワーク

ネットワーク／機関	説明	活動内容と対象地域	イノベーションの例
ウルグアイ適正技術センター	エネルギー、農生態学、薬草に関して〈ラテンアメリカ社会生態学センター（Latin American Social Ecology Center）〉と緊密に連携している非営利組織。	中南米：ウルグアイ	低コストで持続可能なエネルギー生産。土着・伝統的な薬草利用の知識マップ。
草の根（グラスルーツ）イノベーション **イギリス**	研究による知見を草の根（グラスルーツ）イノベーションのプロセスに提供している。	イギリス：他国にも展開	エネルギー、食物、住宅、補完通貨における草の根（グラスルーツ）イノベーションを記録。
マサチューセッツ工科大学（MIT） **草の根発明グループ** GIG	低コストのパーソナルコンピュテーション技術および生産技術を提供している。	アメリカ。20 のプロジェクトが活動中。	コスタリカで開発されている学習自立ネットワーク、プロメテウス。コンピュータプログラミングの教授法への新しいアプローチ。
D ラボ **MIT**	国際的な開発のための低コストの適正技術を推進する。	アメリカおよび世界。数百のプロジェクト。	携帯型太陽光調理器。セラミック濾過器。低コストなペダル式のリキシャ用照明。
アショカ	喫緊の社会的ニーズを解決し、社会を変えていく人々を指す「社会起業家」という言葉を提唱した。2000 名のフェローを擁する社会的起業のためのアショカ・フェローシップは人材交流と社会的目標実現のための学びを支援している。	60 カ国以上における国際プログラム。アフリカ、南北アメリカ、アジア、ヨーロッパ、中近東、北アフリカに地域事務所。	南アフリカで在宅看護師養成。ペルーにおけるコミュニティの森林管理への若者の参加。ブラジルにおけるデジタル・インクルージョン〔IT の恩恵を受けにくい人々が IT を利用しやすくするための取り組み〕。

基本的サービス、例えば飲食施設や交通機関、治安の確保、技術プラットフォームなどのサービスが整備されていない。このような状況のため投資が誘致できず、成長ポテンシャルを発揮しきれていない。一方、近隣のBoPコミュニティ、特に同国の西南部は高い失業率に苦しんでいる。工業地区とコミュニティの交流もごく限られている。

二〇一二年一二月、これらの問題を解決すべく、CADはGIZに対して、サービスを提供しつつ雇用を生むような、新しい包括的な開発の計画と実施を依頼した。その実現のために三段階のアプローチが考案された。第一段階では、需要（企業と従業員から求められているサービス）と供給（現地のマイクロ事業および中小規模の事業［MSME］とコミュニティの潜在力）の両面から見て、可能性の大きい工業地区を一つ選定した。

第二段階としては、サービス需要を満たせる起業家ないしMSMEの候補を選んだ。このプロジェクトは全国展開する予定であるため、候補者選定のプロセスは既存の組織によって行う必要があった。したがって、工業地区のあらゆるステークホルダー（工業地区の管理を担当している組織、企業、職業紹介組織、コミュニティ）間のパートナーシップ構築に重点が置かれ、この分野でのイノベーションを促進する「実現を促す《イネーブリング》エコシステム」が構築された。求められているサービスが広く告知されると、一連のワークショップや会議が開催され、関心を寄せた起業家たちが集まった。「実現《メイキング・イット・ハップン》」と題されたワークショップで選抜が行われ、起業家たち、ステークホルダー、資金提供組織などから最終候補者が選ばれた。

最も有意義な成果は、一年で五つのマイクロ企業が誕生し、二〇種類の仕事が増えたことだ。この手法を全国展開するという政府の意向もあり、チュニジアの一五〇の工業地区でも再現できそうだと期待されている。さらに、工業地区の関係者とパートナーの間に、積極的で活発な交流が新たに生まれ、両者が雇用創出のための効果的なエコシステムの創出に取り組んでいる。

もう一つ関連した例を挙げると、パートナーシップとBoPビジネスを加速させる目的でつくられたエコシステムがある。この目的のために〈パートナリング・イニシアチブ〉★が「ビジネス・イン・ディベロップメント・ファシリティ（BIDF）」というオープンプラットフォームを推進した。これは、企業、国際機関、政府、NGOによる「ウィン・ウィン」のパートナーシップの構築により、企業の開発への関与を後押しできるよう支援をするものである。BIDFはコロンビア、ザンビア、モザンビークなどの国で立ち上げられている。その特徴は、政府機関が、ビジネスと開発の橋渡しをするハブの構築を支援することだった。

こうしたプラットフォームの主な機能は、パートナーシップの力について認知を広めモチベーションを育てること、場づくりや仲介サービスなど、対話とパートナーシップを通じた共創の機会を創出すること、あらゆるセクターに、能力開発と新たなパートナーシップへの支援を提供すること、知識や経験の交流を促すことである。さらに、プラットフォームがあることで政策のインパクトをより正確に評価し、国内における協働能力を高められる。

オープンイノベーションの台頭

イノベーションマネジメントは長年の間に何度か発展を遂げ、最終的にオープンイノベーションという概念が導き出された。ロスウェルが述べたように、この発展にはいくつかの市場の変化が寄与している。ロスウェルはイノベーションを五世代に分類している。[13]

★ http://thepartneringinitiative.org/

◈**第一世代　技術主導**……一九五〇年代半ばから一九六〇年代半ばにかけて、急速な経済成長によって「底なしの需要《ブラックホール》」が生まれ、西側諸国と日本において顕著な技術の進展と産業の拡大がもたらされた。企業の関心は主に科学的な躍進に向けられていた。「研究開発を行えば行うほど、たくさんの新製品が世に送り出される」。これは「希望の戦略」と称された。「優秀な人材を採用し、可能な限り最高の設備を与えたら、あとはまかせればいい」。研究開発は企業の必要経費とみなされ、象牙の塔の住人にゆだねられていた。イノベーションは、急成長中の多国籍企業で起こっていた。

◈**第二世代　市場主導**……一九六〇年代半ばから一九七〇年代初めにかけては市場シェア争いの時代となり、企業は開発の主眼をニーズ主導に移すことになる。そして、市場のニーズに応えることが開発の中心になった。個々の研究プロジェクトのために、規則的な配分とリソースマネジメントなどの費用便益分析が行われた。市場投入までの期間を短縮するために、科学者が運営するチームに製品技術者を入れるなど、研究開発部門と事業部門のつながりが強化されるようになった。

◈**第三世代　連結型イノベーション**……一九七〇年代半ばから一九八〇年代半ばにかけては、インフレとスタグフレーションの圧力下で、合理化への取り組みが現れた。戦略の焦点は企業合併であり、その結果「製品ポートフォリオ」が登場した。企業は個別の研究開発プロジェクトから離れていった。イノベーションプロセスがしっかりと構造化されるようになり、マーケティングと研究開発はより緊密に連結した。事業運営費用の削減が、この連結モデルの主な原動力だった。

◈**第四世代　統合型イノベーション**……一九八〇年代初めから一九九〇年代半ばにかけて西側諸国の経済が回復すると、中心テーマは時間の戦いになり、「トータルコンセプト」を開発するための統合されたプロセスと製品に焦点が置かれた。この第四世代の特徴は、開発プロセスが同時並行的で統合されていることである。社外的には、供給業者の連携と主要顧客との緊密な結びつきが確立した。

◈**第五世代　オープンイノベーション**……一九九〇年代以降はリソースの制約が中心課題となった。その結果、柔軟性と開発のスピードを確保するために、システム統合とネットワーキングに関心が向けられた。ビジネスプロセスは企業資源計画（ＥＲＰ）と生産情報システムによって自動化された。社外的には、ビジネスのエコシステムが注目された。高度な戦略的パートナーシップが構築されるとともに、オープンイノベーションのような共同のマーケティングおよび研究に関する協定が結ばれた。製品の付加価値が品質をはじめとする価格以外の要素に見出されるようになった。

こうして、オープンイノベーションの概念は、組織を変化させる必要があること、イノベーションがますます開かれたものとなること、そしてアイデアが組織の境界を越えて開発されるようになってきたことへの認識から生まれたのである。クローズドイノベーションの原則とオープンイノベーションの原則（表４‐２参照）は、それぞれまったく異なるアプローチを特徴としている。[14]

後者においては、協力とパートナーシップをより広い意味で捉えている。イノベーションのプロセスに他の関係者を巻き込み、エコシステム全体でステークホルダーの関与を強化させる。オープンエコノミーにおける交換と共有の概念は基本的に、ネットワーク化が可能なプラット

表 4-2　クローズドイノベーションの原則とオープンイノベーションの原則の違い

クローズドイノベーション	オープンイノベーション
現場の優秀な人たちがわが社のために仕事をしてくれる。	優秀な人たちが、みんなわが社にいるとは限らない。社内外の優秀な人たちと一緒に仕事をする必要がある。
研究開発から利益を上げるためには、自分たちで発見し、開発し、世に送り出さなければならない。	社外の研究開発が重要な価値を生み出してくれる可能性がある。その価値の一部を担うために、社内の研究開発が必要である。
自分たちで発見すれば、最初に市場に出せる。	利益を上げるために研究を自分たちで生み出す必要はない。
イノベーションを最初に市場に出した企業が勝つ。	より優れたビジネスモデルを構築する方が市場に一番乗りするよりも良い。
業界で最も優れたアイデアを最も多く創り出せば勝てる。	社内外のアイデアを最もうまく活用すれば勝てる。
競合他社にアイデアを盗まれないように、知的財産を管理すべきである。	わが社の知的財産を他社に使わせて利益を上げるべきである。また、わが社のビジネスモデルの発展に役立つなら他社の知的財産を買うべきである。

フォームを通じ、同じ価値観を持つ参加者の間で財とサービス、アイデア、およびコンセプトを共有する可能性を提供して、関与させることに主眼を置いている。このようなプロセスでは、製品設計、サービスアクセス、新製品の生産、市場へのアクセス、流通、あるいは製品・サービスの再利用や廃棄にいたるまでの情報を専門のコミュニティと共有でき、参加者間の相乗効果を最大化して、その結果、より高い付加価値を生み出すことができる。

〈ヨーロッパ・シェアリング・エコノミー共同体（European Sharing Economy Coalition）〉が述べているように★、シェアリング・エコノミー・モデルはより多くの機会へのアクセスを提供し、コストを下げ、リソースのニーズに合わせて調整することにより、資産のより効率的な利用を推進する。シェアリング・エコノミー・モデルは基本的に三つのモデルを中心に展開する。

◆**製品中心のシステム**……ユーザーは製品そのものを所有する必要はなく、製品を使用するという便益に対して支払いをする（例：自動車や自転車のシェア）。これにより、個人所有モデルに基づいた従来の産業が破壊される。

◆**再分配市場**……使用済みの品物を、もう要らなくなった人から欲しい人に再分配する（例：交換市場、中古品）。製品を無償でやりとりする市場（フリーサイクル）もあれば、交換したり、販売したり（〈イーベイ〉）する市場もある。

◆**コラボレーション型のライフスタイル**……共通のニーズや関心を持った人々が集まって、時間、空間、スキル、お金などの無形資産を共有し、交換する。仕事場（〈シティズン・スペース〉）や庭（〈ランドシェア〉）や駐車場（〈ジャストパーク〉）、個人間の融資（〈レンディング・クラブ〉）、自宅の貸し出し（〈Airbnb〉や〈カウチサーフィン〉）がある。

★ http://www.euro-freelancers.eu/european-sharing-economy-coalition/

しかし、社会的インパクトを生み出すことをめざすオープンイノベーションを実現するためには、いくつかのポイントがある。

第一に、透明性が高く、開かれた情報共有の仕組みである。ＢｏＰ層向けのイノベーションプラットフォーム構築に取り組んでいる組織は、自分たちがアクセスしている情報は、より広範なコミュニティにも利用しやすい状態にして共有すれば、価値が高くなることを理解する必要がある。社会課題に対応するための知識の創出を、自由な発想で行えるような情報管理をするのである。そのようなオープンで透明性の高い情報アクセスによって、製品やサービスの利用効率が高まり、共創の機会が増え、コミュニティがより自立し強くなるよう支援することができる。

第二に、オープンなシェアリングエコノミーで創造を行うためには、ウィン・ウィン・アプローチで相互の信頼と自尊心を重視する環境を整える必要がある。これはつまり、流通業者や供給業者やコミュニティのメンバーなどのバリューチェーン全体で、イノベーター、関与する組織、グループ間の信頼のある関係を構築し保証することである。

バリューチェーンの各段階で、オープンイノベーションの推進を加速する取り組みが、さまざまに行われている。研究段階、設計と創造の段階、あるいは生産段階や流通段階で、さまざまなイノベーションプラットフォームが、知識共有と解決策の創出に貢献している（表４‐３参照）。

主な結論と学んだ教訓

ＢｏＰ層と新しいビジネスモデルを共創しようとする場合、創造性を高め、さまざまなステークホルダーを関与させ、同じ目標に向かって協力させるためのシステムとして、イノベーションプラットフォームは注目に値する。特にプラットフォームが開かれたものであるなら、知識の創出と共創が可能になり、社会的な技術課題を解決するイノベーションをより効率的に生み出すことができるだろう。

そのためには、信頼に基づき、ステークホルダーが真剣に関与することと、透明性の高い形で共有し、一緒に創造ができることが求められる。したがって、セクター横断的なパートナーシップが、新しい革新的な統治システムとして提示される。それはハイブリッド型の包括的なアプローチを採用して、プロジェクトとサービスを設計・創造する方法を変えるということである。

こうしたウィン・ウィンの理念を掲げた参加型・コラボレーション型プロセスは、長期的なインパクトを生み出す、より成功確率が高く持続可能なビジネスモデルを創出する可能性を秘めているのである。

表 4-3 バリューチェーンの各段階でインパクトを生み出している関連イノベーション

バリューチェーンの段階	イノベーションの説明
研究	**イノセンティブ**——オープンイノベーションによる問題解決 **テックスカウト**——研究開発の解決策のクラウドソーシング **アイデアコネクション**——アイデアの市場および問題解決 Yet2.com——知的財産（IP）の市場 PRESANS（ベータ版）——研究開発の問題を解決 **ハイピオス**——オンラインの問題解決 **イノゲット**——研究仲介プラットフォーム **ワン・ビリオン・マインズ**——オンラインの（ソーシャルな）挑戦 **ナインシグマ**——技術的問題の解決
デザインと創造	**リデザインミー**——コミュニティの共創 **アティゾー**——オープンイノベーションの市場 **イノベーションエクスチェンジ**——オープンイノベーションの市場 **アイデアケン**——コラボレーション型のクラウドソーシング **アイデアバウンティ**——アイデアのクラウドソーシング **クラウドスプリング**——クリエイティブデザイン **ミオークリエイト**——環境問題および社会的問題 **99 デザインズ**——デザインのクラウドソーシングの草分け **オープン IDEO**——コラボレーション型のデザインプラットフォーム **Challenge.gov**——政府の問題に対するクラウドソース型解決策 **eYeka**——共創コミュニティ
生産	**イノセンティブ**——オープンイノベーションによる問題解決 **テックスカウト**——研究開発の解決策のクラウドソーシング **アイデアコネクション**——アイデアの市場および問題解決 Yet2.com——知的財産（IP）の市場 PRESANS（ベータ版）——研究開発の問題を解決 **ハイピオス**——オンラインの問題解決 **イノゲット**——研究仲介プラットフォーム **ワン・ビリオン・マインズ**——オンラインの（ソーシャルな）挑戦 **ナインシグマ**——技術的問題の解決
流通	**インクリングマーケッツ**——クラウドの知恵を予測に利用する **イントレード**——グローバルな予想市場 **ニュースフューチャーズ**——共同インテリジェンス市場 **カグル**——データマイニングと予測 **アイデアクロッシング**——イノベーション追求を組織化 **データステーション**——イノベーションプラットフォームの完成 **フィアットミオ**——自動車の創造

出典：開発のためのパートナーシップセンター（CAD、Centro de Alianzas para el Desarrollo）

Part 3
エコシステム

Building Ecosystems for Inclusive Business

第5章

資金調達の壁を超える

──「パイオニアギャップ」をどう埋めるか

ニコラス・シュヴロリエ、ミルティーユ・ダンス
BOPイノベーションセンター、オランダ

世界中で急速に広まりつつあるBoPビジネスのアプローチは、企業やNGOなどの民間セクターに、新たな役割を与えるものだ。企業が、採算のとれる方法で貧困削減に参加できるという確信は育ちつつある。BoP層向けの必需品や不可欠なサービス――住宅、農村地域の水供給、母子保健、初等教育、金融サービス――の市場機会を全体で見ると、今後一〇年間で四〇〇〇億から一兆ドル規模になると推定されている。[1]

このような課題に挑戦するスタートアップは、今増えつつある「インパクト投資家」に多大な機会を提供しうる。インパクト投資家とは、社会的、環境的、経済的なインパクトを目的とし、たとえリスクが高く金銭的リターンが低くても、あえて受け入れる投資家をいう。

しかし、BoPビジネスに取り組む企業を資金面で支える方法として、いまだマイクロファイナ

ンスと通常の金融商品の間を埋めるものがないという、「ミッシングミドル」の問題があることが明らかになりつつある。

このミッシングミドルの問題は、特に初期段階にあるＢｏＰベンチャーにおいて顕著である。大きな可能性を秘めた取り組みが、融資を受けられないままになっている。その理由は、インパクト投資家が関連リスクの評価を十分に行うのが難しく、起業家も自分たちが「投資を受ける資格を満たしている」ことをうまくアピールできていないからである。

大きな足かせとなっているのは、イノベーションサイクルの各段階――機会発見の初期段階から、解決策のスケールアップという後期段階まで――において、初期投入資本がないことである。[2] 投資家を説得するためには、起業家は「パイオニアギャップ」を埋める必要がある。[3]

本章では、〈ＢｏＰイノベーションセンター（ＢｏＰＩｎｃ）〉のケーススタディについて簡単に述べたあと（コラム５-１）、まず、ＢｏＰビジネスにおいて、いまだ満たされていない融資ニーズを見ていく。

次に、そうした組織が、特に開発と実証という開拓《パイオニア》の段階で直面している主な課題を検証する。最後に、包括的イノベーションを支援するための適切な金融メカニズムを提供する、近年現れてきた解決策を概観する。

コラム5-1　BoPIncのケーススタディについて

BoPイノベーションセンター（BoPInc）は、BoP市場における包括的イノベーションの開発、研究、加速のためのサービスとツールを提供する独立した財団である。BoPIncは、戦略パートナーとともにBoPIncアライアンスを構築した。現在参加しているのは、〈ワーゲニンゲン大学〉〈オランダ応用科学研究機構（TNO）〉〈ICCOコーポレーション〉〈SNVオランダ開発機構〉〈ニーンローデビジネス大学〉〈グローバル・コンパクト・ネットワーク・オランダ〉〈アショカ〉〈ラボバンク財団〉であり、業種も組織タイプも異なる、多彩な世界的ネットワークとなっている。BoPIncはこれら戦略パートナーのリソースとネットワークを活用し、BoPビジネス戦略を立案している。BoPIncが注力しているセクターは、主に農業／食料、エネルギーおよび給水／衛生セクターである。

この三年間、BoPIncはBoPビジネスの起業や成長に適した金融メカニズムにアクセスする難しさを経験してきた。エチオピアで牛乳冷却装置の新規開発をしたり、農業プログラム「2SCALE」★で長期的なビジネス・パートナーシップを維持したりするための、事業立ち上げ資金を探すのは困難だった。オランダ外務省などの援助資金供与者やラボバンクのような金融機関、あるいは民間の財団と協力しながら、こうしたさまざまなケースで最も適切な資金源を探した。

★ http://bopinnovationcenter.com/our-projects/our-projects/2scale

包括的《インクルーシブ》イノベーションとは何か

「包括的《インクルーシブ》イノベーション」はまだ比較的新しい概念である。これを最初に提唱したのは学者ではないため、起源をたどるのは難しい。「包括的《インクルーシブ》」という言葉は、インクルーシブビジネス、包括的成長《インクルーシブグロース》、金融包括《ファイナンシャルインクルージョン》など、他の状況にも使われてきた。包括《インクルーシビティ》とは、通常は排除されている集団、すなわちＢｏＰ層やその他社会的に疎外されている人々にも対応することを意味する。「包括的イノベーション」という言葉は、特にＢｏＰ層に対応するイノベーションを指すのに用いる。これと似た概念には、倹約型《フルーガル》イノベーション、ＢｏＰイノベーション、ガンジー主義イノベーションがある。本章では、ＢｏＰ層のニーズに特化するだけでなく、ＢｏＰ層を消費者としてだけでなく生産者、従業員、起業家として巻き込むイノベーションプロセスを指す。その成果として、認知向上、アクセス、手ごろな価格、入手のしやすさを兼ね備えた高性能の製品、サービス、およびプロセスが生まれる。こうしたプロセスと成果が一体となって、財務的に持続可能な形でＢｏＰ層にプラスのインパクトを与えている。このインパクトは、（より優れた）製品やサービスをＢｏＰ層の手の届くようにしたり、（あるいは）より良い収入源を提供したりすることにより生まれている。

私たちは、「ＢｏＰ層とともに、インパクトのある新しい何かを市場主導で開発すること」を包括的イノベーションの定義としている。[4]また、イノベーションを起こす組織は民間セクターに限定する。

包括的イノベーションを開発するために、基礎研究、試作品の開発、製品の市場導入、最後に成長のためのビジネスのスケールアップまで、多数の段階を通過しなければならない（図5－1参照）。

包括的イノベーションへの融資ニーズ

民間セクターが包括的イノベーションを開発する際、必要とする投資と支援にはさまざまなタイプがある。アイディエーション（コンセプト開発）を支援するための資金調達を求める企業もあれば、アイデアや事業計画の実現および実行を支援するための資金調達を求める企業もある。一般に、リスク緩和が重要な要件となる。初期費用が高いうえに、社内からは投資に対して利益を求められ、社外にもこのような活動に進んで資金を出そうという相手がいないため、資金調達は難しい。

融資ニーズは、事業分野、ビジネスモデル、規模および成熟段階、人材の能力その他の要素によって大きく異なる。大企業は二〇〇〇万ドル以上の融資を必要とするかもしれないが、中小企業のニーズは二万五〇〇〇ドルから二〇〇万ドルあたりが多く、マイクロ起業家が求めている資金額は二万五〇〇〇ドル未満である（コラム5-2でアフリカの農業セクターの詳細を紹介している）。さらに、ニーズは融資の利用にとどまらない。多くの企業が、アイデアの開発と、持続可能なオペレーション確立のための支援を必要としている。[5] 例えば、アフリカ大陸全土で起こっている問題は、中小企業を経営できるスキルを持ったプロフェッショナル人材の深刻な不足である。[6] 数々の調査では中小企業の経営・財務能力の不足が再三訴えられており、それに対応した資本と事業開発サービスを組み合わせた投資パッケージが求められている。

図 5-1　研究から成長までの起業の段階

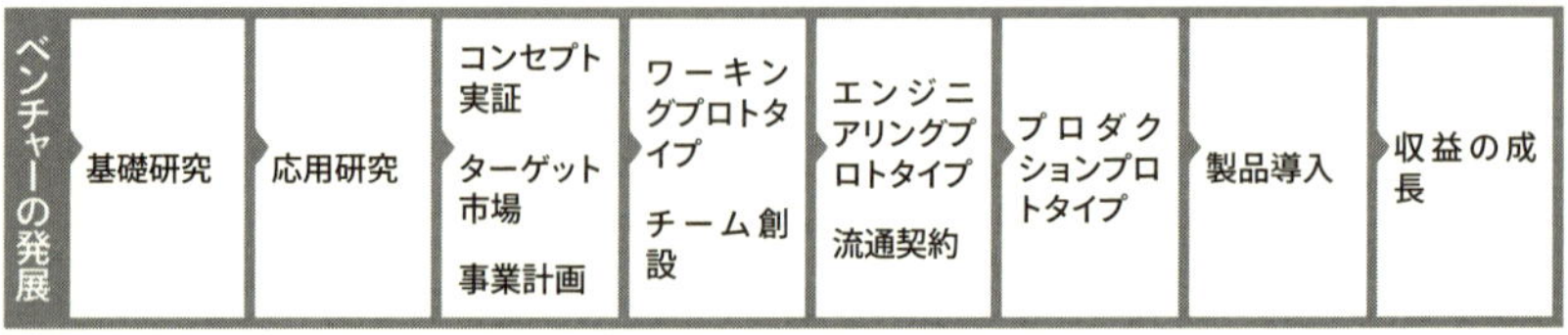

コラム5-2　アフリカの農業セクター――投資の視点

多くの開発途上国で、農業セクターはGDPに占める割合が最も高く、主要な収益源の一つである。さらに重要な点として、社会の主流から取り残された人々もこのセクターに偏りがちだ。農業の重要性を考えると、このセクターにおける企業の成長は経済的メリットだけでなく、例えば食料安全保障の向上などの社会的メリット、さらにリソースが持続可能な形で管理されれば環境上のメリットも生み出すはずである。

アフリカは、年間の農業生産高の価値を、一〇年間で二〇〇〇億ドル向上させる潜在力を有している。[7] これは、肥料、種子、殺虫剤、農機など上流の製品の需要を増やす一方、バイオ燃料の生産、穀物の精製をはじめとする食品加工といった下流の活動の成長も促すだろう。

表5-1は西アフリカの農業セクターにおける、事業タイプ別の業績向上のための融資ニーズを表す。しかし、これらの事業体のニーズは融資だけではない。中小規模の事業者は市場の失敗と非効率が足かせになることが多い。そのため、市場へのアクセス（供給業者と顧客を結びつけるために必要な知識や情報）、ビジネススキルやリーダーシップ育成のための訓練や指導などのニーズがある。

包括的イノベーションの開発と実証の各段階で、企業はさまざまなタイプの資金調達を必要とする（助成金、株式、貸付金）。資金提供者は公的機関の場合もあれば、親戚や友人、投資会社、エンジェル投資家、ベンチャーキャピタリスト（新興企業に対し初期段階で支援する投資家）などの投資ビジネスの関連機関、もしくは商業銀行という場合もある（図5-2参照）。

コラム5-2に示したように農業セクターにおける資金ニーズが高いが、これは廃棄物処理/衛生、健康、農村電化などのセクターにもあてはまる。しかし、このニーズは明確に特定されているにもかかわらず、現在の金融セクターによって適切に満たされていない。その理由については次項で説明する。

投資の課題

マクロの視点から見て、現地の国に次のような要素が整えば、包括的イノベーションにはプラスになる。

◆制度（政治的環境、規制環境など）
◆人的資本と研究
◆インフラ（情報通信技術、エネルギー、一般インフラ）

表5-1 農業セクターにおける企業の融資ニーズの概要[8]

企業タイプ	融資の対象	必要な融資の規模（ドル）	現在の融資の選択肢
大規模な商業的農業	起業、事業運営、メンテナンス、インフラ	大規模（200万以上）	未公開株 ベンチャーキャピタル（PE/VC） 商業銀行
契約農業	起業、運転資金	中規模（2万5000から200万）	PE/VC
共同農業	収穫前の融資、投入物〔農薬、殺虫剤、肥料など農地に散布するもの〕	中規模（2万5000から200万）	農業銀行
小自作農	収穫前の融資、投入物	小規模（2万5000未満）	マイクロファイナンス

◆市場の洗練度（信用取引、投資／株式市場、マイクロファイナンス、銀行など）

◆ビジネスの洗練度（科学・技術・イノベーション［STI］クラスター、イノベーションパークなど）

これらの要素は重要ではあるが、包括的イノベーションはBoP層をターゲットとしているため、特別なメカニズムを導入する必要がある。例えば、「ビジネスの洗練度」にはNGO、企業、STIを合流させる、複数のステークホルダー用のプラットフォームの構築が必要となるかもしれない。包括的イノベーションを育成するエコシステムの構築は、多くの国で進みつつある。しかし、快適な投資環境の創出にはいまだに多くの制約がある。

投資を制約するもの

BoPビジネスへの投資には、昔から制約となってきた重要な要素が四つある。[9] すなわち（1）リスク、（2）制度、（3）政策と規制、（4）スキルとトレーニングである。

1．**リスクの壁**……開発途上国における「ミッシングミドル」は、一般的に銀行や金融機関からリスクが高く、収益性が低い事業とみなさ

図 5-2　資金調達の選択肢の種類

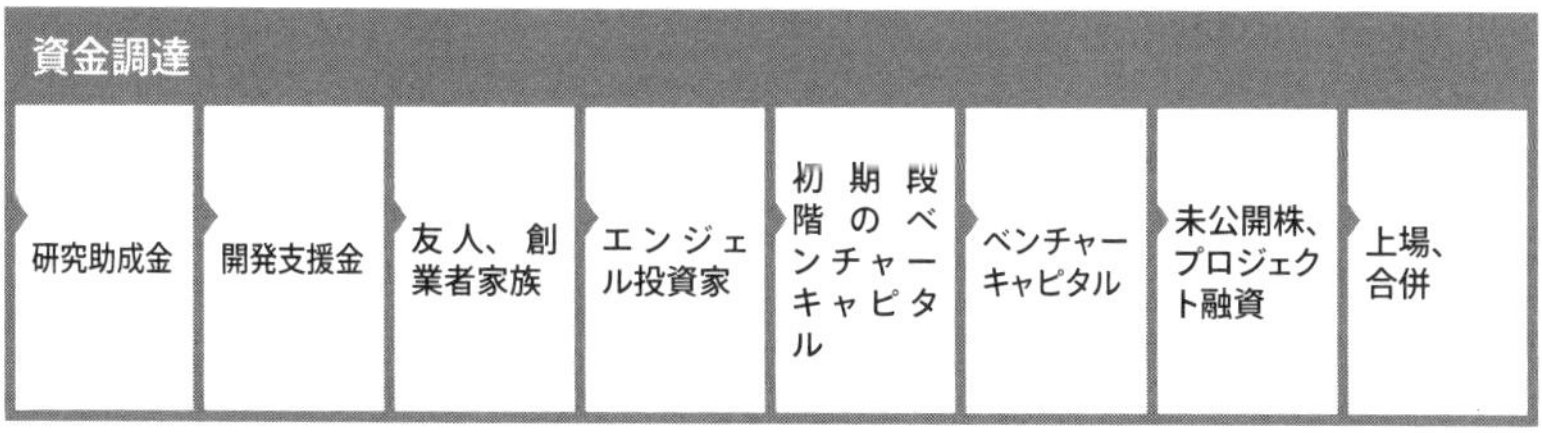

れる場合に発生する。また、投資家やファンドマネジャーのインセンティブ、期待、動機はそれぞれ異なるため、戦略もまちまちであり、これが収益性についての誤った認識を生むことにもつながっている。

2. **制度の壁……**開発援助などの慈善金が集まりやすそうな国は、それゆえに民間資本にとってふさわしい投資環境が整っていないものだ。また、有望な投資機会を発見し育成するコストがあまりにも高すぎる。さらに、インフォーマルセクター（経済活動が公式に記録されないセクター）の存在が突出していると、企業の評価が難しくなる。

3. **政策と規制の壁……**BoPビジネスへの投資を促す制度がなかったり、逆に抑制するような公共政策（例：特定のセクターにおける利率の制限）を行ってしまったりしているなど、BoPビジネスへの支援にふさわしい政策環境と規制環境が形成されていないことが多い。

4. **スキルとトレーニングの壁……**包括的イノベーションは新しい分野のため、金融機関側に詳しい知識がなく、適切な投資が行えない。

このような制約によって、特に投資の期間や規模において的外れな資金調達を提供してしまう投資環境となっている。

従来の方法では対応できない

BoP市場では、（特に農業において）担保がないことと返済スケジュールの厳しさから、従来通りの貸付金という形式を利用して、銀行から資金調達することは難しい。従来のベンチャーキャピタルによる出資では、投資回収期間は平均五年（三～七年）だろう。しかし、BoP市場においては、売却し収益化できる可能性が比較的低いため、保有期間は長く見なければならない。市場優位性の確立は、その市場の発展状況次第である。それには最大一〇年かそれ以上かかる。結局、ＢｏＰ市場の開発には忍耐強い資本《ペイシェントキャピタル》が必要になる。筆者はその期間を少なくとも五年、長くて一〇年と考えるのが妥当と見積もっている。

資金の規模が小さい

融資期間の問題のみならず、前項で説明したように、ＢｏＰビジネスの初期段階に必要な資金の額は平均より少ない。投資家は一〇〇万ドル以上の案件に流れがちで、投資の見返りが少ないと思われるこの分野には資金提供しない。

大口投資への壁となるパイオニアギャップ

マイクロファイナンスと通常の金融商品の間を埋めるものがないという「ミッシングミドル」の問題がある理由は、投資家の側ではリスクが多すぎると考え、起業家も自分たちが「投資を受ける資格を満たしている」ことをうまくアピールできていないからだ。投資家を説得するためには、起業家が「パイオニアギャップ」[10]を埋め、事業計画および起業のスキルや姿勢を改善する必要がある。パイオニアギャップは、投資用語では「死の谷」と呼ばれている（コラム５‐３参照）。

このパイオニアギャップが明確に認識されている一方で、この段階の起業家に適切な融資を行うためにどのようなメカニズムを構築すべきかは、今後の課題である。

▼コラム5-3　パイオニアギャップ

パイオニアギャップ、別名「**死の谷**」とは、企業の設立から正のキャッシュフロー、すなわち黒字化までの、期間と資金面におけるギャップのことである（図5-3参照）。この期間はイノベーションの資金調達フェーズと呼ばれ、応用科学研究から理論の実証、ワーキングプロトタイプからエンジニアリングプロトタイプ、プロダクションプロトタイプから大規模な市場導入の準備に移行するまでに生じる負のキャッシュフロー、すなわち赤字を埋めるために、企業は資金を必要とする。後期段階（正のキャッシュフローを達成したあと）は既存の金融商品およびエンジェル投資家や通常の投資家から資金提供を受けやすい。

図 5-3　投資サイクルのポジション

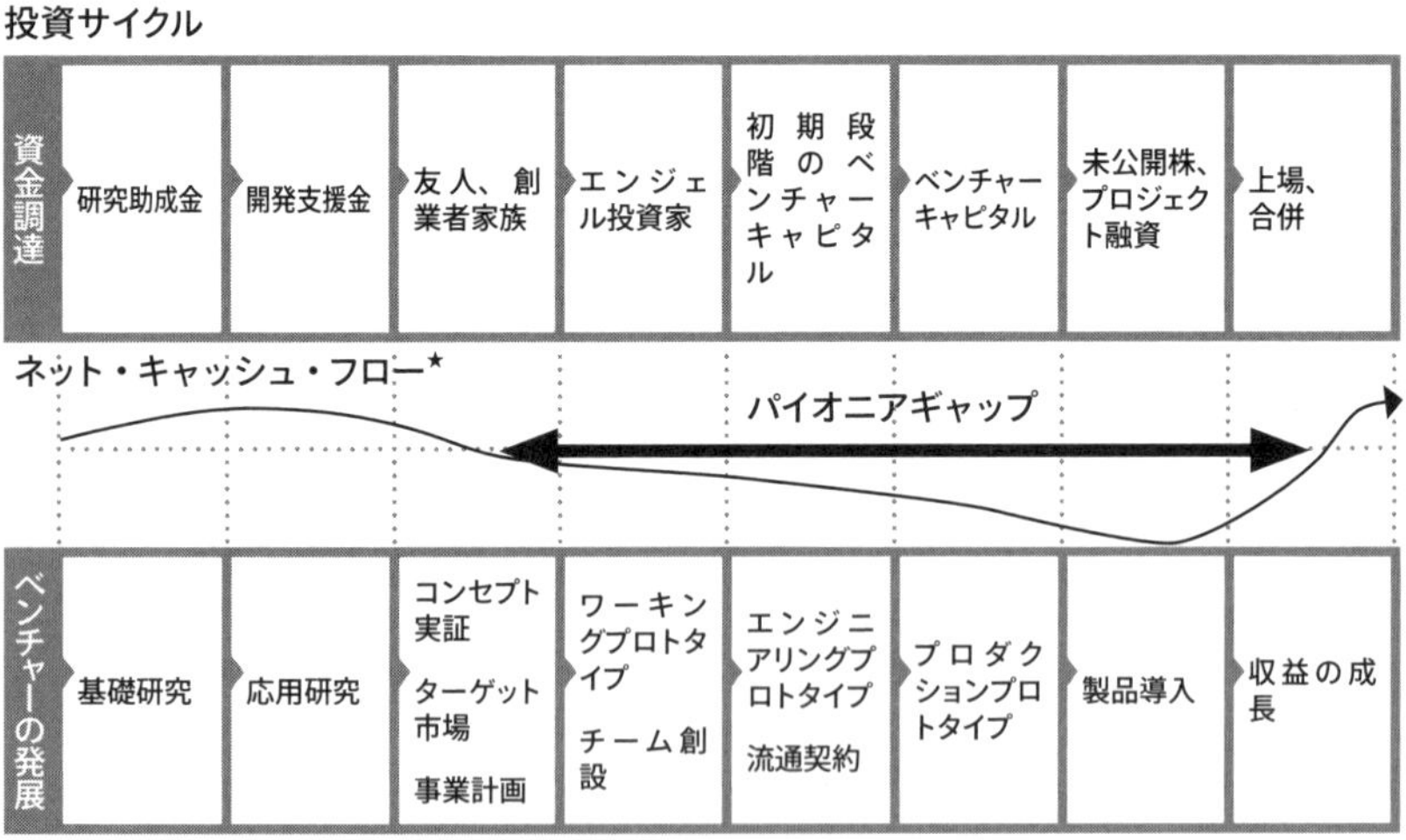

★　正のキャッシュフローから負のキャッシュフローを差し引いたもの

初期段階に必要な金額は後期段階に比べて小さい。しかし、金融機関や従来型の投資家は効率性の理由から一〇〇万ドル以上の額の投資を行う傾向にあり、資金調達フェーズには対応していない。

どんな融資手段があるのか

前述したように、BoPビジネスを行う起業家は、企業設立から正のキャッシュフローを生み出すまでのパイオニアギャップ（期間と資金面で）に入ったときに、最大の課題に直面する。このギャップを埋めるためには、次の特性を備えた金融サービスが必要となる。

◆長期融資（五年から一〇年の回収期間）
◆無担保、不安定なキャッシュフロー、環境の厳しさによる高リスクを許容
◆比較的少額の投資に対応（一〇万ドル単位）
◆資金の他、技術的支援と事業開発のニーズにも対応

インパクト投資の新しい波

現在、社会的インパクトと金銭的リターンを求めて投資する「インパクト投資」が増えつつある。[11]「政府のリソースと慈善団体の寄付だけでは対応しきれないグローバルな社会問題に対して、インパクト投資が大型の民間資本を活用する新たな選択肢を提供する」[12]。この新しいタイプの投資は、

望ましい社会的インパクトとともに、満足のいく金銭的リターンの達成をめざす。他のアセットクラス〔資産の種類〕と比べるとインパクト投資モデルはまだ未成熟で、金銭的リターンが実証されているわけではない。投資を受けた企業が価値を実現するまでには時間がかかるからだ。

しかしながら、こうした課題があるにもかかわらず、既存のインパクト投資家は現地の起業家が事業を立ち上げてから、ある程度の規模を達成するのを支援している（メザニン型融資）。そのような支援がなされる前までは、市場である程度の成功をおさめたことを証明し、規模拡大のための追加リソースを探す必要があった[13]（例：貧困問題に取り組む非営利組織の〈アキュメン〉）。また、インパクト投資家は社会的インパクトと満足のいく金銭的リターンを兼ね備えた堅実な事業計画に資金を提供する（例：〈オランダ開発金融公庫〔FMO〕〉）。

さらに、始まったばかりの動きではあるが、初期段階における支援として、ビジネススキルの育成、消費者の啓蒙、環境の整備など、有望な取り組みを軌道に乗せるための支援への関心が急速に高まっている。そのため、その支援をパイオニアギャップを埋める方向に誘導する方法に注目すべきである。

そうして初めて、当のインパクト投資家でさえ現状を十分に考慮できていないパイオニアギャップを埋めるための、具体的な金融メカニズムが構築されるだろう。

公的機関や援助資金供与者から

公的機関や援助資金供与者から、より営利志向の強い形で投資を行うグローバルトレンドが生まれている（供与から支援への移行）。民間セクターのプログラムと開発志向のプロジェクトとの連携を促し、開発とビジネスのギャップを埋めようとしている。例えば、オランダの開発協力担当大臣は、今は開発協力および通商担当大臣という名称になっており、開発とビジネスのウィン・ウィンの関係を促進している。しかし、こうした組織がイノベーションの領域に進出することはほとんどない。いくつか例を挙げると、

◈〈米国国際開発庁（USAID）〉の「ディベロップメント・イノベーション・ベンチャー（DIV）」は、めざましい開発効果をあげるような技術の活用アイデアや、新サービスの提供プロジェクトを支援している。DIVは三段階の投資を通じて、パイオニアギャップを広くカバーしている。第一段階は、コンセプト実証フェーズのプロジェクトへの投資である。DIVはこのようなプロジェクトに一年間で最大一〇万ドルの助成金を出し、実践者がプロトタイプを精緻化してさらに投資を呼び込み、成長するために必要なエビデンスを収集できるようにしている。第二段階は、もう少し大型のプロジェクトに対する、一般に全国規模に拡大するための投資であり、最大一〇〇万ドルの助成金を出す。助成の条件として、そのプロジェクトが拡大した規模でも実行可能かどうかを証明するための、厳しいテストを組み入れている。第三段階は、さらに大型のプロジェクトに対する投資である。拡大可能であることをすでに証明されている解決策は、数年間にわたる最大一五〇〇万ドルの助成金によってさらに範囲を広げ、数カ国に展開することもめずらしくない。

◈〈スウェーデン国際開発協力庁（SIDA）〉の「イノベーション・アゲインスト・ポバティ（IAP）」は、プロジェクト費用に応じた金額で、リスクや不確実性が高く支援を得にくい新規の製品・サービス・市場システムの開発を支援している。企業はイノベーションと開発の段階別にそれぞれ用意された、二種類の融資支援を申請できる。「スモールグラント」（少額

の助成金〕は、イノベーションもしくは新市場の調査目的で、プロジェクト費用に応じた助成金（プロジェクトの総費用の最大五〇パーセントまで）を、最大二万ユーロ（二万五〇〇〇ドル）まで提供する。助成金は出張、フィージビリティ（実現可能性）予備調査、ステークホルダーのニーズ評価、もしくは現地組織とのネットワーキングに使うことができる。「ラージグラント」〔多額の助成金〕は、新しい製品やサービス、市場テスト段階まできたコンセプト、あるいは既存の製品をBoP層の手に届く形へと作り変えることを目的としたプロジェクトを行う企業に、二万ユーロ（二万五〇〇〇ドル）から二〇万ユーロ（二五万ドル）までのプロジェクト費用に応じた助成金（最大五〇パーセントまで）を提供する。またIAPは、ベンチャー開発の保証人になったり、助言を行ったりする支援も提供している。

他の取り組みも現われはじめている。例えば、〈インド包括的イノベーションファンド（IIIF）〉はBoP層を対象とした企業に対し、初期段階から成長段階までベンチャー開発サイクル全般にわたって資金提供を行う。このファンドは、農業、教育、エネルギー、環境、食料、栄養、ファイナンシャルインクルージョン、医療などの課題に対して、創造性にあふれ、お金の面でも持続的な解決策を提供する革新的なプロジェクトに融資する。IIIFのプロジェクトは、拡張性のある社会的インパクトと営利を兼ね備えたものである。このファンドは二〇一四年に活動を開始した。

企業のインパクト金融★

今発展しつつある考え――「BoP3・0」戦略――は、さまざまなステークホルダーの視点を

★ アショカのスティーブン・サーニールズによる造語。

協業によって集結し、総合的なシステムによる問題解決をめざすものだ。中心となる企業は、小規模で、より柔軟かつ革新的な現地企業や海外企業と強いパートナーシップを築くことで、ビジネスの効果を高め、ＢｏＰ層に総合的なインパクトをもたらすことができる。

こうしたトレンドに影響されて、多国籍企業のアプローチも変化している。ＢｏＰ層と共同でイノベーションを開発するのは変わらないが、あわせて投資先のＢｏＰ層の起業家（現地、海外）に技術的支援やビジネス上の支援を行うことが多い。ダノンの「ダノン・コミュニティーズ・プログラム」、〈ＧＤＦスエズ〉の「ラセンブルール・ド・エナジー」の取り組み、〈シュナイダーエレクトリック〉の「ＢｉｐＢｏｐ」プログラムのように、三本立てのプログラム（イノベーション、支援、投資）によって現地のシステム変革を促し、最終的にＢｏＰ市場における自社の発展を加速することを可能にしている（コラム５‐４参照）。

コラム5-4　シュナイダーエレクトリックの「BipBop」プログラム

二〇〇九年初めに開始されたＢｉｐＢｏｐプログラムは、慈善事業とビジネスを組み合わせたアプローチで、ＢｏＰ層の人々がクリーンエネルギーを利用できるようにすることをめざしていた。プログラムには三つの柱があった。[14]

1. **ビジネス《Business》の柱**……インパクト投資ファンドを通じて、現場にいる中小企業と起業家に財務、技術、経営面での支援を行う。

2. **イノベーション《Innovation》の柱**……BoP層の人々のエネルギー利用を促進できるような、費用対効果の高い製品やソリューションを開発する。

3. **人々《People》の柱**……恵まれない若者たち向けにエネルギー管理《マネジメント》に関する技術者教育を行う。

このプロジェクトの「ビジネスの柱」として構築された〈シュナイダーエレクトリック・エナジー・アクセス（SEEA）・ファンド〉は、BoP層のクリーンエネルギー利用を促進する事業や企業を支援するグローバル・ベンチャーキャピタル・ファンドだ。このような社会的ミッションを掲げつつ、SEEAは五～一〇パーセントの投資利益率を

図 5-4 BipBop のアプローチ

一目でわかる BipBop アプローチ

ビジネスと慈善事業を組み合わせ、エネルギー利用を広める

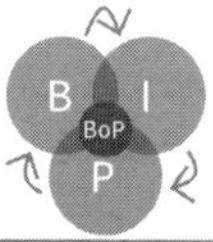

課題

13 億人

の人々がエネルギーを利用できていない

課題

ビジネス (Business)

中期的な投資リターンを期待する官・民のパートナーと組んで、エネルギーに関わる現地の起業家に資金提供する

イノベーション (Innovation)

現地のエネルギー利用と開発を向上させながら長期的な収益性を確保する解決策をもたらす

人々 (People)

解決策を維持、発展、販売する能力を現地に確保するため、若者を教育する

2012 ～ 14 年の目標

投資の件数と支援を受ける起業家の数を増やす

100 万軒

エネルギーを利用できる世帯数を増やす

3 万人

教育を受ける人の数を増やす

目標としている。
代表的な投資事例は、〈NICEインターナショナル〉への二五万ユーロ（三〇万ドル）の投資だ。NICEインターナショナルは、ガンビアにエネルギーサービスとICT（情報通信技術）の利用を提供するフランチャイズネットワークを構築している。SEEAは五〜七年で一〇万〜四〇万ユーロの投資を見込んでいる。当ファンドはインパクトの成長支援という立場を守るため、株式保有は過半数を超えないようにし、活動は起業家にまかせている。シュナイダーの従業員もミューチュアルファンド（ここでは、日本の確定拠出年金のような従業員が運用方法を決められる年金基金のことを意味している）を通じてSEEAファンドに投資している。

コラム５‐５に、パイオニアギャップを埋めるために設立された「インクルーシブ・ビジネス・ファンド」の事例を示す。

▼コラム5‐5　インクルーシブ・ビジネス・ファンド

〈ラボバンク財団〉〈ICCOインベストメンツ〉〈BoPイノベーションセンター〉は、〈インクルーシブ・ビジネス・ファンド〉という新しいファンドを設立した。開発途上国において融資へのアクセスを作り、経済発展を推進することを目的としている。具体的には、現場でニーズの高い事業の開発を支援し、投資を受ける資格のある起業家と熱意のある投資家を引き合わせ、大規模なインパクトをもたらす可能性のあるインクルーシブ・ビジネス・ベンチャーを多数立ち上げさせることをめざしている。

　このファンドは、三つの組織がこれまで培ってきた、資本、専門能力、技術支援、広範な支部のネットワークを活用している。戦略としては、持続可能かつ社会的な事業を行っており成長の可能性がある中小企業と共同組合にリスク資本を投資し、平均五年間で投資家にプラスのＩＲＲ（内部利益率）をもたらす方針をとっている。対象とするセクターは食料と農業関連産業《アグリビジネス》、保健医療、エネルギー、安全な水へのアクセスと衛生、教育である。対象地域はアフリカ、アジア、南米。通例、ファンドの投資は中期債務とメザニン型証券を通じて行う。平均的な取引規模は一〇万ユーロから一〇〇万ユーロである。

初期段階専門のＢｏＰ投資企業

　これまで述べてきた公的な援助機関や多国籍企業による支援だけでなく、初期段階のＢｏＰベンチャーへの投資に特化した金融機関が現れはじめている。〈ユナイタス・シード・ファンド〉★1や〈アクシオン・ベンチャー〉★2のような組織は、長期で回収をめざす初期投入資本《シードキャピタル》とハンズオン支援を提供している。もう一つの例は、コラム5-5にも記載したインクルーシブ・ビジネス・ファンドである。これらの企業やファンドは、一〇万ドルから五〇万ドルをエクイティ商品に投資して、

★1　http://usf.vc/about/
★2　http://www.accion.org

ハンズオンの支援も提供する（ビジネスモデルや事業運営戦略の改善、起業家と技術専門家の仲介）。これらのファンドの多くが営利投資企業である。

このような組織は、新しい資金調達スキームを使うことが多い。その一つがクラウドファンディングで、ネット上で株式《エクイティ》を小口株にし、一般大衆に売り出す。持続可能なビジネスの育成を行う〈エンビウ〉は、エクイティベースのクラウドファンディング・プラットフォーム〈シンビッド〉を利用して、一〇万ユーロ（一二万ドル）を調達した。世界中から三七二名の投資家を集めることに成功したが、その投資金額は最少二〇ユーロ（二五ドル）からだった。投資家は実際に企業のオーナーとなり、配当金の形で投資のリターンを受け取り、自分の持ち株を売ることもできる。エンビウは調達した資金を、新しく育成したスタートアップ企業に直接投資することに使う予定だ。

こうした仲介組織が提供する金融メカニズムはいずれ、包括的イノベーション投資のエコシステムの形成に重要な役割を果たすだろう。

結論

雇用の創出や、質の高い基本的な製品とサービスを手ごろな価格で提供することで、ＢｏＰ層の人々の生活改善に粘り強く取り組む企業がある。こうした企業は初期段階において財務支援を求めており、現時点では従来の金融機関が必要な手段を提供できていないことが明らかになっている。また、インパクト投資など新しい金融スキームであっても、少額かつ長期的な回収期間で支援できるようなサービスは確立されていない。さらに、既存のインパクト投資から得た教訓は、投資スキームにハンズオン支援を組み込むことが重要だ、ということだ。こうした側面での支援が足りないという問題によって、企業設立から黒字化を達成するまでの時間と資金の面におけるパイオニアギャップが生まれている。

このパイオニアギャップを軽減する動きが現れはじめている。公的機関から多国籍企業まで、さまざまな組織が、ＢｏＰ市場に進出した企業に革新的な金融支援を提供している。新しい投資エコシステムが生まれ出ようとしているのだ。このエコシステムの構築に主要な役割を果たすのが、適切な事業支援を提供する仲介組織である。

融資するだけでなく適切な事業支援も提供するハイブリッド型の投資メカニズムの動きが出はじめたことは、ＢｏＰビジネスを行う企業の背中を押すものとして期待が持てる。今後一〇年間で、こうした投資や取り組みによって、初期段階のＢｏＰビジネスが直面する、財務上、ビジネス上の課題のいくつかが解決されるようになるだろう。

第6章

エコシステムをどうつくるか

チロプリヤ・ダスグプタ
持続可能な世界構築に向けたエンタープライズ、アメリカ
スチュアート・L・ハート
バーモント大学および持続可能な世界構築に向けたエンタープライズ、アメリカ

クリーンスター・モザンビークの栄光と転落★

ＢｏＰビジネスにおいては、ただ製品をつくるのではなく、エコシステムを構築することが大切だ。そのわかりやすい事例が、ＢｏＰ層向けの煙の出ないクリーンな調理用コンロだ。過去一〇年間、コンロ事業が山のように現われ、高い志を抱きながら失敗に終わった。しかし、他とは一線を画したケースがあった。それが〈クリーンスター・モザンビーク（ＣＳＭ）〉である。このベンチャーの創業者たちは構想時点から、成功するためには調理用コンロをより大きなエコシステムに

★　本項の一部はハート、2012年からの引用である。

埋め込む必要があるのを理解していた。しかし、彼らのもともとのビジョンと実際のビジネスモデルは大きく乖離していくことになる。

〈米国国際開発庁（ＵＳＡＩＤ）〉、〈世界資源研究所〉、現地の大学の支援を得て二〇〇五年にインドで研究実験として始まったものは、まもなく国際的な持株親会社、〈クリーンスター・ベンチャーズ〉に姿を変え、二〇〇七年に法人化を果たした。このグループによって育成されたベンチャーの一つが、クリーンスター・モザンビークだった。当時アフリカ全域で調理用燃料に木炭が使われており、使用者の健康被害と森林伐採が深刻な問題になっていた。その問題に対処しつつ、小規模農家の食料とエネルギーの自給率を上げるための製品をつくることが目的だった。

　クリーンな調理用コンロは、二〇一〇年に〈国連財団〉が主導して官民連携ネットワークをつくり、「二〇二〇年までに一億世帯でクリーンな調理用コンロと燃料の導入をめざす」ことを掲げたことで国際社会の注目を浴びた。その数年前から、クリーンスターを立ち上げることになる先見の明がある二人の若い起業家、創業者のグレッグ・マレーとサグン・サクセナは、コンロの先にあるものまで視野に入れていた。すなわち、木炭のための森林伐採、食料安全保障の向上、自給自足農業で生活している小規模農家コミュニティの保健医療と収入の向上という、コンロ利用者の生活をよくする統合的なビジネスモデルである。

　つまり、調理用コンロそのものは、さらに大きなエコシステムの小さな一部にすぎなかった。クリーンスター・モザンビークは、小規模農家がつくるキャッサバを利用したバイオ燃料生産モデルと、自給自足農家に追加収入と食料をもたらす、林業と農業を融和させた混農林業《アグロフォレストリー》モデルをエコシステムに組み込んだ。これまで自給自足農家はキャッサバを食べて暮らし、木炭を作って都市部に調理用燃料として売っていたが、これが森林伐採と気候変動の問題に拍車をかけていたからであ

★ http://www.cleancookstoves.org/the-alliance/

る。

立ち上げから五年のうちに、融和型混農林業《アグロフォレストリー》モデルは一〇〇〇世帯の農家に採用され、木炭にかわる、エタノール由来の調理用燃料を年間二〇〇万リットル生産する施設が、モザンビークのベイラに建設された。モザンビークだけでなくアフリカ全土に事業活動を拡大させるために、企業や援助機関や投資機関などの戦略パートナーから二一〇〇万ドル以上を調達した。パートナーには、デンマークのバイオ技術大手〈ノボザイムズ〉、バイオ燃料工場建設の〈ICM〉、さらに〈バンクオブアメリカ・メリルリンチ〉〈ソロス経済開発ファンド〉〈開発途上国のための投資ファンド（IFU）〉などが含まれ、技術、プロジェクト管理スキル、人脈、信用、金融の知識でも貢献した。

三万三〇〇〇台以上の調理用コンロと、一〇〇万リットル以上のバイオ燃料が現地の家庭に販売され、クリーンスター・モザンビークは変革者として頭角を現していった。「リオ＋20」（二〇一二年にリオデジャネイロで開催された「国連持続可能な開発会議」）では「常識をくつがえす事業（Screw Business As Usual）」賞を受賞して注目を浴び、環境・経済誌の『エンバイロンメタル・ファイナンス（環境金融）』から二〇一二年度「バイオエナジー・ファイナンス・ディール・オブ・ザ・イヤー」賞を贈られ、専門家、国際機関、インパクト投資家たちから称賛され、話題に取り上げられた。関わっているすべてのステークホルダーにとって持続可能な価値を生み出す、真のトリプルボトムラインのBoPエコシステムは、ここにこそあると思われた。

ところが、二〇一三年に事態は急転する。新たな投資資本を受け入れたことがきっかけとなり、混農林業《アグロフォレストリー》とエタノール生産を一時中止し、事業の「絞り込み」を行う決断が下された。また同社は〈ニューファイヤー・アフリカ〉と社名を変更し、クリーンな調理用コンロと燃料の販売のみに専念した。残念ながらこの転身はあまり成功せず、二〇一四年の六月に赤字の垂れ流しに終止符を打つため、自主廃業が決まった。「事業の存続に必要な規模と市場浸透が達成できなかった」と評価された。[1]

一〇年近い研究とビジネスモデルのイノベーション、何よりも資金が、ＢｏＰ市場におけるクリーンテクノロジーの事業化を実現するために注ぎ込まれた。何がいけなかったのだろう？　このベンチャーの提案書に欠陥があったのだろうか。不確定要素が多すぎたのか。実はさらに絞り込む必要があったのか。実行の方法に問題があったのか。ペイシェント・キャピタルは本当に忍耐強いものだったのか。

山のように考える

クリーンスターの事例をはじめ、数百ものプロジェクトが、ＢｏＰ市場で「定着する」はずのビジネスモデルを創出しようとして失敗に終わった。なぜ失敗の確率がこれほど高いのだろうか。〈国際金融公社（ＩＦＣ）〉と〈世界銀行〉の開発データ・グループが行った、九〇カ国以上、一〇〇万世帯以上を対象とした家計調査では、開発途上国にいる四五億人のＢｏＰ層の総支出額は、中間層および富裕層を上回る年間五兆ドル以上と見積もられていた。★

まず考えられるのは、クリーンスターの事例で見たように、事業の絞り込みを行うなどにより、ＢｏＰプロジェクトが、ＢｏＰ市場に存在する問題点を減らす方法を探そうとしてしまうことだ。残念ながら、問題点を減らすべきだという先入観のせいで、ビジネスチャンスを短絡的に捉えてしまいやすい。この活気に満ちた豊かなコミュニティを、既存製品を押し込んで五兆ドルのパイを獲得するための経路と考え、消費者教育が不足した市場に物量攻勢をかけ、目先の利益しか見ない

★ http://data.worldbank.org/

――いずれも長期的には失敗にいたる考え方である。この五兆ドル市場は単なる消費者の集まりというだけでなく、自然資本へのインパクトを最小限に抑えつつ、一日八ドル未満で暮らしている人々の稼ぐ力を高める経済的なエンジンではないのか？

一九四九年の名著『野生のうたが聞こえる』(新島義昭訳、講談社学術文庫、一九九七年)で、アルド・レオポルドは「山のように考える」という言葉を作り、その後ずっと語り継がれることになった。[2] レオポルドは、オオカミの根絶は牧場主にとっての問題を解決したが、シカが爆発的に増えて生態系《エコシステム》全体をおびやかす事態をもたらしたのに気づいた最初の人物だった。自然環境に関して、個別の種だけを他と切り離して考えると悪い結果につながる、と彼は述べた。それゆえ、自然システムの全体性とその複雑な相互関係を思い描く、つまり「山のように考える」べきなのである。

レオポルドが描いた、一つのことしか頭になくオオカミ狩りをしたハンターたちのように、「狙い撃ち」――つまりBoP層に対して、低コストの製品を設計して販売することを前提とした事業があまりにも多かった。低コストのフィルター式浄水器、太陽光照明、クリーンな調理用コンロなどなど、多数の失敗事例がある。失敗の原因は、製品が不発に終わった、販売網が拡充しなかった、販売コストと流通コストが高すぎた、規模を拡大できなかった、などである。[3]

ハーバード・ビジネススクールのカナとパレプが何年も前に「なぜ新興国市場では絞り込んだ戦略が間違っているのか」で考察したように、このようなアプローチはインフラと制度が整備された先進国市場ではうまくいくかもしれない。[4] しかし、開発途上国で「狙い撃ち」アプローチをとるのは失敗に向かって突き進むようなものだ。開発途上国で成功している企業の大半が、高度に多角化した「複数の事業の集合体《ビジネスハウス》」を形成し、社会そのものに欠落しているインフラと制度(例えば電力、輸送、流通、教育、保健医療)を提供している理由はそこにある。一言でいえば、彼らは山のように考えて（そして行動して）いるのだ。

同じロジックが個別のプロジェクトにもあてはまることが次第に明らかになりつつある。ＢｏＰビジネスが成功するには、広い範囲で圧倒的な説得力を持つ価値提案を創る必要があるのだ。山のように考えるとは、単一の製品だけを提供するのではなく、複数の方法で現地の人々とコミュニティに価値を提供するような、ビジネスのエコシステム全体を創出するということである。[5] そろそろ、絞り込みと単純さが良いとする先入観をひっくり返してもいい時期だ。逆に複雑さを良しとし、広く深い価値提案とその提供に必要な、イノベーションのエコシステムを構築すべきなのである。[6]

エコシステムを構築する

約二〇年前まで、「エコシステム」という言葉は一般に生態系、つまりアルド・レオポルトが述べたように、その地域のあらゆる生物と物理的な環境が一つの単位として機能し、一つまたは複数の均衡状態に達しているものを意味していた。[7] しかしこの一〇～二〇年の間に、ビジネスの世界で使われることが増えた。情報技術とソーシャルメディアと社会文化の統合によって、複数の領域をまたぐ交流が進んだことに着目したものだ。言い換えれば、ヨーゼフ・シュンペーターのいう「企業家精神」と「創造的破壊」を体現する、イノベーションのエコシステムへの動きが進んでいるのである。[8]

携帯電話利用者数が世界人口の九三パーセント以上、電力の利用が八三パーセント以上に達するなど、サービスが不十分だった市場に技術が急速に浸透するとともに、ＢｏＰ層に対する視点に根本的な転換が起こった。[9] それにしたがって、過去一〇年ほどの間に、ＢｏＰ層に効果的にリーチしようとするなら、従来のビジネスモデルにも変更が必要であることが明らかになってきた。[10]

この認識の変化を受け、インドにイノベーションのエコシステムを構築すべく二〇一一年四月に会合が設けられ、筆者を含む多くのＢｏＰ関係者が集まった。このエコシステムの狙いはＢｏＰベンチャーおよび「グリーンリープ」ベンチャーの数を増やし、成功率を上げることである。「グリーンリープ・ベンチャー」とは、環境面での持続可能性と社会的包括を両立させる、未来のビジネスを立ち上げることを指す。[11]この新たな取り組みは〈エマージェント・インスティテュート〉と名づけられ、「未来の持続可能な産業と企業の創生の場をめざす」という遠大なビジョンを掲げた。エマージェントはまず、有望な社内起業家や起業家と協働し、彼らのアイデアをＢｏＰベンチャーとして立ち上げ、成功させる支援を行うことにした。★

エマージェントが設立された背景には、持続可能性への移行こそ資本主義の歴史において最大のビジネスの課題――そしてチャンス――であるという信念がある。人口の多さ、息の長い経済成長、起業文化、貧困と環境の課題という背景を持つインドという国は、この研究機関《インスティテュート》の本拠地とするのに理想的な場所だった。エマージェントのビジョンの中心には次の六つの要素がある。

◆**統合モデル**……私たちはサステナビリティ事業やＢｏＰビジネスを付随的な取り組みとして行う、従来型のビジネススクールを創設するよりも、前述したこれらの課題を主役にした機関を作ろうと考えた。エマージェントを世界のビジネス教育における研究機関としてのイノベーションのモデルにし、迫りくる人口、貧困、環境破壊の課題によりうまく対処できるようにしよう、それが私たちの意図するところだった。

◆**「次の時代のビジネス慣行《ネクストプラクティス》」**……この新しい機関にとっては積極的な研究プラットフォームが

★ 詳しくはwww.emergentinstitute.comを参照。

非常に重要だった。しかし研究事業の主目的は学術誌向けの論文執筆ではなく、実際の現場に埋め込まれた、実践に基づいた応用研究の新しいモデルを育てることだった。そこで、私たちの研究では、既存モデルや過去の行動（ベストプラクティス）の効果を評価するのではなく、新たな戦略、すなわち「次の時代のビジネス慣行《ネクストプラクティス》」を探ることが焦点となった。実践家《プラクティショナー》の論文、著書、ブログ、動画、事例を通じて、戦略の採用を広めインパクトをもたらすことが期待される。

◈**共創**……恵まれた経歴の人々とだけ協働するのではなく、スラムや地方の農村出身の、新興国の起業家たちと直接関わることをめざした。インド国内外の企業の社内起業家と、現地の貧しくサービスが不十分なコミュニティの起業家を引き合わせることにより、意図的に「共創」の精神を当研究機関に組み込む。

◈**現場への埋め込み**……トレーニングの大半をキャンパスで行うようなやり方ではなく、スラムや農村など、現場での活動が中核となるモデルをめざした。

◈**ローカルかつグローバル**……インドの課題と機会にのみ特化するのではなく、ローカルに埋め込まれながら、グローバルなつながり、すなわち最先端のクリーンテクノロジーやビジネスモデルやパートナーにも、つながりを持つ組織であることをめざした。私たちの目的は、インドにおいてボトムアップでイノベーションを育成しつつ、いずれはその学びをグローバルに共有することだ。つまり、新興市場発の思想的リーダーシップを追求するということだ。

◈**有言実行**……すでにあるような、ビジネスと起業家精神の教育に特化した非営利の機関ではなく、トリプルボトムラインとウィン・ウィンの発想を前提とした、営利事業体でもある組織を作ろうと考えた。そのため、私たちが創業を支援する新しいグリーンリープ・ベンチャーの株式保有を計画した。そうすることで、私たちが手掛ける仕事の成果が、組織の財務的な成果に直結することになる。

エマージェントはエコシステムをどう進化させたか

二〇一二年の設立初年度には七つのベンチャーと協働した。そのうちの五つは企業の社内起業家が運営する事業、二つは若手起業家が運営するスタートアップである。うち六つはコンセプト作りの段階、一つがパイロット試験の段階にあった。これら七つの事業（保健医療、栄養、工業生産、農産物と、セクターは多岐にわたる）と一年間協働したが、事業家にとっても私たちにとっても大きな学びの機会となった。仲間には、〈ウディオギニ〉のようなNGOや〈ノボ ノルディスク〉のような多国籍企業がいる。ウディオギニは、インド農村部の女性たちが運営する、二万以上のマイクロ事業のネットワークを築き上げたすばらしい実績を持ち、現在はスピンオフ事業としてラック★生産ビジネスの確立をめざしている。ノボ ノルディスクは、インドのビハール州で、サービスが十分に行き届いていないBoP層に対して、糖尿病の診断・治療・予防の総合的なアプローチを試みている。

この二つの事業は経緯こそまったく異なるが、お互い非常によく似た課題に直面していた。それは、事業の成長の足がかりとなるパートナーシップを確立するまでに、時間がかかってしまうことだった。実際に、相互依存と統合リスクが、大幅な遅れの原因となっていた。[12] ほどなく私たちは、複数の相互関係を有する「パズルピース」（図6・1）で構成した「イノベーションエコシステム」を組み立てる必要があると気づいた。私たちはそのパズルの構成要素を特定し、一つひとつを組み立て

★ ラックカイガラムシという昆虫が分泌する樹脂状の物質で、セラックニスなどの製品の製造に使われる。

はじめた。それぞれの要素を次項から詳しく述べていく。

エマージェント・アクセラレーター

「エマージェント・アクセラレーター」とは、新しい破壊的イノベーションを起こすＢｏＰビジネスを実際に開発し、立ち上げることに特化した施策のことだ。ＢｏＰビジネスを実践するためには基礎的なビジネススキルが必要だが、それだけではけっして十分とはいえない。そこで、ＢｏＰ層のサービスが不十分なコミュニティにおけるクリーンテクノロジー育成に不可欠な次世代の知識、スキル、能力を重視し、座学と、参加型手法、ディープ・ダイアローグ、共創、ビジネスモデル・イノベーションなどのツールによる実地教育および実地体験を行った。また、新規のＢｏＰベンチャーや取り組みの進展にともなう、リアルタイムでのメンター制度と現場支援も行った。

クラスターネットワーク

「クラスターネットワーク」とは、特定の分野で持続可能な問題解決をめざす、セクター横断的なステークホルダーがつながりあう、一体的な場のことを指す。クラスター

図 6-1　エマージェントのイノベーションエコシステム

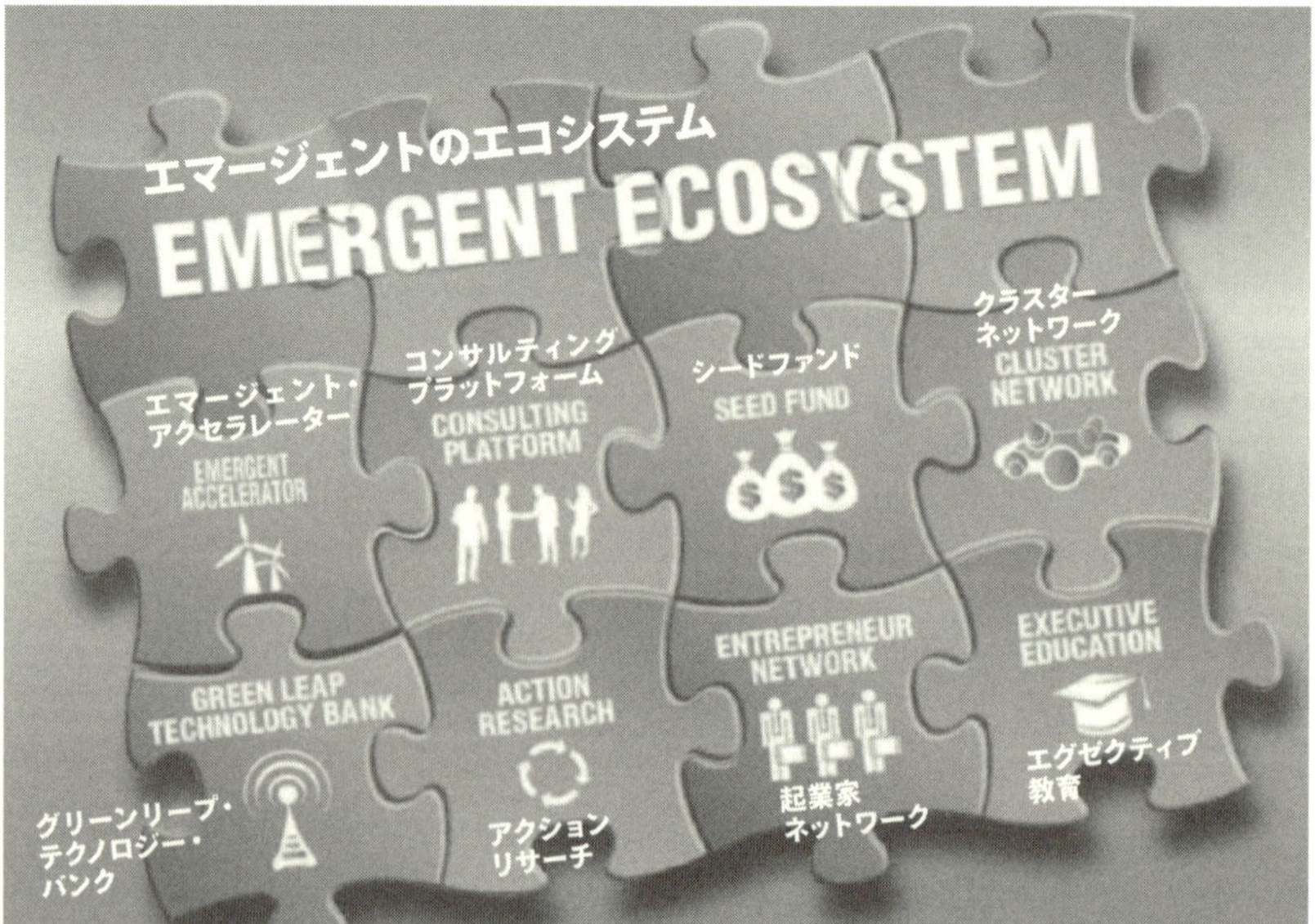

ネットワークの威力は、さまざまな当事者が集まることで、同じ課題に関連したさまざまなニーズに対処できる点にある。食料安全保障からエネルギー、都市部に住むＢｏＰ層のための持続可能な住宅建設まで、幅広いステークホルダーを集めた。

グリーンリープ・テクノロジー・バンク

今日、多くの組織、企業、研究機関は、未使用か、少なくとも商品化されていないクリーンテクノロジーを相当数眠らせたまま所有している（休眠技術と呼ぶ）。このような技術は既存の技術にとって破壊的であったり、既存の市場やビジネスモデルにうまく適合しなかったりすることが多い。〈米国特許商標局（ＵＳＰＴＯ）〉の報告書によれば、過去二五年間に世界で三〇〇万件以上の技術特許が認可され、そのうち五二パーセントはアメリカ発のものだという。特許の約九〇〜九五パーセントは使われていないか休眠中であると推定され、企業も研究機関も、膨大な知的財産を所有しているのである。そのような技術の中には、ＢｏＰビジネスという、いつもと異なるレンズを通して見れば、商品化の可能性を秘めているものもあるかもしれない。

しかしこれらの休眠技術を生かすためには、サービスが不十分なコミュニティでの実際の現場体験をもとに、新しい、思いもよらない形に最適化する必要がある。技術とビジネスモデルは、商品化プロセスのなかで進化しなければならない。エマージェント・インスティテュートは〈コーネル大学〉と提携して、休眠技術の掘り起こしと商品化の支援を行った。四〇以上の技術が、インドのＢｏＰ層向けに適用可能だと判明した。これをリスト化したものが「グリーンリープ・テクノロジー・バンク」で、現場の知見を持つ起業家が活用できるような情報を提供することを目的としている。

シードファンド

「シードファンド」とは、「エマージェント・アクセラレーター」のプログラムに参加し、ビジネスモデルの実証をめざす有望な起業家に、起業資金を提供することを目的としている。ＢｏＰベンチャーの七〇パーセント以上が初期の資金調達で悪戦苦闘している。シードファンドは適切な人材、トレーニング、開発プロセス、ブランディング、マーケティングなどのギャップを埋めることをめざした。そこで、選定したベンチャーをイノベーションエコシステムの一部として組み入れるようにした。また、グリーンリープ・テクノロジー・バンクの中からコンセプト実証段階にある技術のいくつかに投資し、「商品化可能」な状態にすることも試みた。

起業家ネットワーク

我々は当初、ＢｏＰ層の課題を解決し、社会を変える意欲と能力のある起業家を支援しようとした。しかし、そもそもこのような人材自体が不足しており、素質のある人を見つけて能力を開発しなければならないことに気づいた。つまり、起業家としての階段を一から上っていけるような持続的な仕組みが必要だったのだ。

我々に、そのような仕組みを構築できるような専門性も能力もないのは認識していた。僻地に足を運び、文化を理解し、言語の壁を乗り越え、現地の人々の常識を揺さぶり、そのうえで起業家の素質のある人材を見つけるのは大変な事業に思われた。そこで、人材供給ルート（図６-２）の確立を手伝ってくれる現地パートナーと組むことにした。

インド全域の農村にいる若者たちの、自信と知識とスキルを育てる革新的なトレーニングプログラムを先駆けて開発してきた〈ルーラル・リレーションズ〉や〈ヘッド・ヘルド・ハイ〉のような組織に協力を仰ぎ、彼らのネットワークからポテンシャルの高い起業家を探すのを手伝ってもらった。〈サムヒータ〉〈アーサ・ベンチャー・パートナーズ〉〈アショカ〉などのパートナーは、起業家の事業を支援する力添えをしてくれた。そして前述したように、研究機関は眠っている休眠技術から、事業に応用可能なものを探った。こうして段階的な起業家育成の仕組みが確立された。

アクションリサーチ

最後に、実際の行動をともなう応用研究、すなわち「アクションリサーチ」の新しいモデルを開発しようとした。この取り組みは、エマージェント・インスティテュートが起業家たちの理想的なコンサルタント兼メンターとなるのに役立った。

学んだ教訓

これまで述べてきたように、エコシステムに必要な要素の実現に取り組んできたが、一年目の成果はあまりふるわなかった。二年目の二〇一三年には、さらに一〇のベンチャーにアクセ

図 6-2　持続可能な起業家育成の仕組み

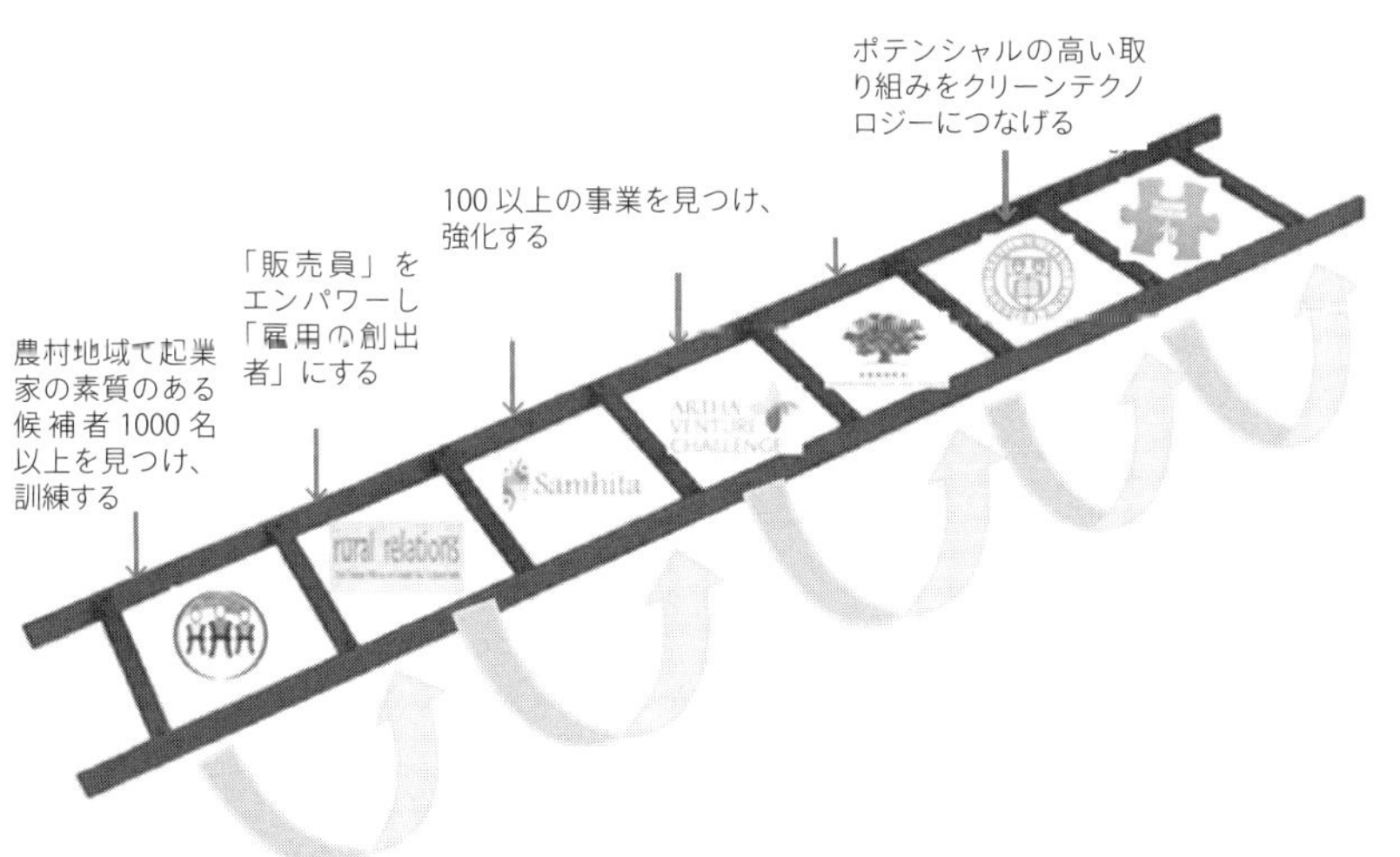

ラレーターのプログラムに参加してもらい、エコシステムを活性化させた。現在は全一七のベンチャーのうち、八つが稼働中ないし事業開始までこぎつけた。この八つは複数の面で強い価値提案を持っており、どのリーダーシップチームも組織内外で協働体制をうまく構築できている。また運営を維持できるだけのリソースの確保にも成功し、伸び悩んで永久にパイロット段階から抜け出せない「パイロット病」に陥らずにすんでいる。起業の世界では一七のうち八つが実現するのは高い成功率であるものの、それでも残りのベンチャーがなぜ一年で消えてしまったのかは問わなければならない。

行政の協力の欠如

インドのビジネス環境のせいにするのは簡単だ。世界銀行で格付けされた一八九カ国のうち、世界最大の民主主義国で、次の時代の製造業大国と見込まれているインドは、ビジネスのしやすさではかなり下の一四二位である。★ しかし一九九一年に改革が始まって以来、過去二〇年間でインド経済は急成長した。連邦政府の予算規模は五倍になった。教育、インフラ、保健医療、公共の雇用政策に巨額の資金が使われている（しかもその額は増えつづけている）。腐敗による資金の「漏出」を減らそうとする意図もあって、支出の管理責任はインド全土の地方自治体の役人に委譲されるようになりつつある。

しかし、ほとんどの地方自治体の役人、特に村会議員《パンチャヤット》レベルの人々には、ガバナンス、マネジメント、財務の経験がない。地方自治体の責任が増大しつづけている今、インドの地方統治の質を上げるために、この三つの分野の教育が切実に求められている。実は我々は当初、パンチャヤット育成プログラムを加えようとしたのだが、州レベルの政治的支援がなく頓挫してしまった。この取り

★ http://www.doingbusiness.org/data/exploreeconomies/india

組みは挫折してしまったものの、イノベーションエコシステムに政府、特に地方自治体を参加させることは成功に不可欠であろう。

企業のマインドセット・組織体制・リソース

インドでは最近、平均純利益の二パーセントを企業の社会的責任（ＣＳＲ）活動に支出することを企業に義務づける規定が法制化され、それをきっかけにＣＳＲと持続可能性に関する議論や活動がおおいに活性化している。しかし大半の企業はこの機会を生かせなかった。我々がインド企業や多国籍企業のインド支社に働きかけた際、近視眼的思考、短期利益の追求、コラボレーションの欠如、ビジョンの旗振り役の不在、「右に倣え心理」、先頭に立つことへの抵抗感が常に障害となった。

　インド企業はこの新しいＣＳＲ法を機会と捉えてインクルーシブビジネスを生み出そうとするのではなく、企業財団への資金の配分やＮＧＯへの寄付にとどまった。自社の中核事業を貧困や環境という課題からうまく分離したわけである。そのため、ＣＳＲはイノベーションの機会ではなく法令順守《コンプライアンス》活動と位置づけられてしまった。実際、失敗したエマージェントの九つのベンチャーのうち、八つが企業のプロジェクトだった。ＢｏＰ市場にあるチャンスを企業に理解してもらうには、やらなければならないことがまだたくさんある。

　社内起業家の成功率が低い主な理由としてもう一つ、彼らが巨大組織の中の一匹狼であることが多く、事業を育てるのに必要な社内の支援を受けられない点が挙げられる。こうした社内起業家の後ろ盾となるのはたいてい上級幹部であるが、その幹部が初期段階の事業を守るために必要なサポート体制を構築したり「余白の領域《ホワイトスペース》」を用意したりできないケースが多かった。機能横断型チームを作り、ＢｏＰビジネスの事業を守る意志と力量のある後ろ盾を、組織内で見つけることが成功の鍵のようである。

避けられない課題として最後に挙げられるのは、リソースの投入である。営業時間外の副業として取り組んだり、社内の専門スキルを少しずつ使ったり、「イノベーション」を既存の体制に無理やり合わせようとしたりするのは、いずれもうまくいかない。社内起業家が別の指標やインセンティブで動けるようにしない限り、既存の大企業の中にＢｏＰエコシステムを構築する可能性は望めないだろう。長い目で見て成功する——そして世の中を変える——価値提案と完全なエコシステムを開発するために、企業は三～五年の枠で専用のリソースを投資する必要がある。

結論

残念ながら成功例が一転して失敗例に変わってしまったクリーンスター・モザンビーク（ＣＳＭ）だが、ＢｏＰビジネスの成功には、幅広い価値提案とエコシステムの存在が欠かせないと教えてくれる、わかりやすい例になってくれた。

ＣＳＭは当初、さまざまなパートナーと連携してエコシステムを構築し、次のようなことをめざした。（１）屋内の空気を汚染しないクリーンな調理器を都市部の家庭に提供する、（２）その調理器には手ごろな価格のバイオ燃料を使用する、（３）その燃料はモザンビークの農村部の自給自足農家が生産する、（４）自給自足農家を持続可能な農業である多毛作に転換させる、（５）それにより農家の所得と食料安全保障を大幅に向上させる、（６）キャッサバの余剰生産分をバイオ燃料の原料に使う、（７）バイオ燃料工場を小さな町ベイラ近郊に建設する、（８）それにより調理用コンロ用木炭の生産を大幅に減らす可能性をもたらす、（９）結果として、地域の森林伐採と温暖化ガス排出の大きな要因を減らすことにつながる。まさに包括的で持続可能なビジネスのイノベーションエコシステムである。

常識から見ればCSMは複雑すぎ、不確定要素が多すぎて成功しなかったのだということになるのだろう。だが、この常識は既存の成熟市場を前提としたものだ。それはまさに、後日ベンチャーを調理用コンロと燃料だけに「絞り込む」ことにさせたロジックであり、それがCSMを廃業へと至らせたのだ。このようなロジックはBoP市場には通用しない。自然の生態系は複雑でありながら強い回復力を持っている。一部にストレスがかかっても別の部分で補われる。全体は部分の総和にまさるのである。

したがって、イノベーションエコシステムの構築は、世界のどこであってもBoP事業の開発と拡張を成功させるために非常に重要である。インドのエマージェント・インスティテュートの当初の経験は、大きな構造上の障壁や障害はあっても、そのようなエコシステムの構築は可能であることを示唆している。今後はこの経験を次のレベルに展開していくことをめざしたい。

Part 4
流通・市場アクセス

Market Access for All
Solving the Distribution Challenge

第7章

流通のラストマイル
——課題とチャンスとは

エドガール・バルキ
FGV-EAESP、ブラジル

以前から、エンドユーザーに製品やサービスをどう届けるかは、企業が新興国市場で直面する大きな困難の一つだった[1]。毛細管のように細く遠隔地に伸びている市場、小規模で素人の、時には認可を受けずに営業している小売業者、インフラの欠如、高い輸送コストなどが、企業が貧困地域で直面する流通の課題である。

課題が大きければチャンスもまた大きい。流通の成功がイノベーションやパートナーシップ、そしてステークホルダー間の関係構築をもたらすことを示す例は世界中に数多くある。BoP市場へのアクセスに革新的な解決策を生み出し、BoP層の人々によりふさわしいサービスを提供し、明確なウィン・ウィンの提案において競争優位を築くことができるのだ。

しかし、現地組織の方が、多国籍企業に対して有利な立場になりやすい。密な流通網を有する大企業でも、新興国市場にある障害に阻まれてBoP層の消費者へのリーチに苦労している。

この問題については、少なくとも一九四〇年代から研究されてきた。BoP層がふだん、自分たちのコミュニティ内にある、小規模で効率的な調達をしていない小売業者から買っているという事実は、貧困ペナルティ、つまり、貧しいだけでなく同じ製品に割高な価格を支払っている大きな理由の一つである。もっと効率の良い流通ネットワークを築くことができれば、BoP層の消費者は基本的な製品を適正価格で手に入れることができ、貧困ペナルティを軽減できる。

さらに流通の問題は、保健医療や教育のような、基本的サービスの提供を妨げている場合がある。BoP層の人々にとって基本的ニーズを満たす製品やサービスは、適切な場所、適切なタイミング、高い質で利用できるものとは限らないのである。

本章では八つの項でこの問題について述べる。第一項では、組織が新興国市場で直面する最も重要な課題を述べる。第二項では流通分野における、大企業と現地企業の競争について論じる。第三～五項では、こうした障害を克服するための解決策を、イノベーション、パートナーシップ、効率性に注目して明らかにする。第六項では、流通プラットフォームとしての小売業の妥当性を提示し、第七項では基本的サービスにアクセスするうえでの流通の重要性を論じる。最後に、第八項で最終的な考察を述べたい。

ラストマイルという課題

新興国市場は、国によって多くの独自性や違いがある。単純な例を挙げると、ブラジルの人口の八五パーセントは都市部に居住しているが、インドではその割合は三二パーセントにすぎない。★同じ

★ 出典：2012年の世界銀行指標。
http://data.worldbank.org/indicator/SP.URB.TOTL.IN.ZS

国内でも、所得の格差は大きく、インフラの整備状況も異なっている。そのため、ある地域向けの解決策は別の場所には適さない場合がある。流通戦略は地域ごとのニーズ、リソース、条件に従って策定すべきである。

一部の新興国市場の課題の一つが、農村地域の人々にいかに到達するかである。農村地域では人口の分布範囲が広く、教育水準が低く、現代的な小売業態が到達しづらいのが通例で、したがってさまざまなマーケティングチャネルを使わなければならない。最も有名なコンセプトの一つが、インドのユニリーバやバングラデシュのグラミン・ダノンが開発した訪問販売である。

しかし訪問販売は単純で安価なチャネルではない。販売員の採用、トレーニング、育成をするための複雑な組織が必要になる。物流も複雑だ。例えば、インドのユニリーバの事例では、販売員が自宅に所得の一年分の在庫を抱えることがある。

都市部であっても、ＢｏＰ層へのアプローチにはある程度の困難が生じる。分散してはいないものの、多くの人がスラムに住んでいるのだ。スラムにはその地域ならではの論理があり、時には独自の法がある。組織がスラムに入ろうとするなら、コミュニティから許可を得なければならない。安全上の理由からスラムに入らないことも多いが、入る場合には日中のあらかじめ決められた時間帯に限る。また、街路が狭いので特別な車輛が必要だ。安全に留意すべきなのはスラムだけではない。通るルートの治安が悪いと、配達ドライバーすら見つからない場合もある。

新興国市場の一つの特徴は、現代的な小売業態があまり普及しておらず、小規模な昔ながらの店が主流であることだ。これにはプラスの面もあって、こうした店のオーナーとして存続している小規模な起業家が数多くいる。反面、こうした個人でやっているような店は、効率の良い流通を実現するのが難しい。また、新興国市場はマーケティングチャネルが長くなりがちだ。遠くて行きにくく治安の悪い場所に到達するまでに、製造業者が卸売業者に販売し、卸売業者は小規模卸売業者に、小規模卸売業者はさらに小さな卸売業者または流通業者に販売して、製品はようやく末端の小売業者にたどりつく。それ以外にも、新興国市場ではインフラも障害となる。道の悪さ、エネルギーの供給不足、古い技術などだ。

このような特徴――人口分布の広さ、地域の治安の悪さ、インフラの欠如、チャネルの長さ――はすべて、新興国市場での製品の配送コストを押し上げ、貧困ペナルティへの圧力を強める。貧困であることのコストを軽減し、基本的なニーズとサービスにアクセスする可能性を創り出すためには、このような取引コストを下げ、効率を上げる代替手段が必要だ。

多国籍企業と小規模企業の競争

多くの多国籍企業が、新興国市場における消費者へのリーチにおいて、最初の一歩で躓いている。優れたビジネスモデルと製品はあったが、まだ足りないものがあったのだ。人間関係を構築することの大切さや、ＢｏＰ層に適切な製品、適切なタイミング、適正な価格でアクセスすることの難しさを、十分に理解することである。

数えきれないほどの多国籍企業が、新興国市場で手ごわい競争相手に遭遇した。その競争相手はかならずしも大企業とは限らなかった。[2]むしろＢｏＰ層出身の小企業だったのだが、彼らには重要な競争優位性があった。高品質の製品はなくても、たいてい価格面で有利であり、さらに重要な点として、流通戦略が優れていた。彼らのビジネスモデルの的確さは四つの面から説明できる。

◈**コスト構造**……小規模な製造業者は市場に近いところにいるため、商品の配送にさほど大きな投資をする必要がない。こうした企業はドライバーや保険や新しいトラックに投資するより、自社の車で配送までしてしまう場合もある。

◈**物流**……小規模製造業者は物流に大きな投資をしないが、市場に近いところにいるため優れた物流を確保できる。そのため、小売店に欠品が出れば、製造業者が煩雑な手続きなしに即日配送ができる。

◈**柔軟性**……小さな会社は柔軟に動ける。配送に柔軟に対応できるだけでなく、販売方針も柔軟である。例えば、小規模製造業者は場合によっては小規模小売業者からの第三者小切手を受けつけてくれるだろう。また、小売業者が資金繰りに苦労していれば、製造業者は理解して支払いを待ってくれるかもしれない。これは大企業が相手では難しいはずだ。

◈**人間関係**……前述した柔軟性は両者の間に構築された人間関係のおかげである。小規模製造業者と小規模小売業者は非常に密接な間柄にある。両者が一緒に祝い事をするのもめずらしくない。同様に、小売業者は消費者とも良い人間関係を築いている。客の名前を知っており、私生活を話題にできるような関係であることが多い。

流通のイノベーション

イノベーションといえば、通常は新製品や新しいサービスのことである。しかし新興国市場が突きつけてくる流通の課題は、顧客に到達するための革新的なモデルである。ＢｏＰ層の人々にアクセスするためには、常識の枠を超えた発想が必要になる。

例えば、アフリカでは銀行が利用しづらいため、ほとんどの国民が銀行口座を持っていない。この障害を克服する画期的な取り組みの一つが、モバイルバンキングである。大半の人が携帯電話は持っている。そのため、携帯電話から銀行のサービスを利用できるようにすることが、銀行を利用しない層への解決策の一つとなる。携帯電話を使って簡単に送金や支払いができるというものだ。このサービスを実現するために、〈サファリコム〉や〈ウィジット〉のような組織は、高度なテクノロジーを使いながらも費用対効果を向上しなくてはならない。

ブラジルも同じように、銀行の非利用者層の問題抱えている。しかし金融機関はモバイルバンキングではなく、〈コルレス銀行〉を開発した。これは、銀行の支店がない場所で、小規模な食料品店や薬局が、銀行のサービスを提供できるようにするというものである。人々はほぼすべての銀行のサービスにアクセスでき、小規模小売業者は差別化できる。

このようなイノベーションは、開発中の製品アイデアを新興国に持ち込んでから、その後グローバル展開するリバース・イノベーション[3]の概念と同じに見えるかもしれない。しかしここでは、新しい製品を考えることではなく、新しい流通モデルを新興国市場で成功させ、そのうえで先進国でも利用できるようにすることを狙いとしている。

イノベーションとはかならずしも技術を使うことではない。消費者への到達手段の使い方でイノベーションを成し遂げた企業もある。一例が訪問販売だ。このモデル自体は新しくなく、主に化粧品会社が長年使ってきた。新しい点は他のセクターが使うようになったことだ。ブラジルのネスレ、インドのヒンドゥスタン・ユニリーバ（HUL）、バングラデシュのグラミン・ダノンはさまざまな製品にこのモデルを使っている多国籍企業の例である。

例えばネスレはブラジルで「ネストレ・アテ・ボセ」★というプロジェクトを行っている。訪問販売

★ 「ネスレがあなたのお宅まで」
https://www.nestle.com.br/portalnestle/nestleatevoce/

を通じて、分散した地域にいるＢｏＰ層の人々に到達するのが狙いだ。二〇一三年には、八〇〇〇人の人員に多くの都市の郊外で製品を販売させ、二週間に一度、二五万世帯以上に到達していた。製品はバラで販売するのではなく、小さなセットになっている。ネスレはボートも所有しており、アマゾン川を渡って小規模なコミュニティにも到達している。このボートの取り組みに関しては、現地経済を活性化させるかわりに、地方自治体のお金をネスレが持って行ってしまうという批判もある。〈ブラデスコ〉や〈カイシャ・エコノミカ〉など、銀行にもボートを使ってアマゾン流域に自行のサービスを提供しているところがある。

同様に、インドのＨＵＬは、農村地域の小さなコミュニティに到達するためにインドでシャクティ・プロジェクトを行っている。このプロジェクトは二〇〇〇年にアンドラプラデシュ州のいくつかの村で試験的に始まり、二〇一二年にはインドの一五の州に四万五〇〇〇人の女性起業家を擁していた。ある程度の成功はおさめたものの、プログラムに埋め込み《エンベデッドネス》が足りず、製品を販売する女性の離職率が非常に高かった。[4]

こうした取り組みへの批判から、より社会的インパクトの大きな新しいアプローチが生まれた。目のつけどころが革新的なだけでは十分ではなく、パートナーシップと埋め込み《エンベデッドネス》という概念が必要なのである。次項ではこの概念を取り上げる。

パートナーシップと埋め込み《エンベデッドネス》

何人かの研究者が、民間企業とＮＧＯの関係の変化について論じてきた。[5] 数十年前には両者は敵対関係にあるように見えたが、近年は協力関係が目立つようになった。ＮＧＯは企業の経営面の能力を活用でき、企業の方もNGOの目標やコミュニティとの関係の強さを理解できるようになった。

流通において、このようなパートナーシップは非常に重要である。なぜなら、現地における埋め込み《エンベデッドネス》がより強い関係構築が可能になるかもしれないからだ。NGOにとっては、このようなパートナーシップは自分たちの目標を達成する一助として重要だろう。大企業の側にとっては、コミュニティとの間に他社と差別化した関係を構築する手段が手に入ることになる。

例えば、ブラジルでコカ・コーラは〈情報システム民主化委員会（CDI）〉と〈ワールド・ビジョン〉という二つのNGOと提携し、「コレティボ（集合）」というプロジェクトを立ち上げた。CDIは情報通信技術によるBoP層のエンパワーメントをめざし、ワールド・ビジョンは貧困の原因となっているものを取り除こうとしている。これらのNGOはプロジェクトの受け入れに関心のある社会機関を探し、プロジェクトの事業化実現およびコカ・コーラとコミュニティの交流に活躍した。

プロジェクトの目的はBoP層の若者の教育と就業支援で、小売やリサイクル業のスキルを教えている。そのために、コカ・コーラは大手小売業者ともパートナーシップを組んでいる。コレティボは単なるCSR事業にとどまらず、ブランドの資産価値や現場での自社製品取り扱い店舗の数など、測定可能な経済的目標も掲げていた。したがって、それらを達成するためには流通の課題解決が欠かせなかったのである。

もう一つの例が〈グラミンフォン〉の事例である。ノルウェーの通信事業者〈テレノール〉は、バングラデシュ市場への参入、グラミン銀行は社会的インパクトの向上をそれぞれ目標としていた。両者が共同で立ち上げたのがグラミンフォンだ。この事業を運営していたのは、テレノールの経験豊富なマネジャーたちで、金銭的リターンの最大化を戦略目標としていた。[6] テレノールの技術的なノウハウと経営知識は、バングラデシュに国際的な携帯電話事業を設立するうえで不可欠だった。テレノールは、グラミン銀行とのパートナーシップによってバングラデシュ国内でのプレゼンスを獲得し、現地市場への理解を深めることができた。★二〇一二年時点でグラミンフォンは収益、サービスエリア、加入者数でバングラデシュ最大の携帯電話事業者となっている。

いずれのケースも、ＢｏＰ層の消費者にリーチするためには、パートナーシップの構築が妥当であることを示すものだ。大企業が自分たちだけでリーチするのは非常に難しい。ほとんどの場合、大企業には経営スキルはあってもコミュニティとの間に人間的な接触がない。ＮＧＯと現地企業は、大企業にはない別の視点からコミュニティに接触する能力を備えているのである。

単なる取引関係にとどまらず、両者に本当にウィン・ウィンの状況をもたらすパートナーシップを築くことが重要である。むしろ私たちは「トリプルウィン」の提案を模索している。まず、パートナー同士が、各自の経済的目的と社会的目的を達成する。それだけでなく、消費者が、製品やサービスを効率の良い形で利用するとともに、貧困ペナルティが軽減されることによって、さらなる利益を得る。そして、このような取り組みによって生まれた社会的インパクトによって、社会全体の利益にもなるという状況である。

流通の効率性

どんな市場でもそうであるが、流通の効率性は重要な課題である。ＢｏＰ市場が他の市場と異なるのは、流通が何重にも絡み合っているにもかかわらず、未整備で、規制も存在しないことである。そのため、とても複雑な構造になっている。つまり背景上の制約があり、それゆえにいっそう高い

★ http://grameenphone.com、2012 年 12 月 17 日閲覧。

効率性が求められるのだ。

このような障害があるため、適切な頻度で、マーケティングチャネルの開発を支援しながら、ＢｏＰ市場に継続的に入っていくことは、他の市場以上に高いコストと困難がともなうことが多い。したがって、確実に届けるための実行力が競争優位性を左右する。以下は、ある企業幹部の言葉である。

> 良い売り手の条件は何かと小規模小売業者にたずねたら、第一に販売員との関係が良いこと、第二に配送だと答えるだろう。配送とは時間に正確であることだという解釈もできれば、商品が良好な状態で届けられることだと解釈できる場合もある。そして、第三が財務状況だ。[7]

流通の効率性を決める主要な要素としては、物流、販売体制、コスト構造、販売方針の四つがあげられる。各要素について詳しく考察していこう。

物流

ＢｏＰ市場の小売業者は、通常個人で運営する店舗で、仕入れる量が少なく、商品の点数も限られている。配送コストは高いにもかかわらず、しばしば遅れる。メーカー側は、行ってはいけない危険な場所はどこか、スラムに入れる時間帯はいつかも正確に知っていなければならない。

パートナーシップを構築できれば、この問題は軽減される可能性がある。ポイントとなるのは、配送に優れた流通業者ないし現地パートナーの選定である。すでにしっかりとした流通網を持っていて国内の市場全域に直接配送している企業でも、ＢｏＰ市場にリーチするために卸売業者や流通業者に仲介させている。一部の遠隔地には製品の配送がまったくできず、小売業者が大きな都市に出かけて製品を仕入れなければならない場合もある。

優れた流通手段があれば、こうした場所に到達できるだけでなく、市場に早くアクセスできる。言い換えれば、いかに少量の注文をまずまずのタイミングで配送できるかだ。大規模メーカーはその実現に非常に苦労している。

販売体制

ＢｏＰ市場の小規模小売業者は、正規教育を受けていないことが多い。そのため、彼らに売ってもらうためには、コミュニケーションをシンプルにする必要がある。小売業者は、話の通じない高学歴の営業より、「自分と同じような相手」との方がつきあいやすいと感じる。さらに、地域ごとに存在する独自の商売言語にも注意すべきだ。そのため、小規模小売業者と教育水準が同等のレベルで、現地出身の営業要員がいるのが望ましい。そうすれば気持ちが通じ合って、良好な人間関係を築きやすくなる。これは、プラハラードが提唱したＢｏＰビジネスの原則の一つと同じ発想である。プラハラードによれば、正規教育が欠如している場合、従業員のする仕事も簡略化する必要がある。[8] この考えは製品開発に関するものだったが、販売管理にも置き換えられる。

信頼を勝ち取れるかどうかは、営業時間帯や営業部隊が有する人間関係にかかっているため、成功している企業は営業部隊のモチベーションを上げ、できるだけ離職率を抑えようとしている。自分は大事にされていると感じ、仕事に真剣に取り組む従業員を育てられるかどうかが、競争優位性を左右するのだ。

コスト構造

ＢｏＰ層は当然ながら使えるお金が限られているため、費用対効果が高いことが重要である。かならずしも最安値を提供する必要はないが、費用対効果の高い体制は求められる。つまり、その体制を維持するマネジメントも課題となる。利幅は小さく、コストは抑えなければならない。

一般的に、小規模小売業者との取引コストが高い。主に全国展開している企業の場合、製品分野によっては利幅が小さいため、ＢｏＰ市場で効率的に事業運営するのが難しい。このような場合、現地を拠点とする地場企業が大きな脅威となる。

販売方針

販売方針は流通に重要な役割を果たす。強い販売方針の構築にはさまざまな側面がある。ＢｏＰ層向けの販売方針を定める際に重要な問題を二点、以下に挙げる。

▼信用販売

信用《クレジット》販売は市場の成長に欠かせないツールである。信用販売は小売業者のキャッシュフローを助け、幅広い品揃えを可能にする。ＢｏＰ市場では、信用販売は財務教育にも重要な役目を果たす。信用販売の期間が短ければ小売業者は返済ができない。かといって長すぎれば、小売業者が売上を別の個人的ニーズに流用し、在庫の補充のために製品を再購入するお金が足りなくなる可能性が非常に高い。それでも商売へのサポートを必要とする、プロとしての訓練と適格性に欠けた小規模小売業者への支援として信用販売は有効な手段になりうる。支払いまでの期間は小規模小売業者がきちんと製品を販売して、清算できるような期間に設定しなくてはならない。そうしないと、個人的に使うお金と混同されてしまうからだ。上手に行えば、信用販売は小規模小売業者の生計維持を助けるだろう。

消費者へ直接販売する際も、彼らが買えるようにするために、信用販売は重要な選択肢となる。低所得消費者が三〇〇ドルのテレビを買えない場合、分割払いにすれば、はるかに低いコストで支払いができるかもしれない。これには必ず二つの批判が出る。第一に、消費者が食品や衣類のような生活必需品にお金を使わなければならないのに、不要な贅沢品を買ってしまうのではないかというものだ。ときにはテレビの方が食品よりも重要だと消費者は考えることもあるのだ[9]。第二の批判は、ＢｏＰ層に利息を要求することの倫理的な問題である。これについても、事業者の生き残りのためには利息が重要であり、利息のつかない選択肢があっても信頼性が低かったりプライバシーや透明性が欠如したりするため、消費者は利息つきの分割払いを選択する場合が多いことはすでに多くの指摘がある[10]。

▼柔軟性

販売方針を決めることで、共通のルールが作られ、パートナーによって条件の差異が生じにくくなる。しかし、これが制約となってチャンスをつかめない場合もある。ＢｏＰ市場で販売するときには、キャッシュフローを維持するために、高度な柔軟性を持たせておく必要がある。信用販売の返済条件や配送のスケジュールなどに柔軟性を持たせられるか検討しよう。実現できれば、より強い信頼関係の構築につながるかもしれない。これは相手にやさしくするためではなく、この市場の難しさとニーズを理解するために必要だからである。この考え方は、直接販売にも間接販売にも有効だ。

この点、小規模製造業者は支払い条件や支払い不履行の扱い方に柔軟性が高いため、競争優位を確保できる。大企業には、支払いの遅延を受け入れない厳しい販売方針がある。

効率的な流通の一例がムンバイの「ダバワラ」の組織である。ダバワラたちの仕事は家庭の弁当お届けサービスである。ダバワラは顧客（通常はインド人の会社員）の自宅で弁当を受け取り、職場に届ける。毎日二〇万個近くの弁当が、推定四五〇〇〜五〇〇〇人いるとされるダバワラたちによって格安の料金でぴったりの時間に運ばれている。

この事例はシンプルさと効率性のどちらの面でもユニークだが、ＢｏＰ層が作り上げたビジネスモデルの典型だ。この仕事のおかげで収入を得ることができるし、組織の一員であることを誇りに感じているおかげでうまく機能している。

このシステムには多くの成功要因がある。

◈**シンプルさ**……主な弁当の運び手は裸足の配達員たちである。システムの成功はチームワークと時間管理にかかっている。単純な色分けシステムが、届け先と受け取る人の確認システムを兼ねている。マネジメントの階層も三階層と、細かく分かれていない。

◈**組織構造**……このシステムで働く人はみな平等に扱われる。仕事内容に関係なく、全員に月約二〇〇〇〜四〇〇〇ルピー（約四〇〜八〇ドル）が支払われる。

◈**コミットメント**……チャールズ皇太子がインド訪問中にダバワラを視察したが、皇太子でさえ、ダバワラの勤務スケジュールに合わせなければならなかった。配達時間を正確に守るため、ずらす余裕がなかったからだ。

◈**消費者ニーズの把握**……インド人は西洋式のファストフード店を好まず、家庭の味に愛着を持っている。

◈**実行力**……ほぼ完璧に時間は守られ、誤配送もほぼゼロだ。あるサーベイによれば間違いが発生する件数は六〇〇〇万件の配達でわずか一件だという。[11] 弁当一個は平均四人の配達員の手を経て六〇～七〇キロ移動し、最終目的地に届けられる。

プラットフォームとしての小売業

オンライン販売や訪問販売の仕組みが進化したとしても、小売業のない世界はまず考えられない。小売業は日常生活の一部であり、それはBoP市場でも変わらない。インドの農村からサンパウロのスラムまで、アマゾン川やナイル川のほとりの小さな町や村も含め、小売店は交流の場であり、ネットワークをつなぐ重要な結び目である。人々は買い物をするだけでなく、人と出会って会話を楽しむ。たいてい小さな店だが、物を売り買いするだけの場所ではないのである。

通常、小さな町のお店は専門店ではなく、よろず屋としての役割を担っており、二〇平方メートルの店舗で食品、衣料品、家庭用電化製品まで取り扱っている。顧客の日常的なニーズに対応するために、品揃えを幅広くしておこうということだ。

この幅広さがBoP市場の小売店の典型的な姿だ。したがって、小規模小売業者は製品やサービスの種類を問わず、流通にうってつけのプラットフォームになりうるのである。ソフトドリンクから銀行サービスまで、衣料品から保険商品まで、このような小型店は製品を販売する最も重要なポイントになる。また、現地の消費者とコミュニケーションをとるうえでも、このような店が重要な拠点となりうる。

反面、課題も突きつけてくる。カテゴリマネジメントやポジショニングのような理論を、このような店舗で実践するのは難しい。石鹸が肉と同じ棚で売られていたりするのだ。したがって、自社製品のディスプレイとポジショニングを気にするような企業は、このような小売業者を頻繁に訪問し、さらに重要な点として、小売業者に基本的なマネジメント理論を教育する仕組みをつくるべきである。

住民の生活を支える基本的サービスの重要性

流通は製品を届けるために重要なだけではない。保健医療や教育といった、基本的サービスへのアクセスを可能にするという役割も果たす可能性がある。貧困解決に取り組む際の最大の難関の一つが、所得が低い人々の自由度をいかに高めるかである。[12] BoP層は基本的ニーズを満たす機会へのアクセスに恵まれていないのである。

この問題には政府が果たせる役割も大きいが、ここで論じたいのは、民間セクターが優れた価値提案を効率的な方法で行うことで、基本的サービスを補完する可能性についてである。製品・サービスの事業運営に革新を起こしてこれを実現した例は数多くある。〈ジャイプール・フット〉〈エンブレイス〉〈アラビンド〉などがそうだ。★ ただし、製品やサービスにイノベーションを起こすだけではなく、現地の人々がきちんとサービスにアクセスできるようにすることが必要だ。そもそもアクセスすること自体が非常に困難な場合が多いからだ。

この問題を解決できそうな施策の一つに、フランチャイジングという方法がある。〈ヘルスストア

★ ジャイプール・フット：http://jaipurfoot.org/
エンブレイス：http://embraceglobal.org/
アラビンド：http://www.aravind.org/

ア財団〉は、開発途上国の子供や家庭の、必要不可欠な医薬品と基本的な保健医療・疾病予防のサービスへのアクセス向上をめざしている。同財団はフランチャイズモデルを利用して、サービスの水準を維持し、他地域への拡張性を持ち、規模の経済を実現しようとしている。同財団のウェブサイトには次のように書かれている。

ヘルスストア財団は定評あるマイクロ事業の実践理論と、実績あるフランチャイズビジネスの方法論を融合し、「CFWショップス」というマイクロフランチャイズ・ビジネスモデルを考案しました。フランチャイズは戦略的に配置された小型の薬局や診療所を営業し、必要不可欠な医薬品へのアクセス向上をめざします。診療所や薬局においては、訓練を受けた医療従事者が事業主となって診断・治療を施します。彼らは現地特有の病気や、死因の7割以上を占めるような疾病を治療する技術を持っています。これらの医療従事者は、定められた医薬品の取り扱いや処方規定に従い、常にベストプラクティスを実践します。★

このモデルは医薬品へのアクセスを向上するだけでなく、マイクロフランチャイジーに営利事業の幅を広げるという形で、経済的なメリットももたらす。

もう一つの保健医療分野の例が〈ソリデンツ〉である。一九九五年にブラジルのサンパウロで設立された同社は、二〇一三年時点でブラジルに一八〇以上の分院をもち、中南米最大の歯科医院とされている。ソリデンツの主な目標は、手の届く金額で良質な口腔ケアへのアクセスを提供することである。すべての医院の品質を確保しながら流通を拡大するため、同社もフランチャイジングモデルを利用する決断をした。一カ所であらゆる歯科治療を安全・快適・便利に提供するためである。

★ http://www.cfwshops.org/

ほかの分野では、教育サービスの拡大も可能になるかもしれない。優れた教育プラットフォームができたとしても、結局のところいかに広く展開していくかが問題になり、ここでも流通がボトルネックになっている。テクノロジーの活用が、この問題を解決できるかもしれない。生徒を学校に来させるのが難しいなら、学校を生徒のもとに行かせるのはどうだろうか。物理的には不可能でも、テクノロジーが実現を助けてくれるかもしれない。

二〇一二年にブラジル人の二人の若者が設立した〈ギーキー〉は、テクノロジーをベースとした教育プラットフォームを提供している。このプラットフォームでは、すべての教育プログラムを生徒一人ひとりに合わせる《パーソナライズ》ことが可能だ。そのプログラムをつくるため、生徒の特性はオンライン上の生徒とのやりとりから把握される。その情報をもとに、生徒は自分の経歴と目標に応じた自分だけの教育体験を得られる。コンテンツの見せ方、演習、復習などは、生徒の潜在力を最大限伸ばせるような形で決められていく。★

まとめ

流通はBoPビジネスにおける一つのボトルネックであり、この課題を理解して最適な解決策と戦略を決めることは成功のために不可欠だ。この難題を乗り越えて、イノベーションとパートナーシップによって競争優位性を創出できた組織もいくつかある。大きなポイントは、常識の枠を超えた発想で革新を起こすこと、パートナーシップと埋め込み《エンベデッドネス》を構築すること、プロセスのあらゆる段階で効率性を追求することである。

インフラ、チャネル設計、人口分布の違いから、ターゲット顧客に到達する新しい方法を見出さ

★ www.geekie.com.br

なければならない。ここで、リバース・イノベーションの考え方が応用できる。テクノロジーはサービスを届けるための一つの解決策になりうるのだ。例えばアマゾン川のボートのように、人々に到達するためのシンプルながら効率的な手段も、革新的な解決策となる。

ＢｏＰ層の人々にアクセスするためには、パートナーシップの構築が欠かせない。外部の組織が、単独でコミュニティに入り込むのは非常に困難だ。現地のプレイヤーやＮＧＯとのパートナーシップが助けになりうる。さらに、現地のコミュニティへの埋め込みを実践するのは、組織の競争力を高め、成功するビジネスモデルを生み出すことにもつながる。

最後に、もともとの利幅が少ないことと、貧困ペナルティを軽減する必要があることから、流通の効率性は必須である。物流、販売体制、コスト構造、販売方針を慎重に検討する必要がある。これらは流通戦略策定において差別化を生む基本的要素である。

流通というと、通常は製品の配送のことだと思われがちだ。しかしＢｏＰ市場について語る場合、保健医療や教育のような基本的サービスを考慮することが重要である。結局のところ、これらこそ最も切実な需要のあるサービスであり、ＢｏＰ層の人々に適切なタイミングで良質なサービスを届ければ、その効果は大きい。したがって、こうしたサービスをさまざまなプラットフォームを通じて提供するメカニズムの構築が、アクセスだけでなく、ＢｏＰ層の人々の可能性を広げ、自由をもたらすのである。

第8章

能力を補完する共有チャネルモデル
——フィリピンの事例に学ぶ

マルクス・ディートリッヒ、ジュン・ティビ
アジア・ソーシャル・エンタープライズ・インキュベーター、フィリピン

ＢｏＰビジネスに取り組む際は、現地の文化に適合し、環境的に持続可能で、経済的には利益の上がる、三拍子そろったアプローチで関与するのが理想だ。[1] このなかで最も難しいのは、経済的に利益を上げることだ。

これまでの研究から、ＢｏＰビジネスを行う際に理解しておくべき五つの要素が特定された。それは開発、設計、流通、需要、尊厳である。[2] この研究によれば、ＢｏＰビジネスは「満たされていない」ニーズを満たすか、ＢｏＰ層の人々の生活の質を向上させる方法を提供しなければならない。いずれも、ラストマイルの問題が、効率的かつ効果的な方法で克服できて初めて保証される。

インフラが十分に発達していないため、ＢｏＰ層にリーチするには流通のイノベーションが重要な要因となる。コカ・コーラなど、ＢｏＰ層の人々にリーチできている企業は、自社独自のサプライ

チェーンを構築してきた。しかし、こうした企業の大半はまだ直接的にはBoP層に関与していない。製品は卸売業者の手に渡り、そこからはインフォーマルな流通チャネルを経てBoP層に届けられる。

一つの例が〈ノキア〉である。同社はインフラ整備が不十分な中国奥地の広大な農村地域で大きな成功をおさめた。その功労者は、製品を辺境の村まで運んで販売した、現地の販売員たちといえる。ノキア製品はこのインフォーマルな(かつ予想外の)流通ネットワークと、従来のディーラーや小売業者を通じて、中国の農村地域に到達できたのである。[3] このような例は、革新的なビジネスモデルを築き、フォーマル/インフォーマルなチャネルを駆使すれば、規模の拡大は可能であると示している。

流通チャネルをいかに築くか

流通チャネルの構築に困難を抱えているため、企業はBoP市場に到達するための常識破りな方法を模索している。共有チャネルは、近年注目されている実践手法の一つである。これは、すでに現地で確立されたネットワークを持っている組織と協力するものだ。提携相手は別の業種の企業、マイクロファイナンス機関、NGO、社会的企業、協同組合などである。

共有チャネルモデルの出現

多国籍経営コンサルティング会社の〈モニター・グループ〉が新興国市場の調査を行い、四つの

ＢｏＰビジネスのモデルを提示した。そのうちの一つが「共有チャネル」である。[4]調査によって明らかになった、共有チャネルモデルには以下のポイントがある。


◈すでに機能している既存の流通プラットフォームを利用する。

◈単一のハブから複数の製品を運べるように現場の権限を広げる。

◈農村地域にさらに深く入り込む。

◈流通チェーン内のステークホルダー全員に対して適切なインセンティブを付与する。

◈お互いの専門分野、業務経験を生かせるように役割分担をする、業務提携の新しい形態を築く。


モニター・グループによれば、共有チャネルは、一社では高くつく流通コストを複数の企業が共同で負担できるので拡張性が高い。また、一から流通チャネルを構築する場合と比べて、市場に到達するまでの時間とコストを削減しやすい。

フィリピンにおける流通の課題

〈アジア開発銀行〉の委託により〈アジア・ソーシャル・エンタープライズ・インキュベーター（ＡＳＥＩ）〉が行った『インクルーシブビジネス研究――フィリピン』によれば、フィリピン国内におけるインクルーシブビジネスの７％しか、ＢｏＰ層を流通チャネルに関与させていないことが明らかになった。[5]つまり、ＢｏＰ層にリーチできる確立された流通チャネルが不足しているということだ。一般的にＢｏＰビジネスの多くは「初期段階」にあり、ＢｏＰ層に関与できていない。

しかし、参入する企業が増えるにつれて、さまざまな流通の課題がわかってきた。七〇〇以上の島々からなるフィリピンのＢｏＰ市場は、ＢｏＰ層の七〇パーセントが住む農村地域に集中している。

フィリピンの農村のおよそ半数で、主要な輸送システムへのアクセスが天候の影響を受けている。フィリピン国内で舗装されている道路は一四パーセントにすぎない。全道路の約七八パーセントが砂利道であり、残りは土道である。[6] 島と島を結ぶ効率的な輸送システムもない。

フィリピンの地理的な特徴から、ＢｏＰ市場向けの流通チャネルには次のような課題がある。

◆道路のない山岳部の「バランガイ」（村）のような僻地への物資の配達。

◆僻地へのサービスの提供。道路がないことに加え、病院のような基本的なサービスを提供する施設がない。

◆倉庫のような流通を円滑にする商業施設、事業活動を行うためのオフィス、金融取引を行うための銀行やＡＴＭがない。

◆水上輸送サービスがない島への製品の配達。

◆水上輸送サービスが利用できる島でも、料金や輸送費が高く、スケジュールは天候次第である。そのため、物資やサービスの配達はタイムリーに行われず、費用対効果も高くない。従って、業務利用ができる水上輸送サービスは限られている。

◆遠隔地に電気、水道、インターネットサービスなどの商業活動や起業を助けてくれる設備がない。

「BoPペナルティ」は流通とどう関わるか

流通の課題はいずれも「BoPペナルティ」につながる。世界資源研究所によれば、BoP層は基本的な製品・サービスに割高な価格を支払い、しかも得られる品質は低いことが多い。[7] BoPペナルティはさまざまな形で表れる。

◈必需品・サービスへのアクセスがない
◈物資やサービスの価格が割高である
◈物資やサービスの品質が劣っている

パラワン州クリオン市にはBoP層の人々が多く住んでいる。この市は三七の島からなり、クリオンは人口が最も多い島である。クリオンの基本的な生活用品はマニラからボートで出荷される。マニラ‐クリオン間を結ぶ唯一の連絡船サービスは、マニラから週三回出ている。クリオンまでは二日かかる。クリオン向けの基本的な生活用品の価格設定に見られるBoPペナルティは、表8‐1が示すとおり、マニラとクリオンを比較すると最大で六七パーセントにもなる。

悪天候や船の遅れなどによって配達が遅れ、品不足が生じれば、それに応じて価格が変動する場合もある。

さらに、クリオンは島であるがゆえに電力供給が限られており、冷蔵が必要な製品へのアクセスも悪い。加えて、マニラなど都市部から距離があるため、アフターサービスも受けづらい。

共有チャネル評価フレームワーク（SCAF）

流通の課題を克服するために、フィリピンでは四つのモデルが用いられている。第一のモデルとして、スーパーマーケットやコンビニエンスストアのようなフォーマルなチャネルがある。これが動きの速い消費財、金物類、農業用品のサプライチェーンを確立している。しかしこのチャネルは限られた場所にしか存在していない。BoP市場向けに、動きが速くかさばる商品に注力するのは、運営効率を考えると難しい。また、BoP層に届けるためには、製品やサービスに対する消費者の認知度を上げる活動が相当に必要であり、フォーマルな流通チャネルはやりたがらないことがわかっている。

第二のモデルは直接販売である。消費者に直接はたらきかけて意思決定に影響を与えるので効果的なモデルだが、直販部隊の構築は、トレーニング、報酬、経費の面で企業側のコストが高く、

表 8-1 マニラとクリオンを比較した基本的な生活用品の価格差

基本的な生活用品	マニラ	クリオン	差
イワシ缶、レギュラーサイズ	12.75	18.00	41.18%
粉ミルク、150 g	48.00	53.00	10.42%
練乳、370 ml	34.00	43.00	26.47%
インスタントコーヒー、50 g	39.00	45.00	15.38%
洗剤、400 g	43.00	72.00	67.44%
インスタントヌードル、55 g	7.00	10.00	42.86%
酢、350 ml	12.00	16.00	33.33%
醤油、350 ml	13.00	18.00	38.46%
石鹸、135 g	35.00	40.00	14.29%
強力粉（一等粉）、25 kg	930.00	1,125.00	20.97%
薄力粉（三等粉）、25 kg	790.00	950.00	20.25%
セメント、40 kg	205.00	300.00	46.34%
灯油、1 リットルあたり	47.93	63.49	32.47%
軽油、1 リットルあたり	40.00	52.91	32.28%

注：価格の単位はペソ。マニラ価格は石油製品を除き 2012 年 11 月の〈貿易産業省〉による基本生活用品価格調査レポートに準拠している。クリオン価格は 2012 年 12 月時点の実際の小売価格に準拠している。マニラの石油製品の価格は 2012 年 12 月の〈エネルギー省〉による実勢小売価格に準拠している。クリオンの価格は販売量の US ガロンあたりに基づいている（1US ガロン =3.78 リットル）。

それが価格に上乗せされることでBoPペナルティにつながる場合もある。

第三のモデルであるマルチレベルマーケティングは、ハーブのサプリメントなど特定の製品で流行した。しかしBoP層向けの製品の場合、各層で発生するマージンを総計すると、製品のコストが最終消費者に負担しきれないほどかさんでしまう（いわゆるマルチ商法だが、BoP層の人々の収入源を増やすものとして期待された背景もある）。

第四のモデルが共有チャネルだ。これまで挙げた欠点のいくつかをカバーするため優れている。このモデルでは、企業が商業パートナー、マイクロファイナンス機関、NGO、農村地域で影響力のある協同組合などと提携してBoP市場に関与する。特にフィリピンには、およそ二万二〇〇〇の協同組合[★1]、三三万のNGO、約一万五〇〇〇のマイクロファイナンス機関[★2]がある。

こうした組織のネットワークに相乗りすることで、企業は流通コストを抑えながらも、消費者の認知度を上げ、アフターサービスを向上させるなどしながら、自社の製品やサービスをBoP市場に届けることができる。

ASEIはこれまでのコンサルティングで培った知見と、当事者へのインタビューで得た情報を統合して、企業向けの「共有チャネル評価フレームワーク（SCAF）」を開発した。フレームワークはパートナー間の整合性、チャネルパートナーによる価値の付加、市場開発状況という三つの大きなカテゴリを、それぞれ三つの軸で評価する。

一つ目のパートナー間の整合性については、製品／サービス、組織のスキルと価値観、サプライチェーン・マネジメントの軸で評価する。次にチャネルパートナーによる価値の付加については、金融支援、事業立地、市場アクセスの軸で評価し、協働するだけの価値があるかどうかを見極める。最後に市場開発状況については、市場の即応性、顧客の認知度、地理条件の軸で評価し、総合的に

★1 2012年11月の〈協働組合開発庁〉の協同組合マスターリストより。
★2 2010年6月現在の〈フィリピンマイクロファイナンス協議会〉によるマイクロファイナンスセクターデータより。データはマイクロファイナンスサービスのあるNGO、銀行、協同組合を含む。

共有チャネルモデルが機能するかを判断する。
ＳＣＡＦの例を図８‐１に示す。

パートナー間の整合性を評価する

▼製品／サービス

パートナー間で製品／サービスの整合性がとれているかどうかは、最も重要な評価軸になる。こちらが売り出そうとしている新しい製品やサービスが、パートナー候補がすでに提供しているものと整合性が高いほど、統合がしやすく、パートナーシップ成功の可能性が高い。

例えば、クレジットと貯蓄のサービスを主に扱うマイクロファイナンス機関は、保険など他の金融商品を自社の商品構成にうまく組み込める可能性が高い。両者の整合性が高いからだ。しかし、マイクロファイナンス機関がソーラーランタンのような物理的な製品を流通させるには、現場責任者ないし販売責任者の能力や、物流および運営システムがないなどの課題がある。こうした課題を時間と財務リソースの面から考慮して対処する必要がある。

▼組織のスキルと価値観

組織にはそれぞれＤＮＡとして組み込まれた独自のスキルと価値観がある。例えば、都市を拠点とする多国籍企業はスピードが速くアグレッ

図 8-1　共有チャネル評価フレームワークの例

整合性の次元	点数
製品 / サービス	3
組織のスキルと価値観	5
サプライチェーン・マネジメント	3
金融支援	4
事業立地	2
市場アクセス	4
市場の即応性	3
顧客の認知度	3
地理条件	5

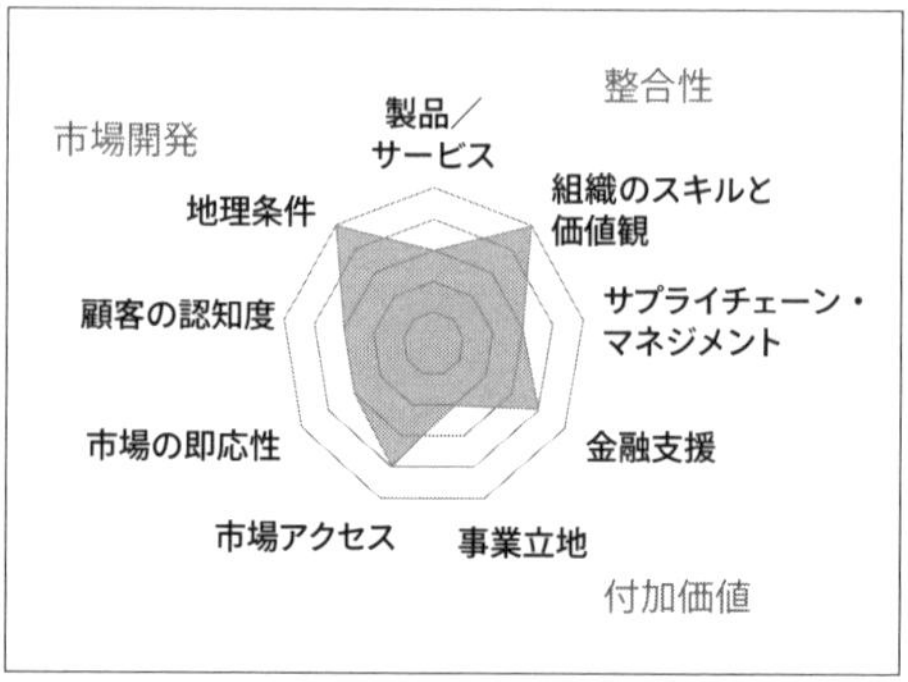

シブだが、地方を拠点とするNGOはのんびりしているように見えるかもしれない。また、BoP市場への浸透を行う際には、BoP層がパートナーとどのように取引しているのか、その点を考慮しなければならない。取引手法において、企業とパートナーの整合性に大きな齟齬が生じれば、提携関係全体に響いてしまう。

スキルと価値観の整合性を高めるためには、相手の長所と短所について理解すべく、お互いがオープンに歩み寄ろうとする姿勢を持てばよい。

サプライチェーン・マネジメント

サプライチェーン・マネジメントは複雑で、企業とパートナーが協力して取り組まなければならない。これは、製品を入手してからBoP市場に配達し、アフターサービスを提供するところまで、パートナーシップそのものが機能する部分である。

この軸の整合性を評価することにより、バリューチェーンの中でパートナーが注力すべき分野の特定と、パートナーとの適切な役割分担を判断することができる。例えば、マイクロファイナンス機関が物理的な製品を販売する場合、きちんとした追跡システムがないため、アフターサービスはパートナーに頼らず自社で管理しなければならないかもしれない。

付加価値

金融支援

パートナーに金融サービス提供の仕組みがあれば、重要な付加価値となる。これは特に、製品の価格がBoP層の経済力を上回り、そのまま現金で購入するのが難しい場合にあてはまる。このようなとき、企業はマイクロファイナンス機関と提携するとよい。マイクロファイナンス機関のような組織は、新しい製品やサービスに特化した金融商品を開発したり、自社の標準的な商品ポートフォリオに新しい製品やサービスを組み入れたりできるからである。

事業立地

パートナーがどこで活動しているのかは重要だ。ターゲットとするＢｏＰ市場に影響力があるパートナーを選ぶのは当然とされているが、パートナーの顧客層が持つニーズを自社が満たせるとは限らない。例えば、貧しいが電化された地域で活動するマイクロファイナンス機関は、ソーラーランタンの流通の提携先にはふさわしくない。

市場アクセス

パートナーがＢｏＰ層からどのくらい信頼されているかを評価する。マイクロファイナンス機関、ＮＧＯ、協同組合、社会的企業など、パートナーの第一候補になりうる組織には、ＢｏＰ市場において、長期にわたって働いているスタッフや従業員がいるものだ。この条件が整っていると、パートナーシップを組むことでＢｏＰ層に新しい製品を導入しやすい。パートナーのブランドにレバレッジを効かせられるからだ。企業はパートナーの顧客や受益者のプロフィールを理解して、自社の製品やサービスが彼らに受け入れられるかどうかも考慮すべきである。

市場開発

市場の即応性

このフレームワークではBoP市場自体の条件も考慮して、BoP層が新製品をすぐに受け入れるかどうかを評価する。要望があるからといって、市場にニーズがあることにはならない。

顧客の認知度

BoP層が製品ないしサービスを認知しているか。地方のBoP市場では、立地の遠さと情報の欠如から、企業が届けたい製品やサービスのメリットが認知されていないことが多い。その場合、パートナーは認知度を上げる活動を考えなければならない。マイクロファイナンス機関とNGOを通じてソーラーランタンを流通させている〈ハイブリッド・ソーシャル・ソリューションズ・インク（HSSi）〉は、フィリピンの農村や電気の通っていないコミュニティで、製品があまり知られていないことを知った。そこで、パートナーとともに市場の認知度を上げるキャンペーンを実施した。このようなキャンペーン費用を支援すべく、HSSiは自社の企業財団を活用して革新的な融資制度をつくった。

地理条件

BoP市場はどのような地理条件にあるかについても考慮すべきである。例えば市場がとても遠く、製品を到達させるために多大なリソースが必要な場合、流通計画をどのように立てて実行するかを判断するのに必要だからである。

これまで見てきたように整合性の度合い、付加価値、および市場開発の側面から評価することは、共有チャネルパートナーシップの成功に役立つ。SCAFは最もふさわしいパートナーを選ぶ場合や、既存のパートナーシップの評価に利用できる。不整合がある、付加価値レベルが低い、あるいは市場開発が進んでいないからといって、かならずしもパートナーシップが成立しないという意味ではない。むしろ、パートナーシップを向上させるために必要な活動が明らかになる。評価する際は、パートナーと一緒に客観的に行わなければならない。

三つのケーススタディ

共有チャネル評価フレームワークをテストするために、フィリピンの三つの組織のケーススタディを作成した。

1. **マイクロファイナンス機関とのパートナーシップ……**ＨＳＳｉは主としてＢｏＰ市場、特に無電化地域へのソーラー製品を販売している企業である。同社は〈明日のネグロス島の女性のための財団（ＮＷＴＦ）〉と提携し、分割払いでソーラーランタンを販売している。

2. **社会的企業とのパートナーシップ……**〈ユニラブ〉はフィリピン最大の医薬品製造企業である。同社は「ハピノイ・ボティカ・プロジェクト」で〈ハピノイ〉（〈マイクロベンチャーズ社〉が運営）と提携している。ハピノイの小型店舗（現地では「サリサリストア」と呼ばれている）ネットワークで市販薬を販売することで、ユニラブはＢｏＰ市場との直接的な接点を持った。

3. **ＮＧＯとのパートナーシップ……**〈ファミリー・ワクチン・アンド・スペシャルティ・クリニックス社（ＦＶＳＣ）〉はフィリピン最大の動物咬傷専門医院の運営企業である。同社はサンバレス州で〈サンバレス・ウォー・アゲンスト・ポバティ（ＺＷＡＰ）〉と提携し、クリニックを運営している。

共有チャネル利用の機会と課題

▼HSS-iとNWTFのパートナーシップ

フィリピン政府の最新の統計によれば、フィリピン人の二五パーセントは電気を利用できていない。[★1] 電気を利用できない人々の大半は、沿岸部または山岳部の孤立した村に住んでいる。このようなコミュニティの生産活動は、日没後は鈍化するか止まってしまう。人々は照明用としてバッテリー（車のバッテリーなど）、灯油ランプ、ロウソクに頼っている。

もっと安全で経済的な照明のニーズがあると見たHSS-iは、それをソーラーランタン販売のチャンスと捉えた。「サントランスファー」は無電化地域での使用を考えて設計された、耐久性があり高容量のソーラーランタンである。家庭の室内で使える照明として火事の危険がなく安全に使え、灯油やバッテリーの費用を節約でき、生産性が上がるため収入も増える。[★2] しかし、ターゲット市場が農村部にあるため、製品を手ごろな価格で入手できるようにしつつ利益を上げるのが課題であると認識していた。

HSS-iはソーラーランタンの流通のため、NWTFと提携した。NWTFのスタッフに製品知識を身につけさせる必要があったが、販売業務はすでに確立していた。両組織ともBoP層とのつきあいには慣れていたため、協力もスムーズだった。

BoP層にとって手ごろな価格で提供するために、NWTFは会員向けの分割払いプランをつくった。非会員でも現金で購入できる。マイクロファイナンスの仕組みをうまく導入することで、自分たちの金融商品にうまくソーラーランタンを組み込むことができたのである。

★1 ハイブリッド・ソーシャル・ソリューションズ・インク、ACCESSプログラムのためのパートナー概要説明会。
★2 http://www.hybridsolutions.moonfruit.com/#/suntransfer/4553662505

NWTFは、ローン担当者をBoPコミュニティに派遣して製品の販売を支援している。遠隔地の現場にいる従業員は、NWTFとHSSiが実施している「ACCESS」というプログラムを実行している。★

ACCESSプログラムは、製品がどのようなものか、購入時点でどのような支援を受けられるか、アフターサービスとしてどのような支援が受けられるかを確実に理解できるように、顧客を教育するものだ。

プログラムの実施はうまくいっているものの、費用と時間がかかっている。パートナーに対する製品、販売、支店管理の教育などで三〜四カ月を要する。また、製品の認知度を上げるため、農村をまわりながら啓発を行う「ソーラーキャラバン・アウトリーチ」の活動や、ユーザーの意見を集める「ソーラーユーザー・フォーラム」も行われている。しかしこれらの時間とリソースは、持続的で自立したパートナーシップ構築に役立っている。ACCESSの資金はHSSiのパートナーである〈太陽光発電財団（SEF）〉を通じて調達されている。図8-2にHSSiとNWTFのパートナーシップのSCAFを示す。

▼FVSCとZWAPのパートナーシップ

ファミリー・ワクチン・アンド・スペシャルティ・クリニックス（FVSC）は、動物咬傷の治療センターとワクチンクリニックを経営するフィリピン最大の民間事業者で、フィリピン国内に四一の支院がある。政府が幼児の予防接種制度を提供しているが、狂犬病その他の疾病までは対象になっていない。

BoP層向けのワクチン接種は、これまで手つかずの市場だった。フィリピンでは、ワクチンが

★ ACCESSとはAdvancing Citizen and Community Empowerment through Sustainable Solutions（持続可能な解決策を通じた市民とコミュニティのエンパワーメントの推進）の略である。

高価で、重要性も認識されていなかったからだ。この状況を打開してBoP層にワクチンを届けるために、FVSCは公立病院およびNGOと提携し、ワクチンクリニックを設立している。FVSCが公立病院やNGOとチャネルを共有することにしたのは、BoP層をターゲットとしており、そのほとんどが農村地域に存在しているからである。BoP層は設備の整った民間病院の医療費が支払えないことから、公立病院を頼りにすることが多い。

FVSCは、公立病院の病室や事務室をクリニックとして無料で使用しており、そのほとんどは緊急救命室の近くに設置している。NGOと提携する際には、NGOの施設内にクリニックを置いている。FVSCはクリニックの場所を提供してもらうかわりに、患者に無料のワクチン注射を行っている。ただし、完全無料ではなく、八本必要なら二本分を無料にしているケースが多い。患者は、BoP市場向けの特別価格になっている残りの六本にだけ料金を払えばよい。無料分の資金負担はパートナー組織が行っている。

FVSCは貧困削減をめざすZWAPと提携したことで、このNGOが活動しているサンバレス州にクリニックを開くことができた。州内の三つの地域で、ZWAPが運営する、さまざまな公共サービスを一体化したコミュニティストアの中に併設されている。ワクチンは特定の温度で保管しなければならないため、その流通はFVSCが負担

図 8-2 HSSi と NWTF のパートナーシップの共有チャネル評価フレームワーク

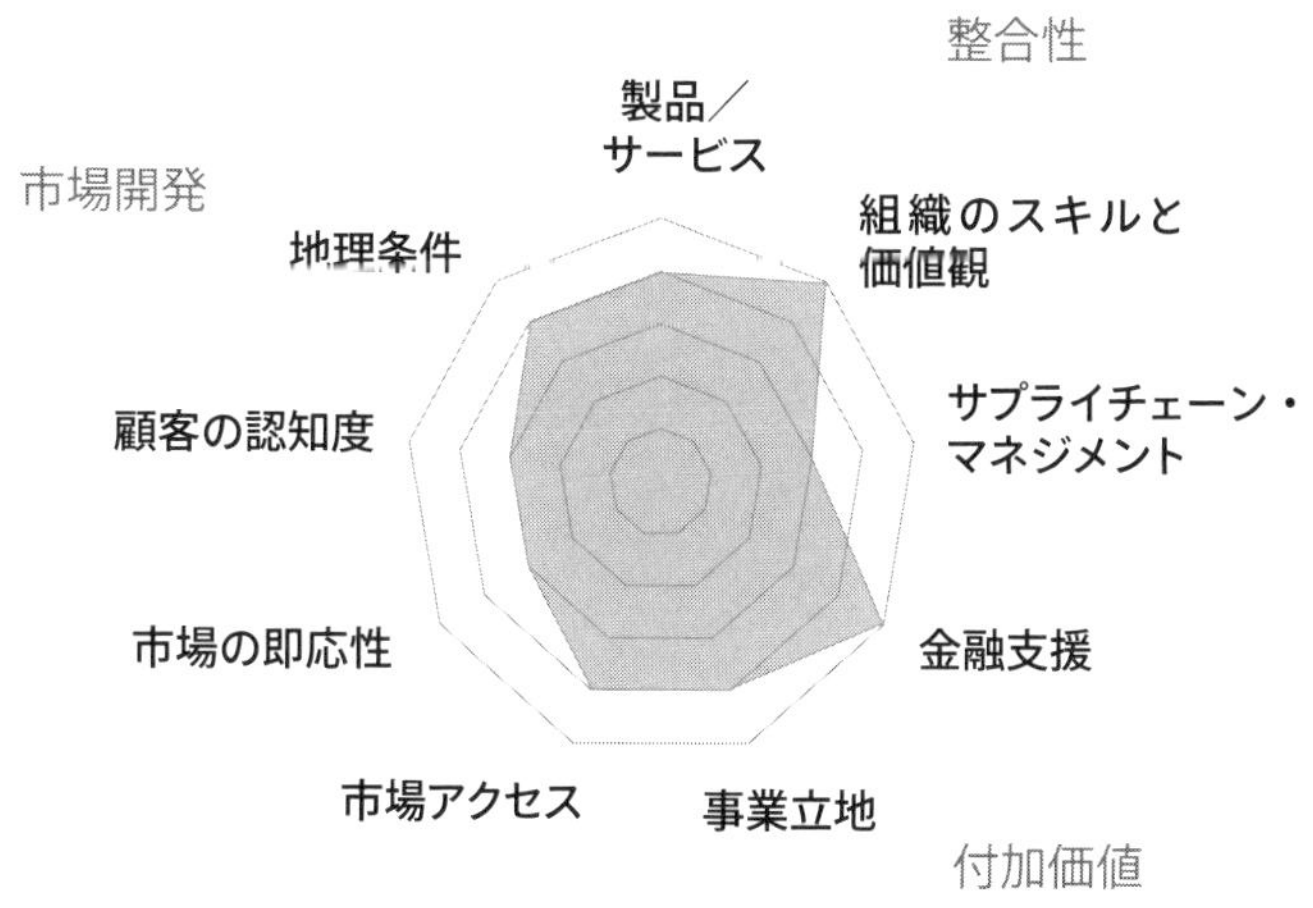

している。

　公立病院はすでにワクチンに慣れているし、ＺＷＡＰのようなＮＧＯも、もともと公的サービスを提供しているので、製品／サービスの整合性はこのパートナーシップでは心配ない。また、ＦＶＳＣのクリニックは共有チャネルパートナーの施設内にあるが、製品の配達からワクチン接種、バリューチェーンの管理まで、ほぼすべてをＦＶＳＣが手がけている。唯一、パートナーシップの観点で不整合がみられる領域は、ＢｏＰ層に対する金融支援が弱い点である。

　また、ＢｏＰ層におけるワクチンについての認知が非常に低いことは、ＦＶＳＣとパートナーが解決すべき課題の一つである。これについては現在、ＦＶＳＣとＺＷＡＰが実施しているさまざまな広報活動で取り組まれている。例えばラジオ番組（ＺＷＡＰは自前の公共ラジオ局を運営している）や、ＺＷＡＰの他の店舗で実施しているコミュニティ参画イベントや広報活動などである。また、ＦＶＳＣは、看護師に対して、例えば人前での話し方など、通常の業務以外で必要なスキルの訓練も継続的に行っている。市場の即応性と認知の軸における課題については、どの組織も解決に向けた活動を続けなければならないことを示している。

　このようなパートナーシップのおかげで、ＦＶＳＣは運営開始から六年で二七万一七〇〇人以上の患者の治療を行い、狂犬病予防処置の

図 8-3　FVSC と ZWAP のパートナーシップの共有チャネル評価フレームワーク

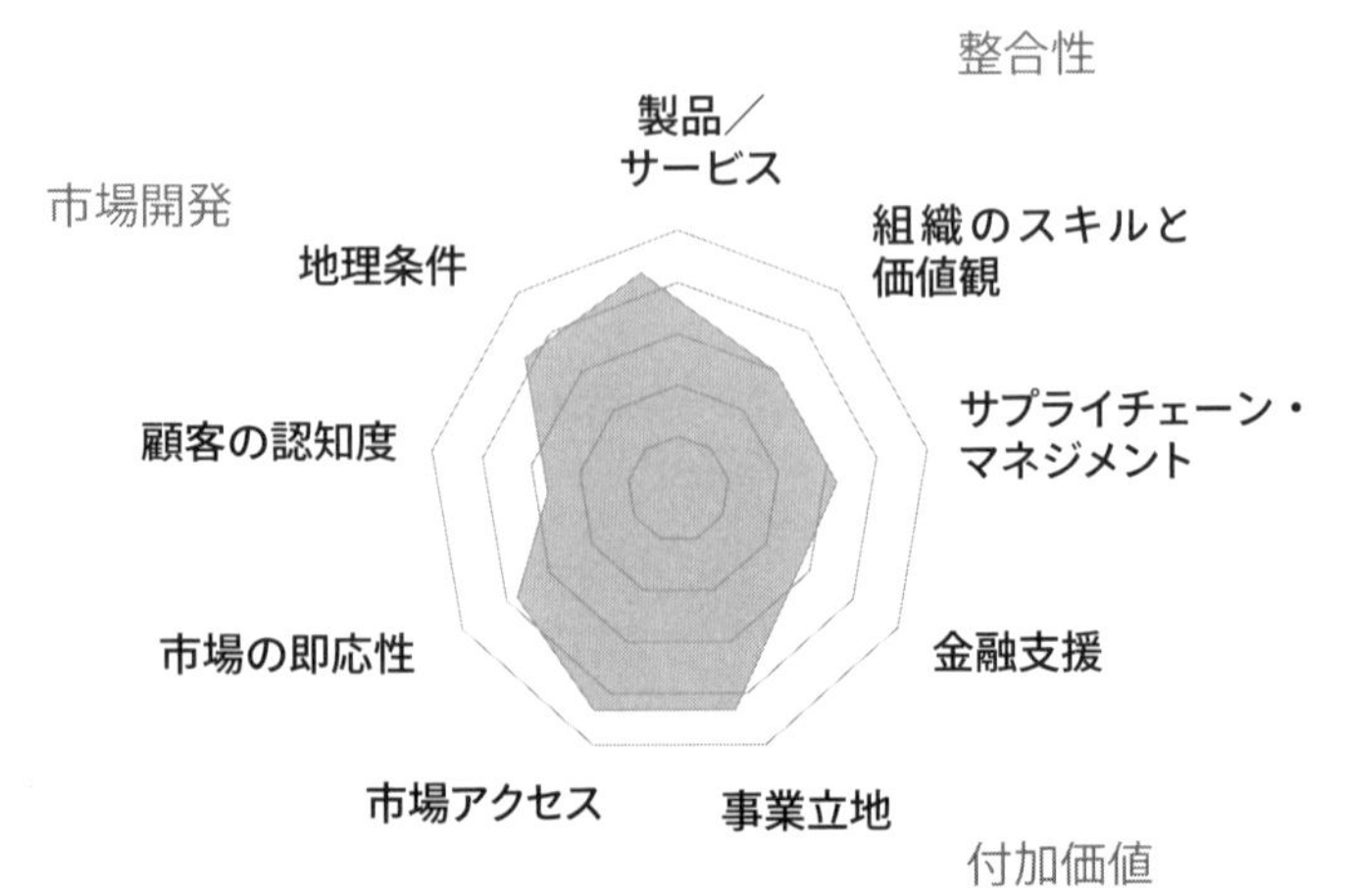

コストを少なくとも七〇パーセント削減することができた。

図8-3にFVSCとZWAPのパートナーシップのSCAFを示す。

▼ユニラブとハピノイのパートナーシップ

ユニラブはフィリピン最大の医薬品製造会社である。主な事業として、フィリピン最大の処方薬ブランドや消費者向けヘルスケアブランドを展開しているが、これまでBoP市場にアクセスできていなかった。通常の流通モデルでは、薬局や調剤薬局のレベルまでしか届いていなかった。市販薬の売上の一八~二〇パーセントはサリサリストアが占めているが、サリサリストアが薬局から市販薬を仕入れたあとどこに売るかについて、ユニラブは把握できていなかった。

そこでユニラブは、マイクロベンチャー社が運営する、国際的に知られたフィリピンの社会的企業のハピノイと提携した。このパートナーシップから生まれたのが、「ハピノイ・ボティカ・プロジェクト」(「ボティカ」とはフィリピンの言葉で薬局を意味する)である。ハピノイはフィリピン国内で八〇〇〇店近いサリサリストアのネットワークを持っている。現在は四〇〇〇店がハピノイ・ボティカ・プロジェクトの恩恵を受けている。

このパートナーシップは、整合性の次元でほぼ完璧に一致している。ユニラブからハピノイに医薬品が配達されたあと、サリサリストアチェーンに医薬品を配達するのはハピノイの仕事になる。

製品に関する知識も市場で広めていくことが必要であった。BoP層はおしなべて市販薬についての知識が乏しい。適切な指導がなければ、買い手は医薬品の選択や服薬量を間違える危険がある。この課題については、ユニラブがサリサリストアの店主に対して、トレーニングその他の支援サービスを行うことで対処している。

医薬品大手のユニラブにとって、ハピノイとのパートナーシップがもたらしたものは売上増だけにとどまらなかった。同社は、従来の流通システムではかなわなかった、ＢｏＰ市場との接点を確立することができた。このおかげで、ＢｏＰ市場を十分に理解してサービスの改善を行うと同時に、自社でコントロール可能な流通網を獲得することができた。ハピノイ側にとっては、パートナーシップによってＢｏＰ層に手ごろな価格の医薬品を届け、サリサリストアの品揃えを広げて売上を伸ばすことができた。

図８‐４にユニラブとハピノイのパートナーシップのＳＣＡＦを示す。

パートナーシップの評価

共有チャネルモデルの採用を計画している企業にとっては、最適なパートナーを慎重に検討して決定することが重要である。共有チャネルパートナー（企業、ＮＧＯ、マイクロファイナンス機関、社会的企業）には、それぞれにメリットとデメリットがある。自社にも、それぞれの強みと弱みがある。完璧なパートナーシップというものは存在しないので、パートナー候補を検討する際に何を期待し何を考慮すべきかの指針として、共有チャネル評価フレームワークを提案した。フレー

図 8-4　ユニラブとハピノイのパートナーシップの共有チャネル評価フレームワーク

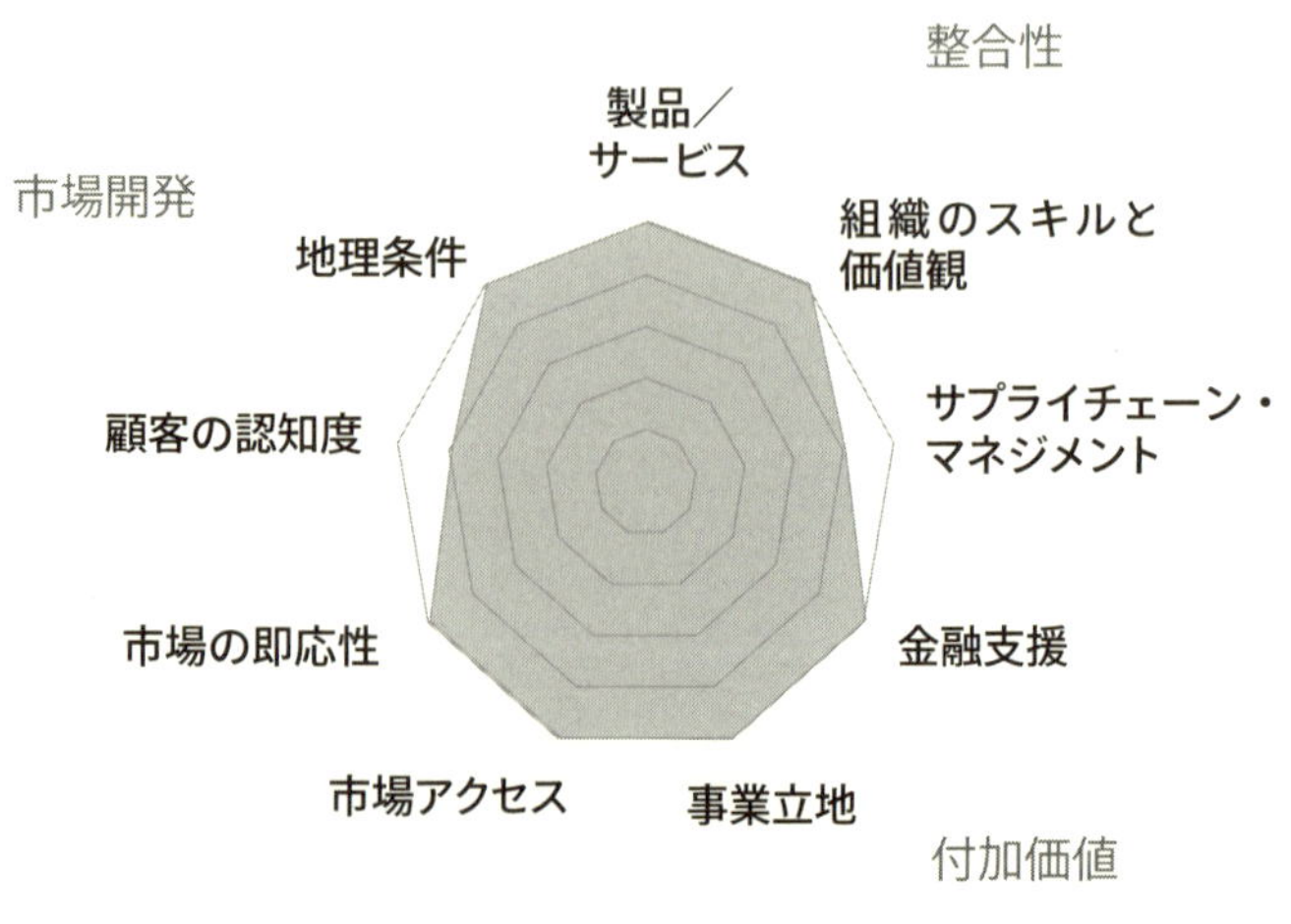

ムワークを使い、製品をＢｏＰ層に届ける際のあらゆる側面を評価する多次元アプローチを用いることで、多方面にわたるパートナーシップを築くことができる。相手が優れた流通パートナーになりうるかだけでなく、自社のビジネスに対する姿勢と相性が良いかどうか、自社がパートナーの活動を十分に広げられるようなレバレッジを提供できるか、ＢｏＰ市場における自社のプレゼンスを強化できるかを考慮の対象とすべきである。

結論

フィリピンのＢｏＰ市場はまだ手つかずの部分が大きいが、これに挑んでプラスの成果を上げている組織は多数ある。アジア開発銀行が述べているように、フィリピンのＢｏＰビジネスセクターはまだ立ち上がったばかりの段階である[8]。

農村地域のインフラが未整備であるため、ＢｏＰ層への関与には多大な流通上の課題がともなう。これまで培った経験と本章で示したケーススタディに基づけば、共有チャネルモデルは、ＢｏＰ市場に関与する組織にとって、実行可能で拡張性のある選択肢であると結論づけることができる。

共有チャネル評価フレームワークは、企業とパートナーの意思決定ツールとして提案した。これは、既存あるいは将来のパートナーシップを評価する手段となる。潜在的な落とし穴が発見できるので、事前に対処策を準備したり落とし穴を回避したりできる。フレームワークの狙いは、費用対効果の良い解決策に導くことで、最終的にＢｏＰペナルティを軽減して、ＢｏＰ層が製品とサービスを手ごろな価格で入手できるようにしてもらうことだ。ＳＣＡＦはまだ産声を上げたばかりであり、フレームワークのテストと改善のためにさらなる研究が必要である。

Part 5
パートナーシップ

Partnership Frameworks for BoP Business

第9章

誰と組むのか

マルヨ・ヒエタプロ
EY、フィンランド
ミンナ・ハルメ
アアルト大学ビジネススクール

これまで、BoP市場のポテンシャルは魅力的であるが、成功を収めるのは容易ではないため、ビジネスモデルを徹底的に見直すべきだということが、繰り返し強調されてきた[1]。特に、企業がBoP層に通じた当事者と、新たな形のパートナーシップを構築することが求められてきた。なぜなら、以前からBoPビジネスを行ってきた企業は非常に少なく、ほとんどの企業はBoP市場にまったく不慣れだからである[2]。

これほどパートナーシップの重要性が繰り返し指摘されているにもかかわらず、そのエビデンスは断片的である。リヴェラ＝サントスとルフィンは、文献の検証研究を行い、BoP市場と富裕市場とでは、構造的な特徴、境界、結びつき、パートナーの多様性と力学が大きく異なると主張している。[3]その違いのなかでも、特にNGOやBoPコミュニティとのパートナーシップが特徴的だ。BoPビジネスに求められる能力は、現地政府のような従来のパートナーよりも、NGOからの方が適切に得られるといわれている。知識やBoP層への埋め込み度合いが、従来のパートナーにはあまりないからである。[4]貧困削減の視点からは、NGOは解決策がBoP層本位のものになるよう、お目付け役も果たす。

しかし、BoPビジネスにおいてどんなパートナーシップを築くべきかについて、総合的なアプローチは確立されていない。本章では、二〇のビジネスモデルを体系的に分析して、企業がどのようなパートナーと協働し、そのパートナーがどんな役割を果たしているかを分析する。

ここではパートナーシップという言葉を広い意味で使っている。企業が別の事業体と協業するために結ぶ取り決めであれば、その種類にこだわらずパートナーシップと捉える。例えば、他の企業とのジョイントベンチャーや戦略的提携、政府や非営利組織とのセクター横断的なパートナーシップ、BoP層の個人やコミュニティとのパートナーシップ、いずれも含まれる。

後半では文献の検証を行い、簡単にデータと手法の説明をする。最後に本章で得た示唆の意義を論じる。

なぜ、誰と組むのか?

まず、なぜ企業がパートナーシップを必要とし、どんな相手と協働しているかを見ていこう。

リソースを獲得する

企業が業務提携《アライアンス》を利用するのは、本質的にはパートナーの持っている貴重なリソースへのアクセスを獲得するためだ[5]。業務提携の割合は、市場環境が厳しい場合、および企業の戦略がリスキーであるか革新的である場合に高くなる傾向がある。そのような状況において、業務提携は特定のスキルや財源のような具体的なリソースと、正当性のような抽象的なリソースの両面において、ＢｏＰビジネスに不可欠な資源をもたらすことができる[6]。

業務提携で解決できる可能性のある課題の一つが、ＢｏＰ市場におけるエコシステムの未熟さである。富裕市場ではあたりまえだった供給業者、流通業者、支援サービスがＢｏＰ市場にはない場合がある。例えば、電気や水道などの経済的なインフラ、融資や流通などの支援活動、情報インフラに空白が存在する場合がある[7]。その結果、ＢｏＰ市場で事業展開する企業は次第に「自社ではできない（バリュー）システムの足りないピースを埋める」ことのできる、社外のパートナーを探すようになる[8]。このような協働の相手には、補完的な業種の企業、政府機関、市民社会組織、マイクロファイナンス機関、国際的な開発機関、国際的な金融機関が含まれるだろう。加えて、例えば立地が分散していること、市場に精通していないこと、市場情報が限られていること、ＢｏＰ層の人々が営利企業に抱いている不信感、ＢｏＰ市場の人々に適切な知識やスキルがないこと、規制が機能しない環境、コストとリスクの大きさなどによる課題があり、いずれもパートナーシップの必要性につながる[9]。

パートナーシップによって乗り越えうるもう一つの課題が、ＢｏＰビジネスに必要な能力の補完だ。ロンドンとハートは社会的埋め込み、すなわち現地のＢｏＰ環境と融合できる力が必要であると強調している[10]。これはつまり、多種多様な組織や機関と、信頼で結ばれた網の目のような関係を築く力のことである。

このような能力は、現地の政府や大企業のような従来のパートナーとの協業では補完できないとしばしば指摘されている。[11] そこで、NGO、現地のコミュニティグループ、地方自治体、現地の起業家のような非従来型のパートナーと協業する必要がある。[12] 非従来型のパートナーは現地の事情の理解と情報、正当性、埋め込み、インフラ、人間関係を持っている可能性が最も高いパートナーであるからだ。[13]

多様なパートナーシップの形

次に、協業相手ごとのパートナーシップのメリットとそれらの当事者が果たす役割などを論じる。

▼BoP層の個人やコミュニティ

BoPビジネスでは、現地のマイクロ起業家が、製品やサービスの供給業者あるいは流通業者として関与する可能性がある。また、BoP層が、市場調査、コミュニティを拠点とするトレーニング、共創イノベーションなどの協力者となりうる。[14]

これらのパートナーシップは、企業にも現地コミュニティにもメリットがある。マイクロ起業家は新しいスキル、生産性向上の支援、そしておそらくは有利な価格を獲得できる可能性がある一方で、企業側は、特に農業、林業、アパレル業で重要性を増してきている製品の品質管理、トレーサビリティおよび持続可能性の向上などのメリットが得られるだろう。さらに、現地調達によって原材料や資本設備の輸送の必要性が少なくなる。多くの自給経済市場ではインフラが乏しいため、輸送は法外に高くつくか不可能である場合もある。[15]

現地のマイクロ起業家は流通業者として関与することが比較的多いようだ。このモデルは、特に農村部のＢｏＰ層のターゲット市場に到達させるには効果的な戦略となりうる。[16] ＢｏＰビジネスにおいて、流通という言葉は単なる製品の流通ではなく、ＢｏＰ層の顧客インターフェースにおける幅広い機能を指す。同時に、マイクロ起業家自身が製品やサービスの消費者にもなりうる。

マイクロフランチャイジングは、ＢｏＰ層の供給業者と流通業者を関与させる方法として人気が高まっているようだ。[17] この概念の厳密な定義はまだ議論の最中だが、大きな特徴は、小規模の事業の運営方法を標準化し、コピーすることで拡大していくことだろう。[18] しかし、プロセスをあまりコントロールしすぎたり標準化したりするのは、特に流通活動では好ましくない。ＢｏＰ市場ごとの差異が大きいからだ。[19]

▼ＮＧＯおよびマイクロファイナンス機関

ＮＧＯとのパートナーシップを推奨する文献は多い。[20] このメリットは、お互いの強みで補完しあうことである。企業は規模、製造と事業運営の専門知識、資金調達力を提供し、ＮＧＯ側は低コスト、強い社会的ネットワーク、顧客とコミュニティへの深い洞察で貢献できる。[21]

ＮＧＯはＢｏＰコミュニティのニーズや潜在的な機会についてアドバイスでき、[22] 現地の環境をよく理解しているので、多国籍企業が当初のアイデアを価値ある事業機会に発展させるのを支援できる。[23] さらに、ＮＧＯのネットワークや現地社会との関係を通じて、公的機関がなすべきサービスについて企業が橋渡しの役割を担い、正当性と信頼を高めることができる。[24] また現地の起業家の採用、組織化、トレーニングも支援できる。[25]

ＮＧＯ以外に、マイクロファイナンス機関とのパートナーシップも推奨されている。この組織の表向きの役割はＢｏＰ層の消費者と起業家に信用販売を提供し、ＢｏＰ層の生産者と消費者が投資や大きな買い物の資金を調達できるようにすることだが、[26]例えばマイクロ起業家の採用などで企業を支援することもできる。[27]

政府

これまで、ＢｏＰビジネスにおける政府の役割は無視されるか、腐敗や官僚主義などの問題を回避するため、政府への依存を避けるよう助言されるのが通例だった。[28]その一方で、政府との協力から得るものは多い。場合によってはＢｏＰビジネスを行ううえで政府との協力は不可欠な条件であると主張する識者もいる。[29]

企業

非従来型のパートナーの重要性が強調されることが多いが、ＢｏＰビジネスで相乗効果《シナジー》を上げるために企業間提携が必要な場合もある。このような提携を取り上げた文献は――数は限られているものの――企業同士が相互補完的な投資を行うよう調整したり、供給コストや流通コストを折半したり、事業環境改善のために協力し合ったりするメリットがあると記している。さらに、調査資金を出し合ったり、市場インフラの欠如（低温流通、下水処理場、加工施設や梱包施設など）を補うために共同で対策を打ったり、共通の業界標準を設定して自主規制を行ったりすることもできるだろう。[30]

その他

レフィッコとマルケスは、調査対象のＢｏＰベンチャーが金融面、知識面、あるいは社会面の

「シードキャピタル」を提供する組織の支援に助けられていることに気づいた。[31] このような支援は短期的なことが多いが、事業の生き残りを助ける。支援組織は援助資金供与者、国際機関、あるいは研究機関や学術機関であったりするが、いずれも重要な役割を担う可能性がある。例えば、ＢｏＰ層のニーズ調査や製品開発を請け負ったり資金を提供したりする。あるいは、ビジネスチャンスを探る調査を行ってステークホルダーに伝えたり、共通の優先事項のためにステークホルダーを動かしたりする。また新規ビジネスの初期段階に資金提供してパイロットテストができるようにしたり、主要な製品やコンセプトについての啓蒙キャンペーンを行ったりする。ほかには、ビジネスモデルのインパクト評価を行ったり、ベストプラクティスや得た教訓を、地域あるいはグローバルのネットワークで共有したりする、などである。[32]

特に社外からの資金調達はＢｏＰベンチャーには不可欠だろう。複雑なパートナーシップが必要で、すぐに収益をあげられるとは限らないため、社内の資金獲得競争では従来型の事業提案に負けてしまうおそれがあるからだ。社外からの資金調達先には、例えば多国籍金融機関、二国間開発機関、民間財団、社会的ローンファンドやベンチャーファンドがある。[33]

データと方法論

さまざまなセクターや国の、ＢｏＰ市場内外の企業のビジネスモデル二〇件を取り上げ、マルチケーススタディの研究を行った。研究では演繹的手法と帰納的手法の両方のアプローチを用いた。最初に、ＢｏＰ市場における企業のパートナーシップについての主な言説を知るため、過去の研究を読み直した（演繹的手法）。そして、過去の文献の示唆を補足するために、実証的研究の結果を利用した（帰納的要素）。

各種の情報源から可能性のあるケースが特定された。

◆〈国連開発計画（UNDP）〉の「包括的な市場の育成」の取り組みのケーススタディバンク
◆持続可能な開発のための世界経済人会議のケーススタディバンク
◆C・K・プラハラード著『ネクスト・マーケット（*The Fortune at the Bottom of the Pyramid*）』（二〇〇四年）
◆P・カンダハー、M・ハルメ編『ピラミッドの底辺における持続可能性の課題と解決策（*Sustainability Challenges and Solutions at the Base of the Pyramid*）』（二〇〇八年）
◆フェアボーンら編『マイクロフランチャイジング――ピラミッドの底辺における富の創造（*Microfranchising: Creating Wealth at the Bottom of the Pyramid*）』（二〇〇七年）
◆世界経済フォーラム報告書『次なる数十億――食糧バリューチェーンを強化し、貧困層を支援するビジネス戦略』[34]
◆ノキアの刊行物『地平線を広げる（*Expanding Horizons*）』
◆各種の学術論文

まず、モデルを選ぶ基準は、企業がビジネスモデルの中心的当事者《アクター》であることとした。そののち、パートナーシップのデータを、まず事例自身のケーススタディから、次に補完的な情報から探した。最後に、データの必要性をもとに六四の候補に絞り込み、その中からパートナーシップのデータが不足している事例を除外すると、最終的に分析対象となる二〇件が残った。うち九件が現地企業、一一件が外国企業（主に多国籍企業）であった。合わせて一〇セクターをカバーしている（表9-1）。

収集したデータはベンチャーの名称、ベンチャーを所有する当事者のタイプ、情報源、活動内容の説明、事業展開している国、パートナーのタイプ別に分けた参加パートナー（BoP層の個人およびコミュニティ／NGOとマイクロファイナンス機関／政府機関／企業／その他）である。データは主に既存のケーススタディと企業ウェブサイトから収集し、必要に応じてインタビューを行い補足した。ケーススタディの企業のセクター、企業の主な活動の説明、組織のタイプ、主要なパートナー、事業展開している国を表9－2に示す。

次にデータを分析した。まずパートナーシップが実際どのように機能しているか、どのような目的に役立っているかに関して、個々のケースを評価するためにケース内分析を行った。[35] 次に、パートナー相手を五つのタイプ、すなわちBoP層の個人とコミュニティ、NGOとマイクロファイナンス機関、政府、企業、その他に分類した。また、それぞれのタイプごとに詳しく分類する条件を設けた。「BoP層の個人とコミュニティ」では、起業家を組織化する協会のような仕組みの有無と、既存の起業家か、そのプロジェクトによる新規の起業家かによって分類した。「NGOとマイクロファイナンス機関」では、組織の規模ごとに分類した。「政府」については、基礎自治体、地方自治体、広域自治体、国の政府に分類した。

次に、パートナーの役割として九つのカテゴリを設けた。すなわ

表 9-1　セクター別、国別の事例

セクター	現地企業	外国企業
情報通信技術	1	4
金融サービス		4
エネルギー／給水／公衆衛生	2	1
食品		2
農業	1	
灌漑	1	
林業	1	
工芸品	1	
リサイクル	1	
化粧品	1	
合計	9	11

ち、共同開発者、供給業者、流通業者、補完役、顧客、マイクロファイナンス提供者、ブローカー、資金提供者、インパクト評価者である。この分類は、すべてのパートナーがいずれかのカテゴリにおさまるまで何回か修正しなければならなかった。そして、役割カテゴリごとにどんなタイプのパートナーが関わるかを分析した。その結果が、表9-3である。最後に、パートナーシップがとる形に影響しそうな変数に基づいてケースを分類し、ケース横断的なパターンの探索を行った。次項では、どのようなパートナーの役割が特定され、それらの役割に通常どの組織があてはまるかを論じる。

分析結果

これから、九つの役割カテゴリの意味を、いくつか具体的なケースに触れながら説明する。

共同開発者は、製品やサービスあるいはビジネスモデルの開発に関わるパートナーである。主な組織はNGO、国際機関、企業、政府機関だが、BoP層の個人やコミュニティもこの役割を担いうる[36]。BoP市場についての知識と理解が不十分な場合は、BoP層を深く知るパートナーが市場に合った解決策の開発を支援できる。多くのケースで、NGOが現地の環境についての専門知識を提供していた[37]。しかし技術的な専門知識あるいは業界の専門知識が必要な場合は、NGOだけでなく、他の企業、国際政府機関、政府機関が共同開発者となっている。例えば、リサイクル率の向上とゴミ拾い労働者の労働条件の改善をめざす〈ペットスター〉は、メキシコの大手環境サービス企業〈PASA〉とメキシコ最大のプラスチックリサイクル業者〈アバンガルド〉の二社のジョイントベンチャーである。社会の共有資源の管理や公共サービスの提供に関わる事業では、政府機関と共同でビジネスモデルを開発することも必要だ。例えば、中国最大の新聞用紙生産会社

表 9-2 ①　ケースデータ

ケーススタディ	セクター	BoP 活動の説明	組織のタイプ	主要なパートナー	国	情報源
アマンコ	灌漑	農家に灌漑システムを販売	開発途上国の多国籍企業	アショカ(INGO)／〈RASA〉(NGO)	メキシコ	UNDP／IFC
ANZ 銀行／フィジーの地方銀行業務	金融サービス	地方のコミュニティにモバイルバンキング口座と金融リテラシー教育を提供	多国籍企業	UNDP	フィジー	リュー／ANZ のウェブサイト
バークレイズ・キャピタル／スス・コレクターズ・イニシアチブ	金融サービス	ガーナで「スス・コレクターズ（集金人）」というインフォーマルな金融システムを通じマイクロファイナンスを提供、あわせて最終顧客に知識の共有も	多国籍企業	〈ガーナ・スス・コレクターズ協会〉(NGO)／〈ガーナ・マイクロファイナンス機関ネットワーク〉(NGO)	ガーナ	UNDP
ココテック	工芸品	斜面安定化や土砂崩れ防止などに使われるココナッツ繊維のネット製作に、BoP 層を供給業者として関与させている	現地中小企業	政府と地方自治体／BoP 層の供給業者	フィリピン	UNDP
ダノン・ポーランド／ミルク・スタート	食品	BoP 層向けの栄養価の高いミルクがゆの開発と販売	多国籍企業	〈ルベッラ SA〉（製造業者）／〈ビエドロンカ〉（小売業者）／〈インスティテュート・オブ・マザー・アンド・チャイルド〉(公共機関)	ポーランド	UNDP
フリープレイエナジー／ウェザ・プロジェクト	エネルギー	通信や LED 照明など基本的ニーズ向けのエネルギーサービスを提供するための、足踏み充電式の携帯用電源「ウェザ」を使った持続可能な農村ビジネスを創出	外国中小企業	〈CARE ルワンダ〉(INGO)／BoP 層のマイクロ起業家／大学	ルワンダ	ウェッブ他／フリープレイエナジーのウェブサイト
グラミンフォン／ビレッジフォン	情報通信	村の起業家ネットワークを通じ電話サービスを提供	多国籍企業／NGO ジョイントベンチャー	BoP 層のマイクロ起業家／資金提供者（国際政府機関および開発機関）	バングラデシュ	WRI

情報源の詳細は巻末注を参照のこと。[38]

表 9-2② ケースデータ

ケーススタディ	セクター	BoP 活動の説明	組織のタイプ	主要なパートナー	国	情報源
グラミン・ダノン／ショクティドイ	食品	バングラデシュの BoP 層の子供たちの栄養状態を改善するため栄養強化ヨーグルトを提供すると同時に、BoP 層を供給業者、生産者、流通業者として関与させている	多国籍企業／NGO ジョイントベンチャー	〈GAIN〉（INGO）／現地 NGO／BoP 層のマイクロ起業家／〈ジョンズ・ホプキンス大学〉	バングラデシュ	ダノン／〈ユヌスセンター〉／〈ソーシャルイノベーター〉のウェブサイト
山東華泰紙業	林業	成長の早い樹木の植樹に現地農家を動員、農家に技術援助、灌漑サービス、直接的な補助金を通じて支援、農家から保証価格で材木を買い取る契約を締結	大手国内企業	地方自治体	中国	UNDP／ビジネスと公共政策ブログ
インテグレイテッド・タマレ・フルーツ・カンパニー	農業	農業投入物と技術サービスという形で、無利子ローンを利用できる契約栽培スキームを通じて、農家の有機農法のマンゴー栽培を支援	現地中小企業	農家協会と協会に資金を提供している組織	ガーナ	UNDP
LYDEC	エネルギー／給水／公衆衛生	スラムに電気、給水、公衆衛生サービスを提供	多国籍企業	国立公共事業団体および地方公共事業団体／下請け業者／世界銀行	モロッコ	UNDP
マニラ・ウォーター・カンパニー／生活向上プログラム	給水	現地コミュニティ内にサプライチェーン・パートナーを育成：元失業者やスキルのない従業員を教育し、水道の再配管協同組合を設立、協同組合に融資を行い手ごろな料金で機材を貸し出し	大手現地企業	下請け協同組合	フィリピン	UNDP
ナトゥーラ・エコス	化粧品	天然の原材料から採取する自然派化粧品の成分を農村コミュニティから調達	開発途上国の多国籍企業	現地 NGO	ブラジル	UNDP
ノキア・ライフツールズ	情報通信	農業（種子、肥料、殺虫剤、市場価格、天候の情報）、教育（英語学習や試験勉強）、エンターテインメントなどのモバイルサービスを提供	多国籍企業	コンテンツプロバイダ／通信事業者	インド	インタビュー／会社資料／ノキアのプレスリリース

表 9-2③ ケースデータ

ケーススタディ	セクター	BoP 活動の説明	組織のタイプ	主要なパートナー	国	情報源
ノキア・マイクロファイナンス	情報通信	マイクロファイナンス組織を通じ農村地域に電話を販売、マイクロファイナンス組織は低所得顧客に電話購入のためのローンを提供	多国籍企業	〈SKS マイクロファイナンス〉（営利マイクロファイナンス機関）／〈エアテル〉（通信事業者）	インド	インタビュー／ノキアの刊行物『Expanding Horizons（地平線を広げる）』
ノキア・マネー	金融サービス	銀行口座の不要なモバイルバンキングサービスを提供、支払い、送金、プリペイドアカウントへのチャージを可能にしている	多国籍企業	〈イエスバンク〉〈オボペイ〉（決済プラットフォーム事業者）	インド	ノキアのウェブサイト／ノキアのブログ
ノキア シーメンス ネットワークス／ビレッジ・コネクション	情報通信	従来型の GSM〔携帯電話の通信方式の一つ〕ネットワークでは敷設と運用に費用がかかりすぎる農村に、IP ネットワークアーキテクチャと現地農村通信事業者のビジネスモデルを持ち込むことで、音声およびインターネット通信接続を提供	多国籍企業	通信事業者／BoP 層のマイクロ起業家／マイクロファイナンス提供者	タンザニア	スカルプ他／NSN のウェブサイト
ペットスター	リサイクル	ペットボトルをペットボトルに再生する工場の建設、およびゴミの分別・リサイクル労働者と提携し彼らの労働条件と生活を向上	大手国内企業	NGO／企業（買取業者）／国際金融公社（IFC）／〈ヌエボレオン州立大学社会研究所〉	メキシコ	UNDP／IFC のプレスリリース
レアル・ミクロクレジット	金融サービス	マイクロファイナンスを提供	多国籍企業／NGO ジョイントベンチャー	USAID	ブラジル	ウェブ他／ACCION のウェブサイト／WBCSD
清華同方電脳	情報通信	農村部の消費者向けに設計されたコンピュータを提供	大手国内企業	市の行政機関／ソフトウェア会社	中国	UNDP

である〈山東華泰紙業《サントンファタイ》〉はユーカリの契約栽培スキーム開発を行っており、育林事業に現地農家を動員していた。その際、土地の権利を所有している地方自治体の関与を必要とした。モロッコのエネルギー、給水、廃棄物処理サービス企業〈LYDEC〉は、カサブランカで電気と水道の管理および衛生サービスの提供をするために、モロッコ当局との官民パートナーシップに参画した。

供給業者は、BoP層のマイクロ起業家や企業が担っていた。マイクロ起業家は、例えば農産物の供給業者（〈ココテック〉〈インテグレイテッド・タマレ・フルーツ・カンパニー〉〈グラミン・ダノン〉のショクティドイ）として、ココテックのネットの撚り手や編み手として、あるいは〈マニラ・ウォーター・カンパニー〉のサプライチェーンのサービス下請け業者として関与した。それとは対照的に、他企業は先進的な技術的能力が必要な製品やサービスの供給業者として利用された（例えば、〈清華同方電脳《チンファトンファン》〉の部品供給業者やLYDECの電力網敷設の請負業者として）。したがって、現地で価値を創造しなければならないという主張もあるが[39]、妥当かどうかはケースバイケースである。ごく小規模な生産を現地で行ったり、BoP層の供給業者に技術的に高度な製品の生産を教えたりするのは、経済的に合わないことが多いだろう。

流通業者とは、顧客に製品やサービスを届けるプロセスに関わるパートナーをいう。BoPビジネスにおいては、消費者教育が含まれる場合もある。このタイプのパートナーはBoP層のマイクロ起業家であることが最も多いが、もっと大きな企業やNGOやマイクロファイナンス機関のケースもあった。サービス業では、BoP層の個人が貸付金の集金を担ったり、コミュニティにサービスを届ける役割を担ったりした。前者には〈バークレイズ・キャピタル〉の「スス・コレクターズ・イニシアチブ」の例がある。また後者には、〈ノキアソリューションズ&ネットワークス（NSN）〉の「ビレッジ・コネクション」、〈グラミンフォン〉の「ビレッジフォン」、〈フリープレイエナジー〉の「ウェザ・プロジェクト」などの例がある。製品の流通に関与していたのはグラミン・ダノンの「ショクティドイ・ヨーグルト」のケースで、ＢｏＰ層の小規模な小売店と訪問販売員が農村の流通チャネルとして利用された。ＮＧＯが製品流通に利用されたのは〈アマンコ〉のケースである。〈ノキア・マイクロファイナンス〉のケースでは営利マイクロファイナンス機関が流通業者の役割を担っている。

補完役とは、企業の製品やサービスの有用性を高める、補完的な製品やサービスを提供するパートナーと定義する。このような例が多く見られたのは、情報通信技術（ＩＣＴ）セクターだ。これらのモデルではすでに補完的な事業を行っている企業が新たなＢｏＰビジネスの補完役となった。例えば、〈ノキア・ライフツールズ〉のサービス提供では、コンテンツプロバイダと通信事業者がパートナーとして不可欠だった。

顧客はいくつかのケースでパートナーとみなすことができた。ＢｏＰビジネスモデルでは、清華同方や、ＮＳＮのビレッジ・コネクションのケースのように、ＢｏＰ層をターゲットとした製品やサービスの仲買人であったり、ココテックやペットスターのケースのように、ＢｏＰ層から調達した製品のバイヤーであったりした。ココテックや清華同方の場合、パートナー顧

表 9-3 各種パートナー役割に利用された当事者のタイプ

パートナー役割	BoP 層のマイクロ起業家	NGO	政府	企業	その他
共同開発者	●	●	●	●	●
供給業者	●				●
流通業者	●		●		●
補完役					●
顧客				●	●
マイクロファイナンスの提供者		●		●	
ブローカー	●	●	●		
資金提供者			●	●	●
インパクトの評価者		●		●	●

客は政府だった。ココテックのネットは国の政府が購入し、清華同方のコンピュータは地方の情報センター用に広域自治体が購入した。ペットスターとNSNの場合は企業が顧客だった。ペットスターは〈ペプシ〉や〈ダノン〉のような企業と販売契約を結び、NSNはビレッジ・コネクションというソリューションを通信事業者に販売している。

マイクロファイナンス提供者は、BoP層のマイクロ起業家を関与させるビジネスモデルで大型の新規投資が必要な場合に最も求められていた。特定のビジネスモデルにマイクロファイナンスの可能性を付与することで、マイクロ起業家は比較的多額のクレジットにアクセスしやすくなるだろう。マイクロファイナンス提供者は、BoP層に比較的高額の製品を販売する際にもパートナーとして必要となるかもしれない。マイクロファイナンスはNGOないし非営利マイクロファイナンス機関によって提供可能だ。

ブローカーは、マイクロ起業家の採用、コーディネーション、トレーニングを行うパートナーのことで、NGOがその役割を負うことが最も多いが、地方自治体や生産者の組織がこの役割で使われることもある。グラミンフォンのビレッジフォンモデルでは、非営利のパートナー、〈グラミン・テレコム〉がビレッジフォン・レディたちの取りまとめとトレーニングの仕事を請け負った。ペットスターはBoP層のゴミ拾い労働者との信頼関係を築くために小規模なNGOとパートナーを組み、バークレイズは〈全国マイクロファイナンス機関協会〉と提携して、スス・コレクターズとの仲介とトレーニングを依頼した。これとは対照的に、ココテックはコミュニティのパートナーの組織化にあたり地方自治体の支援を受けた。企業はBoP層への埋め込みが不足しがちなため、こうした業務は企業のリソースの範囲を超えているケースが多いのである。

資金提供者としては二国間開発支援機関と国際政府機関を分類したが、文献が示唆するようにさまざまなタイプの民間の当事者もこの役割を担いうる。[40]

最後に**インパクト評価者**がいくつかのケースで見られた。企業が資金提供者やその他のステークホルダーに、自社のＢｏＰビジネス事業が実際に社会的にプラスの効果を上げていると証明できることが重要な場合がよくある。しかしこうしたベンチャーのインパクト評価は、例えば関わっている社会的プロセスの複雑さから、企業の能力を超えているかもしれない。さらに、外部評価者の視点が結果の信頼性を高める可能性もある。大学がインパクト評価者になることが多かったが、ＮＧＯ、国際政府機関、企業もこの役割を負っていた。

考察と結論

本研究は、ＢｏＰ市場でビジネスを行う企業が、さまざまなタイプの当事者と形成する各種のパートナーシップを体系的に検証したものである。二〇社のビジネスモデルの検証に基づき、九つの役割カテゴリを特定し、その役割をどのタイプの当事者が担う傾向があるかを概観した。ＢｏＰビジネスにおけるパートナーシップの重要性は繰り返し強調されてきたが、包括的な概観はこれまでなかったため、本章の議論がその助けとなるだろう。

検証の結果は、ＢｏＰビジネスの課題を克服するうえでパートナーシップに利用価値があることを裏づけている。例えば、リヴェラ＝サントスとルフィンが示唆したように、さまざまな制度的な空白はパートナーシップの形成によって埋めることができる。[41] 従来型の流通チャネルがない場合、非従来型のパートナー、例えばＢｏＰ層の個人、ＮＧＯ、ないしマイクロファイナンス機関が、流通の仕事を請け負っていた。補完的な製品やサービスがない場合は、補完的な業種のパートナーと一緒に新しい製品やサービスが共同開発された。また、別のタイプの課題もパートナーシップによって取り組まれていた。多くのケースで、共同開発者はBoPビジネス開発に必要なリソースを補っていた。さらに、BoP層の起業家を見つけ、コーディネートし、能力育成を行うという課題は、BoP層に近い組織をブローカーとして関与させることによって取り組まれていた。いくつかのケースでは、社内の資金獲得という課題を社外の資本提供者によって解決していた。

分析したケースでは、NGOや現地のマイクロ起業家のような非従来型のパートナーシップが多かった[42]。しかし、別の企業や現地政府との従来型のパートナーシップが重要な役割を果たしていたケースもあった。特に、政府機関とのパートナーシップは広く行われていることがわかった。政府が重要なパートナーであるなら、なぜこれまでの議論ではその役割が軽視されてきたのだろうか。理由は二つ考えられる。第一に、潜在的なパートナーとしての政府の重要性は、国の事情に左右されるからである。初期の、最も引き合いに出されるBoP研究は、インドと南米の事情を背景に生まれているが、これらの国では現地の自助団体やNGOがプレイヤーとして目立っており、それがBoPパートナーシップに関してNGOが強調されることに影響した可能性がある。しかし、一部の国（例：中国、エチオピア、ロシア、ベトナム）では政府の役割が非常に大きいため、何のビジネスを立ち上げるにも政府とのパートナーシップが必要であろう。第二に、NGOの存在感を強調する必要から、さまざまなレベルの政府や自治体の役割を意図せず過小評価した可能性がある。

また、これまでの議論で提案されてきたパートナーの役割の中には、分析したケースには見られなかったものもある。例えば、BoP層の人々が市場調査、コミュニティベースのトレーニング、共創イノベーションに関わった特筆すべき例はなかった[43]。また、企業が投資コストの折半、共通の業界標準の設定、政府へのロビー活動を一緒に行った例も見られなかった。このような例が見られなかった理由は、分析したケースの数が限られていたからと説明できよう。しかしそれでも、一〇のケースでこれらの例が観察されなかったことは、このようなパートナーシップがＢｏＰビジネスでは少なくとも典型的ではないことを示している。

本研究が発見したもので一つ注目に値するのは、外国企業と現地企業でパートナーのニーズに大きな違いはほとんどなかったことである。これは、現地企業のマネジャーは当然現地のＢｏＰ市場に近いはずという仮説とは異なり、むしろ現地企業もＢｏＰ市場からの大きな「心理的距離」に直面しており[44]、したがってＢｏＰ層に近い当事者との協力が必要なのではないかという仮説を裏づけている。唯一の違いは、現地企業の方が多国籍企業よりも、小規模で現地に密着したＮＧＯと提携しているように見える点であった。これは、現地企業の方が自国内のネットワークにアクセスしやすく、現地のパートナーを見つけやすいからだろうと思われる。もう一つ理由として考えられるのは、外国企業は、サンプルではそのほとんどが多国籍企業であるが、自社のビジネスモデルをさらに大規模に展開したい意向があるため、他の土地で同じビジネスモデルを再現する場合も、自社と協力できる大きな組織との協働を好むからであろう。

本研究では大企業のＢｏＰビジネスモデルにおけるパートナーの役割と、その役割を担う典型的な当事者を包括的に展望できるよう、視野を広くとった。今後の課題としては、本章におけるパートナーおよび役割に関する発見をもとに、貧困削減に関して組み合わせの違いがインパクトの違いをもたらすかどうかの検証が必要だと考えられる。

第10章

パートナーシップを促進する仕組みとは
――デンマークの事例に学ぶ

ヤコブ・ラヴン
アクセス・トゥ・イノベーション、デンマーク

アクセス・トゥ・イノベーションの野心的な試み

この数十年で、イノベーションを起こしたければ、組織の垣根を越えた協力をすべきだ、ということが常識になってきた。援助や長期的な開発事業、ＢｏＰビジネスや企業の社会的責任〈ＣＳＲ〉の取り組みにおいても、同様の変化が見られる。デンマークでは、この組織横断的な協力から〈ライフストロー〉〈グルンドフォス・ライフリンク〉〈クリーンスター・モザンビーク〉〈バイシケリ〉〈ＭＹＣ４〉などの取り組みが生まれた。さらに、公的支援を受けた取り組みも次々と立ち上げられた。〈イノベーティブ・パートナーシップ・フォー・ディベロップメント〉や〈ＤＡＮＩＤＡ〈デンマーク国際開発援助〉ビジネス・パートナーシップス〉がその例である。これらはいずれも、

市場主導型アプローチにより開発途上国の貧困削減をめざす企業、学者、NGO間の協力から生まれた取り組みである。

この新たなパートナーシップの方向性に関心が高まってはいるものの、パートナーシップがどのように構築され、実行されているかについての知見は比較的少ない。最悪の場合は、パートナーシップの運営失敗という結果もありうる。この問題は繰り返し発生し、パートナーが取り残されたり、末端ユーザーや生産者の時間とリソースの無駄遣いに終わったりしている。パートナーシップによる貧困削減という目的を確実に果たすためには、こうした落とし穴への対処が必要である。将来の取り組みの指針として、豊富な知見が欠かせない。

こうした事情を踏まえて、本章では〈アクセス・トゥ・イノベーション（A2I）〉という取り組み[★1]の立ち上げと実行から学んだ教訓を取り上げる。A2IはNGOの〈ダン・チャーチ・エイド（DCA）〉が、二〇〇七年から二〇一一年にかけて二一の企業と五つの研究チームと協力し、緊急援助と開発援助の分野に対して、市場主導型のイノベーションを行う四つのパートナーシップを立ち上げた取り組みである。

◆**スカイウォッチ**[★2]……人道救助活動や開発活動を行っているNGOや国際組織に、小型ドローンで現地のリアルタイムな位置情報付き画像と高画質動画を提供する。

◆**ビューワールド**[★3]**（VW）**……NGOや国連組織の情報処理、調査、プロジェクト管理を最適化するスマートフォンアプリと事務データ処理システム。紙とペンなどのアナログツールによる非効率な管理方法を不要にする。

◆**グリーンジェネレーター**……ディーゼル発電機は、送電網のない地域の電力供給源として広

★1 www.access2innovation.com
★2 www.sky-watch.dk
★3 www.viewworld.dk

く普及しているが、同時に大気汚染という新たな課題を生み出している。そのディーゼル発電機を、太陽電池（ＰＶ）パネル、燃料電池、ローテクな風力タービンに切り替えることをめざした携帯型発電機を普及させる。

◈**コミュニティベースのバイオガスプロジェクト**……バングラデシュの農村地域の電化をめざす。

Ａ２Ｉのネットワークから生まれたパートナーシップは、ＮＧＯと企業と研究者の協力によって救援活動や開発活動が容易になることを示すだけでなく、企業にとっては新しい市場、研究者にとっては新しい学術研究領域へのアクセスを提供している。

同時に、こうしたセクター横断的なパートナーシップは「通常業務」とは異なり、関わった全員に多数の課題を突きつけてくる。パートナーシップの構築と実行はけっして自動操縦で回ってくれるわけではない。立ち上げ当初は予想もしなかった数々の課題に直面し、同時に多くのチャンスも見つけた。つまり、標準的なイノベーションモデルは有効な計画ツールとして使えなかった。

そこで、本章では緊急援助と開発援助分野をターゲットにしたパートナーシップを、構築して実行する際の可能性と制約を中心に、私たちの取り組みから得た主な教訓のいくつかを明らかにしたい。

Ａ２Ｉの舞台裏のプロセスは、おそらく一つのストーリーとして見せるのが最もわかりやすいだろうが、正確さを期して次の内容を項目別にまとめた。

◈方法論と理論のプラットフォーム確立

◈設立の経緯

◆A2Iパートナーシップ立ち上げから得た教訓
◆セクター横断的なパートナーシップの構築
◆ビジネス化の支援
◆パイロットプロジェクトからイノベーションハブまで
◆取り組みから得た教訓

方法論と理論のプラットフォーム確立

私はA2Iの創設者として、内実を十分に理解するために、アクションリサーチの手法[1]にもとづいて自組織の分析を行った。以下の項ではA2Iの背景事情を説明する。商業的なパートナーシップを立ち上げる際に**すべきこと**と、（特に）**してはいけないこと**の参考になる点が多いはずである。

今回の分析の前提には、ネットワークを活用したイノベーションとは本質的に、さまざまな領域やセクターの組織が持つ知見をつなげることであるという仮説がある。[2] こうした領域にある知見や実践や能力《コンピタンス》は、新たな環境で組み合わされたり実行されたりすることによりイノベーションを可能にする。しかし制約も多い。新しい取り組みは、すでに確立している規範、知識、組織戦略への適合を求められるからである。

この観点から大きな3つの問いが浮かび上がった。組織化、ファシリテーション、ネットワークを活用したビジネスモデル開発である。

◆A2Iネットワークとそこから生まれたパートナーシップは**組織化**された。組織的なフレームワークが事業活動に直接のインパクトを与えるからである。[3]

◆コンセプトの立案、開発、成熟化において、ネットワークとパートナーシップの**ファシリテーション**が重要な役割を果たした。これはネットワークとパートナーシップのプロセスは非直線的に発展するからである。[4]

◆**ビジネスモデル**は製品、市場、顧客関係、生産、ビジネスパートナーなどのつながりを構築するパートナーの力量によって成熟し変化した。[5]

これらの重要な注目点は、A2Iが経験してきたことや、なぜ取り組みが行きつ戻りつし、パートナーシップの再形成やソリューション提案の変更、新たなパートナーの加入がともなうことになったかについての理解を深める一助となるだろう。

ここで浮かび上がってくるのは、これまでビジネス上で多用されてきたステージゲート法、ロジカル・フレームワーク・アプローチ、漸進的イノベーション戦略に対抗する、きわめて動的なプロセスとしての、ネットワークを活用したイノベーションのあり方なのである。これらの経験は、BoPビジネスのチャンスと課題について、今後の研究のベンチマークとなるかもしれない。

設立の経緯

〈デンマーク赤十字社〉国際部長のアンダース・ラデカールは、二〇〇七年一月に「先進国ですでに利用可能になっている新しい知識や技術的ソリューションの採用に、NGOは一〇年遅れている」と述べている（談話）。その大きな理由は、大半のNGOの役割が実務主体であることだ。

例えば、当時デンマーク赤十字社は本部に医師が一名しかおらず、その医師が一人で全世界の二五の保健医療プログラムのコーディネートと支援の責務を負っていた。つまり、研究者や企業と組んで、イノベーションや時間のかかる開発プロセスにたずさわる時間はほとんどとれていなかった。逆にいえば、研究者や企業から新たな知識を継続的に取り入れる能力と戦略があれば、NGOははるかに効率的になり、パフォーマンスを向上させられるはずだ。他方、企業は新たな潜在可能性を持つ市場にアクセスでき、研究者は新たな研究分野にアクセスできる。

この気づきから、NGO、研究者、企業が有する既存のリソース、スキル、ネットワークをつなげるイノベーションプラットフォーム形成のアイデアが出てきた。その根拠は次のとおりである。

◈NGOは開発途上国のニーズやチャンスにつながる洞察を得ているが、解決策をつくるリソースがない。研究者および産業界とのパートナーシップに参画することにより、より質の高い援助活動と、より効果的な貧困削減の仕組みを提供できる可能性がある。

◈企業は解決策を提供するスキル、リソース、生産ツールを有しているが、援助の世界にどのようなチャンスがあるかについての洞察と理解がない。NGOや研究者との積極的な協業を通じて、新たな市場へのアクセスと良いブランディングの機会を獲得できる。

◈大学は最新技術へのアクセスを有し、ユーザーの巻き込みと資料化に長けている。しかし実務経験と開発途上国を中心に活動するNGOや企業とのネットワークが不足していることが多い。研究者はNGOや企業と提携することにより、新たな研究分野へのアクセスを獲得し、産業界との接点を広げることができる。

つまり、NGOと企業と研究者が提供するそれぞれの知識、リソース、ネットワークは、さまざまな新しいイノベーションの基盤となり、援助・開発活動を向上させるとともに、新たな市場の開拓（企業にとってはこれも同等に重要なインセンティブ）につながるはずだ、というのが基本的な考えだった。ボトムアップ・アプローチが必要であるが、ここではNGOが主役となり、末端ユーザーのニーズと潜在的なビジネスチャンスを明らかにして、研究者と企業に届ける。研究者と企業はこれまで得られなかった、実験の場、あるいは潜在的な「ブルーオーシャン」市場へのアクセスを獲得することになる。明らかに三者すべてが得をする仕組みである。

このアイデアに乗ったのは、新しいチャンスを模索していたデンマークの二つの中小企業と、〈デンマーク産業連盟（DI）〉だった。〈オールボー大学（AAU）〉は新たな研究領域を探していたところであり、ダン・チャーチ・エイド（DCA）はすでに行っていた援助・開発活動に役立つ適正技術を開発しようとしており、企業と協業するチャンスと考えた。

二〇〇七年秋、これらの組織が中心となってA2Iが立ち上げられた。まずは一〇〇を超えるDCAの関連事業から、三～四件のパートナーシップを構築することをめざした。DCAの既存のパートナー組織は、水、食料、教育に関するプロジェクトの計画と実行を行っていた。彼らから草の根のニーズを探るボトムアップ・アプローチをとった。手始めにデンマーク国内外で一連のワークショップを行い、さらにエネルギー、情報通信技術（ICT）、食料安全保障という潜在的な課題を明らかにするため、アジアとアフリカのDCAの代表とも直接コンタクトをとった。

このアプローチにはすぐに壁が立ちはだかった。DCAの本部スタッフと現地パートナーから具体的なアイデアをもらうのがきわめて難しかったのである。イノベーションと協業は戦略上の優先事項ではなく、本業の範囲外だと考える人々もいた。少数の人が関心を持ってくれたが、研究者や企業の関心を引くようなニーズや可能性を十分に説明することが難しかった。しかし、この情報は必要不可欠だった。企業側は、不確かな新規事業への投資を検討する前に、具体的な技術的仕様と市場データを求めたからである。

そのため、DCA側でニーズの「見える化」は困難だと判断し、二〇〇八年春には取り組みが停滞してしまった。企業も、具体的なアイデアが明確にならないうちからパートナーシップにリソースを投入することには関心を持ってくれなかった。援助と開発活動に多くの課題が存在することは明らかだが、その課題を民間セクターに理解してもらえる形で伝えなければならないのである。

そんなとき、DCAの人道的地雷除去部門（HDD）トップのサム・クリステンセンとの対話のなかで、別のアプローチが見えてきた。資金調達や提携先のプロジェクト管理を担う他の部門とは違い、HDDはアルバニア、スーダン、アンゴラ、コンゴなどの国で多数の現地事業を直接手がけている。同部門は必要な技術的知識と作業経験のある専門家を紹介してくれた。

あわせて、バングラデシュにあるDCAの姉妹組織〈RDRS〉が単独で行っていたイノベーションプロジェクトの事例に鑑みて、ネットワークのアプローチが変更された。開発途上国の末端ユーザーのニーズを探るのではなく、市場データが存在し、技術的な専門知識が入手できる分野でのNGO自身の事業活動の増強をする方向に軌道修正された。このおかげで、前述した四つの具体的なアイデアの立案にいたった。

◆小型ヘリコプターに地雷除去現場の上空を飛行させ、位置情報付き静止画像と高画質動画を録画させることによって、より効果的な地雷除去を可能にする「アイ・イン・ザ・スカイ」プロジェクト。

◈地雷除去作業の情報収集プロセスを最適化し、事務作業の重複と入力ミスを回避するＩＣＴソリューション。

◈地雷除去用の、再生可能エネルギー源のみに頼った発電機の開発をめざすグリーンジェネレーター。これによりコストを下げ、ディーゼル輸送の際のリスクを最小化し、エネルギー不足による作業停止を回避する。

◈すでに始められていたバングラデシュにおけるバイオガスプロジェクト。持続可能で効率的な生産を確保するために専門家の知識が必要な場所において、コミュニティ主導の導入に特化した建設を行う。


これらのアイデアは、ネットワークのパートナーたち（ＤＣＡ、ＤＩ、ＡＡＵ、中小企業）が年二〜三回顔を合わせて、戦略的に立ち上げプロセスを進めるためのフレームワークを設定する体制で実行することになった。このファシリテーションを担う人材は、ネットワーク創設メンバーの組織からそれぞれ選出された。こうして二〇〇八年の春には事業基礎が確立し、研究者と企業とのパートナーシップを構築して、最終的に商業化をめざす共同イノベーションに向かうことができるはずだった。しかし現実はまったく違っていた。

A2―パートナーシップ立ち上げから得た教訓

振り返ってみると、四つのパートナーシップは、おおむね同じプロセスをたどった。図10‐1はこのプロセスをまとめたものであり、次項以降で学んだ教訓のいくつかを取り上げている。しかし、実際に四年間やってみなければこうしたフェーズは見えてこなかったこと、またこの図には繰り返し行われた改善プロセスは含まれていないことを強調しておきたい。

フェーズ1では、DCAのHDD部門と対話を繰り返し、四つの草案ができた（コラム10‐1に抜粋を示す）。この草案は課題の背景を簡潔に説明し、これをもとにどんなソリューションがありうるかを議論した。そうして出てきたアイデアは、頑丈で使いやすく、価格が手ごろで、人道的地雷除去業界の既存のツールやデータベースなどと相性がよい製品をつくる、というものだった。ちなみに、この業界の市場規模は年間四億七五〇〇万ドルだ。

▼コラム10‐1 DCAの草案の抜粋

ダン・チャーチ・エイドの人道的地雷除去作業にたずさわる現地スタッフの事務作業の負担を軽減し、DCAシステム内のデータの流れをスムーズにするため、現場スタッフに専用のプログラムを組み込んだPDA（携帯情報端末）を支給するアイデアが出された。

現在は現場での日々の報告はすべて紙で行われており、その後、（メインキャンプに戻ったときなど）コンピュータが使えるときに報告書のデータを入力し、メインデータベースに保存する。これでは明らかに作業が重複しているだけでなく、紙が紛失したり、現場や移動の最中に破損したりするリスクが常にある。さらに、この報告手続きには時間がかかり、本部のスタッフが現地の進捗状況を完全に把握することができない（現地作業は数週間にわたって続くこともある）。

図 10-1　A2I パートナーシップ実行のフェーズ

	フェーズ	ステークホルダー
1　アイデア立案	DCA および姉妹組織からのインプットに基づきニーズを特定。ニーズ、既存のプラクティス、可能性のあるソリューションのアイデアのあらましを簡単に述べた草案に基づき、アイデアを立案。	A2I の事務局がコーディネートした DCA と姉妹組織。
2　仲介	ワークショップ参加に関心のある研究者と企業を特定。	A2I がコーディネートした EU のオフィスと研究者。
3　資金調達	公共の資金援助者への申請書を作成。	A2I がコーディネートした EU のオフィスと研究者。
4　パートナーシップ形成	ニーズの分析および製品への要望を仕様化。起業家とビジネスモデルを特定。	DCA と協力し、EU のオフィスと A2I の事務局が支援したパートナーシップ。
5　テスト	ベンチャー資金調達と公共の資金援助者の資金調達の確立。パートナーシップと技術基盤の再評価および形成。従業員の採用（スカイウォッチとビューワールド）。	パートナーとやりとりのある起業家。A2I がビジネスモデル開発について意見を提供するとともに、デンマークや海外のネットワークとつながりを広げる。
6　商業化	プロトタイプのテスト、代替市場の特定、流通チャネルと販売チャネルの開発、代替市場の立ち上げと新しいパートナーシップの形成（スカイウォッチとビューワールド）。	A2I がネットワークで支援している新しい供給業者と関与している主要企業。

草稿ができると、学術的な知識の活用を検討し、すでに関心分野で活動しているか、適切な専門家を紹介してくれそうな研究者にあたった。

その結果、関心を持ってくれる研究者が見つかり、アイデアに対する洞察を提供してくれた。これは初期の選別段階で非常に貴重なものだった。研究者の中立的な立場と技術的知識が、特定されたニーズに合うように技術や方法論をふるいにかける際に役立ったはずだ。ビジネスコミュニティとすでに研究協力していたため、研究者は企業のパートナー候補の推薦までしてくれた。

こうして企業との接触がかなった。その企業が別のパートナー候補の特定を助けてくれる雪だるま効果もあった。一方、ネットワークパートナーが発行しているニュースレターなどの媒体も利用してパートナー企業を探したが、反応は限定的だった。既存のコネを遠慮なく使わせてもらったものの、結局、企業との関係の基盤を形成できたのは、直接連絡をとって個人的な人脈作りを図った「飛び込み営業」アプローチのおかげだった。

このアプローチが簡単にいかなかったのは、ＤＣＡが描き出したソリューションが既存のソリューションとはまったくかけ離れていたことである。つまり、さまざまな企業や研究者から技術、能力《コンピタンス》、リソースを寄せ集めて、ソリューションを生み出すプラットフォームを構築しなければならなかった。それゆえに、個々の企業に対して、何がソリューションとして求められているのかを伝えるのが難しかった。

◈「アイ・イン・ザ・スカイ」のヘリコプターのソリューションは、機体、操縦および画像のダウンロード用の無線通信機能、簡易なユーザーインターフェースと画像管理用ツールで構成する。

◈ＩＣＴソリューションには、ユーザーの人道的地雷除去作業での情報収集および利用の現状に対する理解、また遠隔地の過酷な環境でのデータ収集を可能にする技術的プラットフォームの最新知識、さらにバックオフィスでの情報の取り扱いと既存システムとの融合が必要だった。

◈グリーンジェネレーターは、燃料電池、小型の風力タービン、ＰＶパネルなど、多数の既存技術と接続できなければならないが、末端ユーザーのニーズを理解することと、ローコスト技術をきわめて過酷で多岐にわたる作業状況に適応させるという課題があった。

◈バングラデシュのバイオガスプロジェクトは既存技術をベースにしていたが、現地の状況に適応させ、現地ユーザーとデンマークの民間セクターの双方にとって持続可能なビジネスモデルをいかに確立するかが課題だった。

要約すれば、いかに既存技術を新しい状況で組み合わせるかが鍵だったのである。

セクター横断的なパートナーシップの構築

困難はともなったが、作成した草案をもとに適合性の高い企業を多数特定し、二〇〇八年六月から二〇〇九年二月にかけて、それぞれのアイデアごとに第一回のワークショップを開催した。この場では、Ａ２Ｉのパートナーシップアプローチを説明し、ＤＣＡが特定したニーズを紹介した。これが議論の出発点となったが、技術的な側面に議論が集中するのが常だった。ワークショップは企業がＤＣＡに既存の専門知識を提供する一方で、草案に示されたコンセプトへの理解を深める場となった。プロセスはきわめてオープンで、さまざまなチャンスを自由に討論し確認することができたが、最終的には企業から技術的な要件をもっと詰めてほしいという要望が出て、ＤＣＡが次のミーティングまでに明確化することになった。

最初のワークショップでは一つのアイデアにつき一〇～二〇社が参加したが、その後、撤退を決める企業が続出した。ビジネスチャンスがない、もしくはチャンスはあっても自社の既存の事業戦略と合致しないと見たり、Ａ２Ｉが単に既存のソリューションを販売するだけでなく、パートナーシップに基づいた共同開発をめざしている――多くの企業にとってどちらかといえばそぐわない考え方である――とわかったりしたのが主な理由だった。

明確化のプロセスを経て、一つのアイデアあたり二～五社がその後のワークショップに参加した。残った企業のモチベーションは、ＤＣＡの末端ユーザーとの協業に参加することによる学びの機会とビジネスチャンスにあった。また、公的な資金援助者からさまざまな融資や支援が得られそうなことがわかり、まだ海のものとも山のものともわからない取り組みに参加する、財務的リスクを最小化できそうなことも大きかった。

しかしそれだけで企業が参加を決め、イノベーションへの取り組みを開始してくれるわけではない。さらなる情報と知識が求められた。そこでフェーズ３では、興味を持ったステークホルダー同士で技術的仕様を詰め、市場を特定するなどの作業を進めるため、援助機関の融資を利用することが目標となった。

そこで、中小企業とＤＣＡのネットワークパートナーたちが申請書の準備と作成にとりかかった。企業と研究者もこのプロセスにある程度関わったが、彼らからはＤＣＡが求めているソリューションがどんなものか――プロジェクトが融資を獲得できるのかどうか、いつ獲得できるのかがまだよくわからないという意見があった。

加えて、資金援助者からの融資をパートナーシップ立ち上げの手段として利用することになったため、援助金が確定するまでプロジェクトは実質的にストップしてしまった。融資を受けるまでのプロセスは非常に時間と手間がかかる。ネットワークパートナーはプロセスの勢いを維持するうえで大きな役割を果たした。彼らの努力がなければ頓挫していただろう。幸い、NGOと企業と研究者の協業ということでさまざまな資金援助者から関心を持ってもらえ、それぞれのプロジェクトは二七〇万ドルの融資の約束をとりつけた。

パートナーシップが成立し、融資も用意できたが、フェーズ4の活動でも新たな課題が続出した。

◈金融危機の発生により、企業のコミットメントは既存事業の業務に振り向けられ、今後の活動で発生するコストの半分まですでに融資を獲得していたにもかかわらず、パートナーシップへの関心が薄れた。

◈研究者に関心はあっても、他の研究や授業の仕事を抱えているため、参加が遅れたり、求められたタイミングで企業との共同作業ができなかったりした。

◈作業を始めるに先立って、企業がDCAに対して完成した製品を購入する意志を明らかにすることを求めた。開発やテストの前の段階でそこまでコミットするのは、DCAには難しかった。

こうした制約から、集めた資金のプロジェクトマネジメントを、製品開発・事業開発の実行に必要な技術管理スキルやリソースを持たない中心メンバー企業とDCAが行うはめになった。

さらに、プロジェクトを進めるにあたって二つの問題が浮上した。企業は、製品を開発し、商品化するための組織的フレームワークをかならずしも有してはいなかったのだ。技術と製品はパートナーシップの内部で実現できても、流通チャネル、営業部隊、資本の用意は頭の痛い課題となった。

加えて、急速な技術の発展によって新しい可能性の扉が開かれていった。例えば、情報通信技術ソリューションはもともと頑丈な小型の携帯型コンピュータ（PDA［携帯情報端末］）の利用を前提としていたが、コストが高すぎることがわかった。結局、比較的低コストのスマートフォンを使用し、アプリを開発してバックオフィス向けのソリューションの開発に専念することになったが、その方向で動き出したのは参加企業グループの大きな変更を経たあとだった。

ビジネス化の支援

このような課題を抱えながらも、二〇〇九年にDCAに同行してアルバニアへ何度か出張して「アイ・イン・ザ・スカイ」のテストを行い、二〇一〇年二月にアンゴラで発電機ソリューションのニーズの特定を、二〇一〇年四月にバングラデシュ北部でバイオガスパートナーシップのためのニーズの特定を行い、二〇一一年冬に情報通信技術ソリューションのテストをして、ニーズと市場と技術的仕様の概略が描かれていった。ベースになったのは二つの戦略である。

◆情報通信技術ソリューションおよびアイ・イン・ザ・スカイのテストは、意欲のある二名の起業家に引き継がれた。この二名は〈ビューワールドApS〉[★1]と〈スカイウォッチA／S〉[★2]

★1　www.viewworld.net
★2　www.sky-watch.dk

という二つの会社の設立の責任と財務リスクを引き受けてくれた。今後はこの二社が、情報通信技術ソリューションとアイ・イン・ザ・スカイの事業を継続することになった。

◆現地調査の実施とグリーンジェネレーターの試作品の特殊な設計は、それぞれ〈サウスデンマーク・ヨーロピアン（SDEU）・オフィス〉とDCAが行った。現在は、グリーンジェネレーターは試作品の段階で、今後のプロジェクト継続に関心を持つ企業ネットワークがおそらく請け負うことになりそうである。

バイオガスプロジェクトは、必要な規模を確保するためには廃棄物を収集して準営利的な都市型事業を行うことが必要だとする、潜在的ニーズと機会に着目した最終報告書をもって幕引きとなった。このことは、DCAがそもそも要望していた、現地姉妹組織RDRSが協働していた社会的弱者のグループを関与させる、コミュニティベースの施設を主役にするという主旨にかなうものではなかった。

フェーズ1から3までの活動は主にA2Iネットワークがファシリテーションを行ったが、フェーズ4で責任を担う起業家に引き継いだことで、具体的な事業戦略、ベンチャーキャピタルの利用、業務に専念する企業がそろい、求められていたオーナーシップが実現した。これはDCAとの緊密な連携のたまものだった。DCAはようやく、今後開発されるソリューションの購入に関心を示した。おかげで、スカイウォッチはベンチャーファンドの信用を得ることができた。さらに、DCAはデンマーク赤十字社と〈CAREデンマーク〉のつてを紹介してくれ、この二者がフェーズ5と6のビューワールドの開発とテストにパートナーとして参画した。

その後、さらなる共同活動を進め、多数の市場にアクセスする道が開けた。例えば現在、スカイウォッチは風力タービンの目視検査、省エネのための建物の温度分布画像、難民キャンプの巡視などの既存市場で活動している。これらには民間資金と公的資金が投じられ、開発された事業の収益性をさらに確実なものとしてきた。

この段階では、A2Iはビジネスモデル開発のアドバイザーとネットワークパートナーの役割に退いた。

当時、明確な戦略の中には入っていなかったが、A2Iネットワークの取り組みに関心が高まり、さらに多くの国内外のステークホルダーとの対話を深めていた。こうしてA2Iネットワークはマーケティングプラットフォームとなり、〈ユニセフ〉〈グルンドフォス〉〈インターナショナル・ウッドランド・カンパニー〉〈デンマーク下水道協会〉などからの関心を集めることになった。これらの組織は現在、スカイウォッチとビューワールドに商業的な関心を示している。

つまりA2Iは、新規開発されてすぐ利用できる状態のソリューションを示せるおかげで、新しいパートナーから信頼を獲得し、パートナーシップ参加者は、これがなければ縁のなかった顧客と接触できるようになったのである。

ここまでの話が示すようにA2Iの特徴をまとめるならば、何度となく繰り返された改善活動と抜本的な再形成を経験した技術、事業戦略、事業パートナー、市場主導の取り組みなどがあげられる。別の言い方をすれば、必要な知識とリソースとネットワークを利用するためにはセクター横断的なパートナーシップが必要だったが、最終的な製品とビジネスモデルは結局、新たな「生まれながらにグローバルな」会社になった。スカイウォッチとビューワールドはこのような成果を上げたが、グリーンジェネレーターとバイオガスプロジェクトは組織的なプラットフォームの形がとれず、実現にいたらなかった。

パイロットプロジェクトからイノベーションハブまで

プロジェクトの初期段階に明らかな課題はあったが、そこから得られた学びと可能性は大きい。このボトムアップ・パートナーシップ・イノベーション・アプローチを拡大するために、A2Iプラットフォームをデンマーク国内に展開する計画が生まれた。これは、セクター横断的なパートナーシップ構築を促し、BoP市場で行われる援助・開発活動に秘められた大きなビジネスチャンスをとらえる、新たなソリューションを開発するフレームワークになると見込まれた。

このプラットフォームは、協働プロセスに潜在するリスクを最小化するインフラの開発に特化している。そのプロセスとは、要件定義のファシリテーション、デンマークのNGOと国連機関との協働で行う市場機会の収集と特定、企業と研究者とNGOがそれぞれに関心のあるプロジェクトを選定できるワークショップを通じたパートナーシップの立ち上げまでの各段階である。プラットフォームがめざした形は次のようなものである。

- 小規模な事務局で、新規事業の発展を支援するシードファンドを運営する。
- 専門家のネットワークを築き、事業を立ち上げるためのリソースと、軌道に乗せるためのプロセスとスキルを整える。
- 明確なテーマを定め、企業に早い段階から関与してもらい、企業にとっての優先度を高める。

A2Iプラットフォームは NGO、研究者、民間セクター★から集まった多岐にわたるステーク

★ デンマーク赤十字社、WWF、MS アクションエイド、CARE デンマーク、デンマーク産業連盟、再生可能エネルギーイノベーション・ネットワーク、デンマーク水フォーラム、北ユトランド食料ネットワーク、コペンハーゲン大学、コペンハーゲン・ビジネス・スクール、オールボー大学、ノースデンマーク EU オフィスが事務局を運営。

ホルダーを基盤に設立され、四三〇万ドルの予算ですでに活動を始めている。二〇一二年末には一三の新たなプロジェクトが形成され、主に東アフリカの持続可能エネルギー、農業、給水と衛生に関するニーズを直接のターゲットとしている。★

取り組みから得た教訓

A2Iは小規模なパイロットプロジェクトから、多様なステークホルダーで構成された揺るぎないネットワークへと進化を遂げた。これまで述べてきた我々の経験は、いくつかの課題と機会への対応を経て、NGOと研究者と企業によるパートナーシップがいかにして貧困削減の手段となりうるかについての知見を強化してくれた。主眼を置いてきたのは援助・開発分野だが、最近は、BoPビジネスの分野に対しても、同様に重要な経験を提供してくれている。

冷静に距離を置いて見ると、A2Iのストーリーは、援助・開発分野でのイノベーションに対して、なぜ企業側がいまだに消極的なのか、多数の示唆を与えてくれる。市場参入リスクが高すぎると見られ、求められる知識とリソースは既存の組織の外にしかない場合が多い。技術は存在する場合が多いが、課題は末端ユーザーと市場の十分な理解、ポテンシャルの特定、民間セクターにとって慣れない市場状況でのビジネスモデルの開発とテストである。それには個々のNGOや企業の組織能力を超えたスキルとリソースが必要となる。

単一のプロジェクトから企業の戦略レベルまで上げようとするなら、さらに企業と学術界とNGOをつなぐネットワークの支援が必要だ。

グローバルでこの試みをしている取り組みは数多く、A2Iはボトムアップ・パートナーシッ

★ 詳細は www.access2innovation.com を参照。

プ・アプローチで精力的に協働してきた。ネットワークへの信頼が高ければ、現地のステークホルダーと協働しやすくなる。起業家を惹きつけるには明確なビジネス目標は必要不可欠である。NGO、研究者および適合した企業とパートナーシップを組む起業家がいれば、実行の成功確率が上がり、ネットワークの価値と信頼が証明される。

先に簡単に紹介した理論と照らし合わすことにより、数々の発見を得ることができた。

第一に、ネットワークとパートナーシップの編成が流動的だったこと。具体的には、プロジェクトの進行につれて役割と責任とリソースが変化していったネットワークは、パートナーシップの初期段階のプラットフォームとファシリテーションを提供し、そこから企業にコンセプトが引き継がれて、ネットワークとファシリテーターは実行に直接タッチしない顧問パートナーになった。NGOは潜在顧客の役割を果たし、研究者は最先端の知識を提供したあとは退いた。したがって、典型的な組織構造とは対照的に、ネットワークとパートナーシップは階層構造とコントロールのない状況で誕生する。その意味で、A2Iは必要な知識とリソースを特定し、協働を促す「パートナーシップの育成機関」だった。以下のようなポイントが、ネットワークの組織環境にとって重要となる。

◆信頼関係の確立。初期のネットワークは、不確実な市場を狙うイノベーションの創出をめざしていたが、そのためにはまずステークホルダーからの信頼関係の構築が欠かせなかった。

◆企業とDCAとが共同でネットワーク事務局を設立することは、ネットワークのコーディネーションおよび進捗、そして特にパートナーシップの立ち上げと実践の支援を確実にするために不可欠だった。

◆信頼を築き、情報を共有し、パートナーそれぞれの利益に合致する共通の目標を設定する能力を得た。
◆参加するパートナーは、パートナーシップの形は変化するものであり、共同で創出した価値がNGOからネットワークのファシリテーターへ、さらに商業化の最終責任を負う起業家へと引き継がれることを理解し、受け入れるべきだ。
◆プロジェクトが進むにつれ、新しい知識、リソース、技術が必要になる。そのため、新たなパートナーが加入する一方で、離脱するパートナーも存在する。こうして、最初に形成されたパートナーシップは変化しつづける。
◆ネットワークの取り組みはNGO、企業、研究者間のパートナーシップから具体的な成果が生まれるかどうかにかかっている。

第二に、ネットワークとパートナーシップにおいて、プロセスのファシリテーションはコンセプトの発案、開発、成熟化の「接着剤」となった。この役割は、参加者のオーナーシップを育み、ここでしか得られないであろう情報と資金調達へのアクセスを確保するうえできわめて重要だった。ファシリテーションから得られた教訓は以下のようなものだ。

◆ニーズの特定から最終的な商業化まで、ファシリテーションを継続的に行うには、そのための資金と人材が必要である。
◆イノベーションパートナーシップのファシリテーションとは要するに、不確定要素に対処し、行き届いた詳細な行動計画を後任に引き継ぎ、より動的で、かつ反復によって漸進するプロセス設計を要求することである。これは、共創プロセスは、新しい知識に対してオープンで、実行しながら学ぶプロセスに従って戦略を変更しなければならないからである。

◈ファシリテーターの役割は、たえず変化する。初期のフェーズではニーズを特定し、パートナーシップの締結役、ゲームの進行役となり、その後の活動では支援者になる。このフェーズでは起業家がオーナーシップを引き受けて事業戦略を開発するが、資金調達の支援が必要であれば、学術界やNGO業界から新しいパートナーと専門家を探す役割を担う。

全般的にいえば、ファシリテーションとパートナーシップの両者が、明確なルールもプランニングの片鱗すらもまだない状態で、未知の海域を進んでいけるかどうかが問われるプロセスなのである。NGO側と企業および研究者側の双方の覚悟と、地図のない領域で方向性を決めるファシリテーターの手腕が試される。

第三に、パートナーシップ・ビジネスモデルは、パートナーの能力に応じて成熟し変化していった。例えば、ビューワールドは、最初は大手企業の頑丈なPDAの利用を想定していたが、実際に商品化したときには、NGOのニーズに合わせて設計したスマートフォン利用の統合型レポーティングシステムを新会社が販売する形になった。つまり、初期のモデルはパートナーシップ形成が前提だったが、結局は当初のパートナーたちが撤退して一社が牽引する形になった。パートナーたちは新規に設立した会社に投資を行うか、外注先として関与するようになったのである。企業のパートナーシップには変化が多々あったが、設計変更を経てできあがったビジネスモデルは主にNGOの、部分的には研究者の能力とリソースを融合したものだったことは興味深く、特筆すべき点である。以下に能力とリソースを箇条書きで示す。

◆特徴と価格を決める際の潜在顧客／市場へのアクセス。
◆デンマーク国内とNGOの活動現場における、末端ユーザーの協力を得たテストと開発。
◆赤十字社、ダン・チャーチ・エイド、CAREなどとの緊密な連携による、市場での信頼関係の獲得。
◆企業のコア・コンピタンスに関する情報や学生協力者の獲得。
◆A2Iネットワークを通じた国際NGOと国連組織とのネットワーキング。
◆ベンチャーファンドからの融資の獲得（NGO、すなわち将来の顧客がソリューション開発に参加し、市場需要を保証してくれたおかげである）。

こうしたプラスの側面もあったが、企業はビジネスモデルの開発に苦しんだ。理由は次のとおりである。

◆製品アイデアの実証にはいくつかのNGOとステークホルダーとの協働が不可欠だった。そのため、今後のパートナーシップでは選抜と製品開発のフェーズで末端ユーザー／組織を関与させるべきである。
◆NGOと国連組織のみを販売対象としてあてにするのは難しい。浸透までに長い時間がかかるためだ。初期の段階で別の市場機会も想定しておくべきである。
◆製品・サービスの開発、販売、マーケティングに必要な知識とスキルを確保するため、コア・

コンピタンスを構築する必要がある。こうしたコンピタンスはパートナーシップの創設メンバーの中だけでは得られないことが多い。

◆生産、販売、サービス、流通を実現するには、資金援助者やベンチャーファンドへのアクセスが不可欠だった。

これまでに述べた学びはネットワークのマネジメントを中心としたものであり、ユーザー主導のイノベーション、現地文化の理解、規制の枠組み、製品開発のためのツールも必要なのはいうまでもない。本論は学術研究のためではなく、パートナーシップ主導のイノベーションの成功は、本質的に組織の垣根を越えて知識とコンピタンスとリソースをつなげられるかどうかにかかっているという理解が根底にあるからである。効果的かつ持続可能な市場主導の貧困削減の手段としての、NGOと研究者と企業間の商業的パートナーシップ。このパートナーシップを育成するプロセスに潜む可能性と課題を十分に理解する必要性を、実務家も学者も認識しつつあるのだ。

Part 6
環境・持続可能性

Inclusive Business Models as A Response to Environmental Sustainability Challenges

第11章

自給率を高める都市農業の可能性

マリア・アレハンドラ・ピネダ＝エスコバル
ポリテクニコ・グランコロンビアーノ大学、コロンビア

マヤやインカなどアメリカ大陸先住民の土着文明があった頃から、あるいは例えば戦時中の「ビクトリー・ガーデン」〔戦時中に食料を確保するために作られた家庭菜園〕に見られるように、都市における食料生産は歴史的に行われていた。しかし一九九〇年代からは、都市部の貧困削減と食料安全保障の向上が世界的に求められてきたのにともない、改めて都市農業への取り組みが始まっている。

本章のテーマは、新興国・開発途上国における都市の食料不安を解決する戦略としての都市農業の分析である。特に、ＢｏＰ層の家庭にとっての意義に焦点を当てる。最初に食料安全保障と都市農業という概念の定義を簡潔に示し、世界的な状況を俯瞰する。次に、コロンビア全般、そしてボゴタ（コロンビアの首都）の状況を都市部のＢｏＰ層の食料不安に絡めて解説する。これが、都市

部の貧困削減とローカル規模での食料安全保障の向上という両方の可能性を秘めた、ＢｏＰ層の有望な成功例として、ボゴタでの都市農業を検証するフレームワークとなる。さらに、都市部での農業の実践にまつわる主なリスクも検討する。最後に、都市農業を可能にする環境を作るための公共政策の役割を分析する。

都市農業と食料安全保障

一九九六年に「世界食糧安全保障に関するローマ宣言」と「世界食糧サミット行動計画」が、「世界中、特に開発途上国で八億人以上が基本的な栄養ニーズを満たすだけの食料を得られていないこと」への危機感を表明し、食料安全保障を国際開発アジェンダのトップに掲げた。[1]その結果、二〇一五年までに栄養不足に苦しむ人口を半減させるとするローマ宣言の内容が、「国連ミレニアム宣言」に再掲され、「ミレニアム開発目標（ＭＤＧ）」に引き継がれた[2]（ターゲット1Ｃ）。〈国際連合食糧農業機関（ＦＡＯ）〉によれば食料安全保障は「全ての人が常に、活動的で健康な生活のために必要な食事と嗜好を満たすに十分で安全、かつ栄養に富む食料を入手する物理的・社会的および経済的手段を持っている場合に存在する状況」である。[3]これを踏まえれば、ＢｏＰ層は慢性的、季節的、ないし一時的な食料不安に直面しやすいことになる。彼らは置かれている社会経済的条件から食料供給の不安定にさらされ、自分と家族のニーズを適切に満たすに十分な量の、安全で栄養価の高い食料へのアクセスを確保できないからである。

二〇一〇年には、ＭＤＧに取り組む〈国連開発グループ・タスクフォース〉が、二〇一五年までの目標達成に向けた道筋を明確化するための一連のテーマ論文を発表した。タスクフォースはターゲット1CがMDGの中で最も達成率が低いと考えた。その理由としては特に、世界的な経済危機の発生で食料価格が高騰し、進捗が遅れたことが大きい。タスクフォースは、食料エネルギー消費が最低レベルを下回る世界人口の割合が二〇〇四年から二〇〇九年の間に二ポイント上昇し、一三パーセントから一五パーセントになったと算定している。つまり、二〇〇九年時点で栄養不足状態の人々が世界で一〇億人以上いることになる。[4]

最近のFAOの推定ではもっと楽観的な結果が出ているが、それでも世界人口の少なくとも一二パーセントに食料安全保障が不足していると算定している。『世界の食料不安の現状　二〇一四年報告』によれば、世界飢餓の削減に進展はあったものの、二〇一二年から二〇一四年にかけておよそ八億五〇〇〇万人がいまだ慢性的な栄養不足の状態に置かれていると推定されている。[5] 地域別に見ると、中南米・カリブ海諸国が飢餓の削減に最も成功し、MDGの目標を達成した唯一の地域となっている。それに対して西アジアとサハラ砂漠以南のアフリカ諸国の進捗は最も芳しくなかった。西アジアでは栄養不足人口がむしろ増加し、サハラ砂漠以南のアフリカ諸国は四人に一人が飢餓状態にあって、世界の全地域で最悪の指標を示している。

こうした数値は、都市人口の増加を加味して考えなければならない。二〇〇八年は歴史上初めて、世界人口の半数以上が都市で生活するようになった年だった。また、トレンドを見ると、都市人口の増加のほとんどが開発途上国と新興国で起きることがわかる。二〇三〇年までには都市部の八〇パーセントが開発途上国にあり、およそ五〇億人を擁すると予測されている。特に課題となるのは、この都市の人口増の大部分がBoP層で占められることだ。[6] したがって、都市に住むBoP層の食料安全保障を確保することが、開発の取り組みの中心となる。

このような状況から、都市農業が有望な対策として注目を浴びつつある。カナダの〈国際開発研究センター（ＩＤＲＣ）〉は、理論構築、実践の両面で成果をあげており、都市農業の強力な提唱者として認知されている。同センターは都市農業を次のように定義している。

　町、都市、大都市の内部もしくは周辺に位置し、多様な食品および非食品の栽培、加工、流通を行っている産業。主に都市内部および周辺地域にある人的資源および自然資源、製品、サービスを日常的に利用（再利用）し、主に同じ都市部に資材、製品、サービスを供給している。[7]

したがって、都市農業は都市部での食品生産だけでなく、草花栽培、魚介・海藻類の養殖、畜産など他の農業形態も含む。さらに、都市農業の実践は環境にも優しい。都市部で入手可能な資源の再利用とリサイクルを基盤としていることが多く、ＢｏＰ層の廃棄物処理の代替策として役に立つ可能性を秘めているからだ。開発途上国で都市から出る廃棄物の大半が生物分解性のものであるのを考慮すると、このことは特に重要である。例えばナイロビでは、固形廃棄物の少なくとも七〇パーセントが生物分解性のものであり、再利用可能である。[8]

　貧困という視点から見ると、都市農業はＢｏＰ層の生活条件に二つのインパクトを持つと考えられる。直接の食料源となるばかりでなく、食品関連の支出が減り、浮いたお金を別の支出に回せるようになるからだ。ＢｏＰ層の人々が所得の五〇～七〇パーセントを食品に費やすことを考えると、このインパクトは大きい。[9]浮いたお金を住宅、医療、個人衛生など、他の必要不可欠な分野に充てられるからだ。同様に、複数の事例から、都市農業にたずさわっているＢｏＰ層が、余剰生産物の販売によって世帯所得を増やせることもわかっている。[10]追加所得のメリットは明らかであるが、世帯主が余剰所得の使い道を誤らないよう指導する必要があることは、注意しておくべきだろう。

コロンビアにおける都市農業の事例

コロンビアは自然資源が豊富で、現在、中南米で最も経済が堅調で活力がある国の一つと見られている。[11] 例えば世界銀行の格付けでは中・高所得国にランキングされ、二〇一四年の人間開発報告書によれば、人間開発指数〇・七一一で一八七カ国中九八位となっており、人間開発水準の高い国に入っている。[12]

しかし、一見このように成長しているコロンビアであるが、依然として貧困率と格差は大きい。〈コロンビア国家統計庁（DANE）〉の推定によれば、二〇一三年の国家人口は四七〇〇万人。二〇一三年六月時点で、この総人口の三二・二パーセントにあたる一五〇〇万人が貧困状態にあるとDANEは推定している。同じ期間に推定一〇・一パーセントのコロンビア人が極度の貧困生活を送っている。つまり、コロンビアでは約四七〇〇万人が一日一・二五ドル未満で暮らしているのである。こうした数字からも、コロンビアがいまだに、中南米だけでなく世界的にも、ジニ係数が最も高い国の一つであることが裏づけられている。[13] 二〇一二年のジニ係数は〇・五三九に達している。

これは雇用状況とあわせて分析すべきで、コロンビアは雇用に関しても中南米で最悪の数字を示している。DANEは二〇一三年八月時点の失業率を九・三パーセントと推定しているが、これは二〇〇〇年代初頭の失業率から悪化の一途をたどっており、二〇一二年の六・四パーセントという中南米の平均失業率と比べると最悪の部類に入る。[14] これらの数字は、コロンビアのインフォーマルな就業形態が懸念されるべき水準にあることもあわせて見る必要がある。インフォーマル雇用は、二〇一三年七月のDANEの推定で、同国の全雇用数の五〇パーセント近くを占めている。

加えて、コロンビアで特に懸念されるのは、数十年にわたる暴力抗争により国内で難民化した人々の数である。二〇一三年末時点で国内避難民となった人の数は五四〇万人近く。これはシリア・アラブ共和国に次ぐ多さであり、コロンビアは今なお世界でも最大の国内避難民問題を抱えた国の一つだ。[15]これらの避難民のかなりの割合が都市部、とりわけボゴタに移住しており、都市部のBoP人口を増加させている。

最新の国勢調査では、ボゴタの現在の人口は約七四〇万人、うち四〇パーセント近くが移民であり、二〇パーセント以上が貧困状態にあると推定されている。[16]二〇〇五年のコロンビアにおける栄養調査は、ボゴタ住民の三三パーセントが軽度、中程度、もしくは重度の栄養失調状態にあると報告している。[17]二〇一一年に社会保障省が、BoP層の状況に特に注目して数値を改訂し、この全国調査の最新版を発行している。この調査では、ボゴタ在住の一～四歳児の五〇パーセントが亜鉛欠乏症、二八パーセントがビタミンA不足と算定している。米州開発銀行は、コロンビアでは極度の栄養不足はもはや公衆衛生問題ではなくなったが、慢性的な栄養不足は依然として存在しており、BoP層、農村部、正規教育を受けていない母親のいる家庭に蔓延していると考えている。[18]

ボゴタのBoP層の栄養ニーズに応えるものとして、自治体による都市農業の取り組みが、二〇〇四年のルイス・エドゥアルド・ガルソン市長の就任後に始まった。ガルソン市長は「飢餓のないボゴタ」プログラムの一環として都市農業を取り入れた。この取り組みを実施したのは〈ホセ・セレスティーノ・ムティス植物園〉で、同園がボゴタのBoP層の人々に都市農業のトレーニングと助言サービスを提供している。[19]二〇一四年現在、ボゴタには約一万人の都市農業従事者がおり、彼らは安全な有機食品を入手でき、月五～二五ドルを節減できていると推定されている。[20]

こうした公共の取り組みの他、市民の間でも、生活水準向上と貧困からの脱出を助ける方法として、日々の活動に都市農業を取り入れようとするさまざまな取り組みが生まれている。それが「ムトゥアリートス・イ・ムトゥアリータス」（「相互扶助」の意）、ゴミ捨て場を有機農場に変えることで、BoP層が都市農業を推進している事例である（詳細はコラム11‐1参照）。

▼コラム11‐1　ゴミ捨て場を有機農場に
――ボゴタの「ムトゥアリートス・イ・ムトゥアリータス」の取り組み

友人知人の間では「ロシータ」の愛称で通っているローサ・エヴェリア・ポヴェーダ・ゲレーロは、周りを元気にしてくれる精力的な女性だ。彼女は都市農業に食料ニーズを解決する力があると信じている。ボゴタ北部に位置する農業の中心地であるボヤカ県出身のローサ・ポヴェーダは、もともと農業を営んでいたが、コロンビア農村部の多くの人々と同じように国内避難民となり、ボゴタのスラム街で暮らすようになった。

二〇〇三年、ローサは一八〇〇平方メートルのゴミ捨て場を見つけた。ボゴタの東に面した傾斜地に位置するその場所は、ボゴタ中心部のペルセヴェランシア地区の中にあり、ホームレスが住み着いていた。この地域に暮らしているのはほとんどがBoP層の人々で、窃盗、強盗、殺人、ギャング団の抗争が絶えず、犯罪多発地帯として知られている。いつか都市農場を持ちたいと夢見ていたローサは、この土地の持ち主を探し出し、無償借用地として使わせてもらおうと決意する。彼女はゴミ捨て場に居を移し、仮設キャンプを張って、息子たちとともに過去四〇年の間に蓄積されたゴミの清掃にとりかかった。

何トンものゴミを片づけるのは容易ではなかった。手を借りられるのは十代の息子二人だけ。片づけをスピードアップしてくれる機械や道具はもちろん、資金もないシングルマザーにはとても片づけられない量だ。そこで二〇〇五年にローサは、一回目の「ミンガ」（現地語でコミュニティ全体のためにみんなで行う作業のこと）を開催することにした。コミュニティの人々を集め、昼食を出すかわりに一日ゴミ捨て場の清掃をやってもらうのである。呼びかけは成功し、およそ二五〇人が道具を手に意欲満々で彼女の家の前に集

図 11-1 「ムトゥアリートス・イ・ムトゥアリータス」有機都市農場のローサ・ポヴェーダ

Photo credit: Daniel Barbosa, July 2014

まった。結局、二五〇〇袋分以上のゴミが出た。ゴミは分別され、使えるものはリサイクル業者に売却されたり土地の改善のための建築資材として再利用されたりした。

この一回目の「ミンガ」から一〇年近くの歳月が流れ、一八〇〇平方メートルの土地は今では緑豊かで環境に優しい農場に生まれ変わり、一〇〇種類以上もの作物とニワトリやウサギやウズラなどの家畜が育てられている。農場の建設はすべて再利用された資材でまかなわれた。化学肥料はいっさい使わない。地元の家庭から回収されたり譲り受けたりしたゴミ、エコトイレの排泄物、近隣の軍事基地からもらった馬糞、大工が廃棄したおがくずなど、さまざまなところから出た有機ゴミと牧草から堆肥を作っている。こうした資源の他、六種類の有機肥料を入手して農場で使用している。

ローサは、自宅用と親類にあげるための有機食品を生産するだけでなく、生産者マーケットにも参加している。物々交換を主な取引手段とするこの市場では社会貢献イベントに仕出しサービスを行っていて、そこで雇われているのである。現在彼女は自分の農場に集荷センターを作り、都市農家から有機作物を集めて商品化・流通チェーンを構築する計画に取り組んでいる。

それだけでなく、特に若い世代に教育と啓発を行うことで、食料安全保障の問題に対してもっと大きな変化を起こせると考えている。そのため自分の農場を、関心を持つ子供と若者に開放している。まず近隣の子供たちを放課後農場に迎え入れて作業をさせることから始めた。子供たちを犯罪だらけの環境とギャング団から遠ざけ、余暇の使い道と将来のためのスキルの習得という選択肢を与えたのである。

しばらくすると、ボゴタや周辺の町の学校や大学や自治体組織からも見学者が訪れるようになった。ローサは都市環境の中で有機作物を育てる方法を教え、自然で健康的かつ持続可能な方法でBoP層の栄養ニーズを効果的に満たすことが、どうすれば可能かを見せている。相手に自分でも作物を育てたいという意欲があれば、学校や大学に出向いて農園の作り方を助言する。彼女への関心は国境をも越え、ボリビア、エクアドル、パナマ、ペルー、フランス、イタリアなどに招聘されて、有機都市農業についての知見を伝えている。推定のべ二万人以上にメッセージを届けたとローサはいい、さらに多くの人々を触発したいと願っている。

都市農業に潜むリスク

研究者と実践者は、BoP層の都市農業にともなうリスクと制約に注意を呼びかけている。BoP層は、概してインフォーマル居住地やスラム街などで生活しており、こうした地域には下水設備などの基本的サービスがない。このような環境から、住民は化学的・生物学的汚染物質など、複数の環境リスクにさらされているおそれがある。[21] その結果、都市農家は農園で使用する土を通じて、潜在的な健康リスクにさらされかねない。土は近くの鉄道や工業地区から採取することが多く、重金属で汚染されている可能性があるのだ。灌漑に使う水も浄化されていない水源から引かれており、病原菌や化学物質に汚染されている可能性がある。[22] きちんとした排水システムがなかったり、廃水処理が適切でなかったりする場合も、都市農業のリスクを高める可能性がある。

未処理の廃水による健康リスクの他、水の入手も都市農業の懸念材料である。水不足と地下水源の枯渇に対する懸念が高まっており、すでに枯渇している都市の水源にさらに負担をかけるとして都市農業の実践に反対する学者も現れている。[23]

土地保有権の問題も、ＢｏＰ層の都市農業の実践の大きな足かせとされている。ＢｏＰ層の人々は自分たちが住んでいる土地の権利についてあまり把握していない場合が多く、そのため育てている作物を収穫してよいのかどうかも不明確で、農業をフォーマルな事業活動にしづらいのである。[24]

公共政策の役割

最後に、公共政策が果たしうる役割について簡単に触れておく。グプタとガンゴパディヤイが指摘したように、食料不安は都市の飢餓と失業と並んで、持続不可能な都市を作り出している大きな要因の一つに数えられる。[25] したがって、都市の政策担当者は都市計画に食料安全保障の課題を取り込むべきである。

政策担当者にできる最大の貢献の一つが、都市部のＢｏＰ層の農業技術を高めるためのしっかりした教育とエンパワーメントであろう。都市農家は使用する土、水、ゴミにまつわる潜在的な健康リスクを知っておく必要がある。知識があれば、汚染物質との接触を最小限にするために農業のやり方をどう調整すればよいかがわかるはずだ。同様に、有機農法の正しいやり方や、水や土などの主要な資源が不足している場合に、別の選択肢を探るためのトレーニングも提供できる。例えば、水耕栽培や空中栽培、麻袋を用いた栽培、垂直栽培などだ。

さらに、都市農家が収穫した生産物を商品化するための特別な市場の創設支援と法制化も役立つだろう。余剰生産物の商品化を支援することで、都市農家が市場で生産物を実際に販売する可能性が高まるかもしれない。

都市農業は都市部の食料安全保障という課題のすべてを解決する特効薬ではないが、特に都市部のＢｏＰ層にとって大きなメリットとなりうることはまちがいない。[26] クリチバ（ブラジル）、ハヴァナ（キューバ）、ロサリオ（アルゼンチン）など中南米の都市における実践が、公共政策への都市農業の取り込みが都市に住むＢｏＰ層の生活の質向上に寄与するという確たる証拠となっている。

第12章

三つの飛躍（トリプルリープ）

BoPグローバルネットワーク・ジャパン
平本督太郎
渡辺秀介
野村総合研究所

東日本大震災後に発展した日本におけるBoPビジネス

二〇一一年三月一一日、日本で起きた東日本大震災は多くの人々に大きな被害を与えた。地震による直接の影響だけではなく、津波による被害も非常に大きく、復興するのには時間がかかる。しかし、復興を通じて日本はさまざまな方面で新たな発展を遂げはじめている。日本企業のBoPビジネスも大きな発展を遂げている。

BoPビジネスの中で用いられる革新的な製品・技術は、通常先進国から途上国に提供されることが多い。他方、ハートが提唱したグリーンリープ[1]や、GEによるリバース・イノベーション[2]で示されているように、持続可能な世界を創造するためには、途上国から先進国に対して革新的な製品・技術が提供されていく必要がある。こうした流れが震災をきっかけに日本で起きつつあるのである。具体的には、日本企業が途上国で展開しているBoPビジネスの製品・技術が津波後の被災地で活用されている。例えば以下のような事例だ。

1. 〈パナソニック〉は、〈三洋電機〉製のソーラーランタン、ソーラーパネルと蓄電池による太陽光発電システムを搭載する無電化地域向けの設備である、ライフイノベーションコンテナを被災地に提供した。これらの技術はもともとケニア、タンザニア、ウガンダ、インド、インドネシアなどの無電化地域において、BoPビジネスや関連の活動で活用されていた。
2. 〈日清食品〉はカップヌードル一〇〇万食を被災地に提供した他、給湯機能付きのキッチンカーを七台派遣した。このキッチンカーは、ケニアの中でも安全な水が手に入りにくい地域において、栄養分を高めたカップヌードルを人々に提供するために使われていた車である。
3. 水分野については、〈日本ポリグル〉が水の浄化剤を被災地に提供した。これはバングラデシュなどにおいて安全な水が手に入らない人々に、現地の女性起業家を通じて販売してきた技術である。

また、復興時にはこれと逆の流れも起こり、被災地を復興するために開発された製品・技術が、途上国においてBoPビジネスの中で活用されるようになった。例えば〈NEC〉は、津波による塩害を受けた宮城県亘理郡山元町に株式会社〈GRA〉が設置している水耕栽培技術を活用して、インドでBoPビジネスを推進している。彼らはこの水耕栽培技術と自社のエネルギーマネジメントシステムを用いて系統電源と自家用発電機の電力を管理することで、水耕栽培に必要な電力供給の安定化を図っている。さらに、現地の〈プネ農業大学〉と提携し、学生を対象にOJTによる水耕栽培技術の実地訓練を実施することで、生産管理者の育成を図っている。

気候変動の影響により、途上国では塩害のような社会課題が増大している。震災復興をきっかけに生まれた新たな製品・技術は、こうした社会課題を解決する力を持っている。

このように、震災後、日本においては、先進国・途上国の間での革新的な製品・技術の双方向の流れにより、新たなイノベーションサイクルが生じているのである（図12-1参照）。

気候変動とBoPビジネスを融合した日本企業による新たなビジネス

日本で起きたこの新たなイノベーションサイクルは、気候変動というグローバルイシューへの重要な対抗策である。気候変動対策は、緩和と適応という二つの領域で構成されている。

緩和というのは、CO_2などの温室効果ガス（GHGs）を削減し、

図 12-1 震災後の新たなイノベーションサイクル

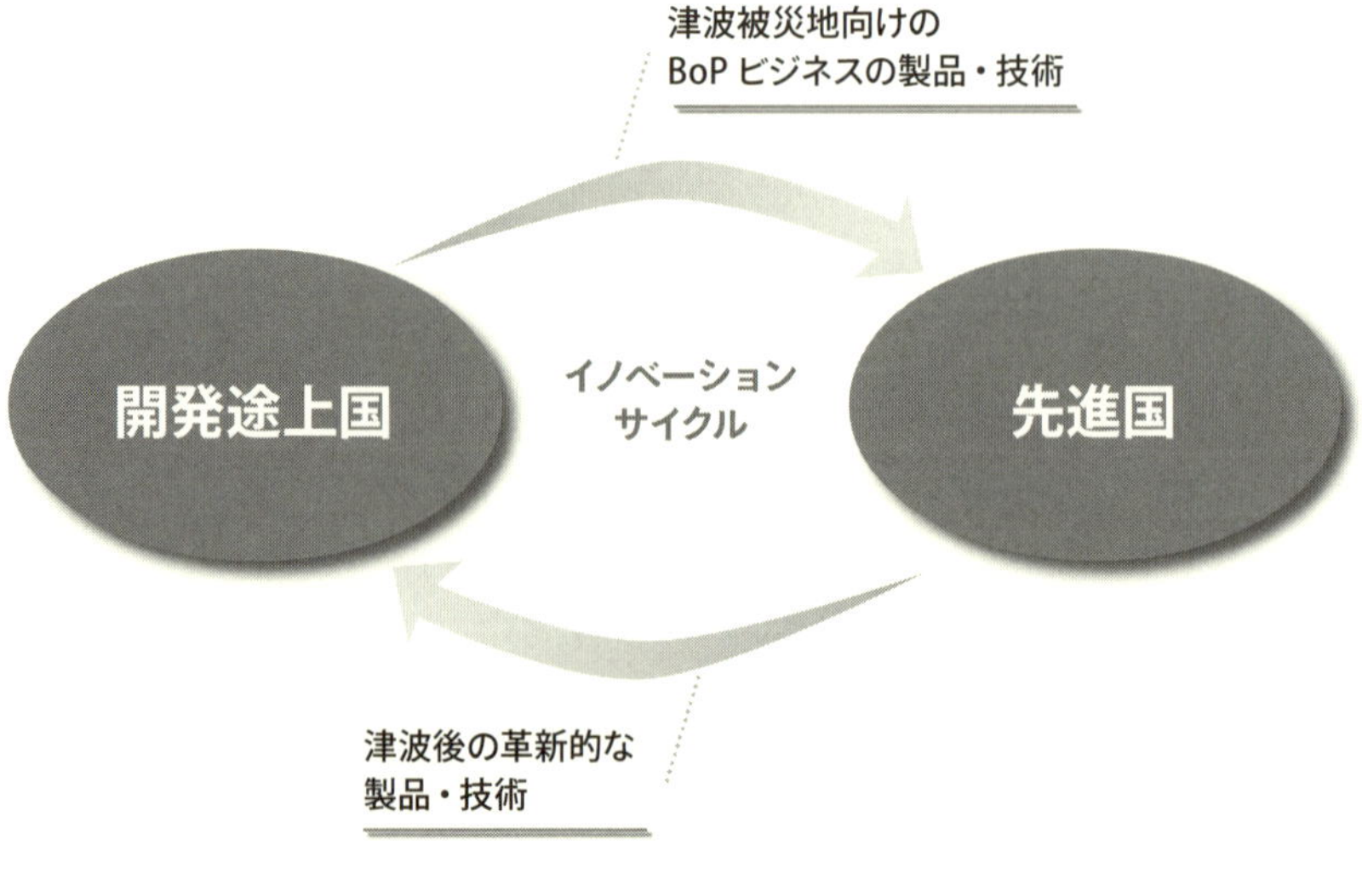

気候変動自体を小さくしていくという考え方であり、クリーンテクノロジーなどがその解決策として重要視されている。ハート教授はこのクリーンテクノロジーとＢｏＰビジネスとの融合が重要だとし、著書『未来をつくる資本主義』の中で「グリーンリープ（The Green Leap）」と名づけている。

他方、適応というのは、すでに気候変動によって増大してしまった社会課題を、人類が技術を活用して解決していくという考え方である。気候変動によって増大する社会課題は、先に挙げた津波や洪水などの災害、気候・気温の変化による水不足・農業生産性の悪化、疫病の蔓延、難民の増加、エネルギー不足など、非常に多岐にわたる。日本で生じた新たなイノベーションサイクルは、まさにこの考え方とＢｏＰビジネスとの融合だと認識される。本章においては、これを「レジリエンスリープ（The Resilience Leap）」と呼ぶ（図12－2参照）。

レジリエンスリープによって、人類は現時点のグローバル課題だけではなく、今後増大する課題を持続的に解決していくことができる。また、今後確実に気候変動により社会課題が増大し、それを解決するための人・資金といったリソースが集まっていくことから、企業にとってもビジネスを広げるチャンスとなる。ＢｏＰビジネスはＢｏＰ市場へのアクセスを増大させ、所得を向上させる。そして、

図 12-2　気候変動の問題に対抗する二つの飛躍

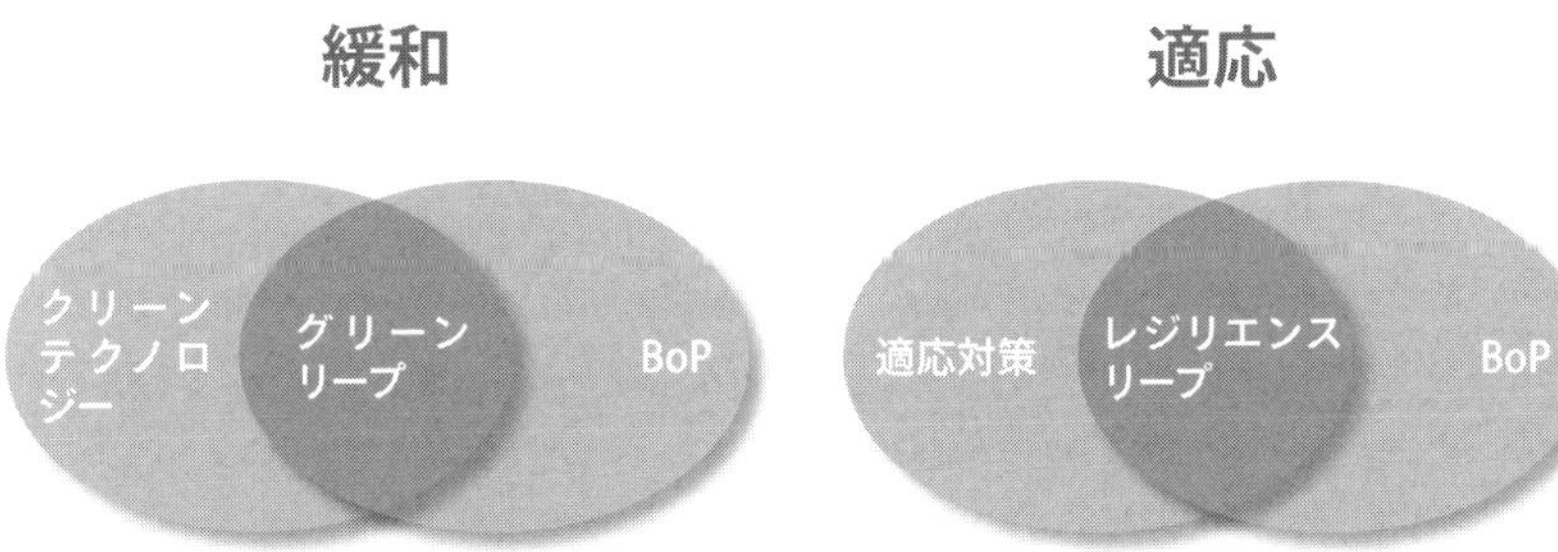

適応対策は気候変動による所得の減少を妨げる。こうして企業は潜在顧客の継続的な成長を実現させ、ロイヤルカスタマーを囲い込むことができる。

実際、気候変動による適応対策とＢｏＰビジネスには、多くの共通点がある。そのため、ＢｏＰビジネスを推進している企業は、次のステップとして、レジリエンスリープに挑戦しやすいといえる。適応対策とＢｏＰビジネスの主な共通点としては、以下の四つが挙げられる。

1. 水・電力・医療など、基本的な社会的サービスが欠如した場所で暮らす人々向けに展開される活動であること。
2. 継続的な支援が必要となること。
3. 現地の現状・ニーズに合わせた製品・サービスの提供が必要となること。
4. 最終的に現地の人々が自律的に生活していけるように、現地の人々の意志や自発的な活動への尊重が必要となること。

こうした共通点があるため、日本においては、震災などをきっかけにレジリエンスリープを実現するイノベーションサイクルが生じたのだと考えられる。

さらに、日本では、政府が積極的にＢｏＰビジネスの促進をするとともに、震災後に生まれた新たな技術をＢｏＰビジネスに生かせるように、既存の施策改善や新たな施策の創設を行った。

次項では、レジリエンスリープを生み出すための政策の実例として、これらの日本政府による官民連携の動向を示すこととする。

日本で増えつつあるＢｏＰビジネスと震災後の新たな政策

これまで示してきたとおり、今回の震災においては、ＢｏＰビジネスをすでに推進していた日本企業が、みずからの製品を被災地に提供した事例が多く見られた。こうした事例は、日本企業がＢｏＰビジネスでの経験を活用してレジリエンスリープを生み出したことを示している。これから、日本の政府関連組織の公的支援という切り口から、ＢｏＰビジネスとレジリエンスリープに関する日本の状況を説明する。

二〇〇九年は「ＢｏＰビジネス元年」といわれるほどに、〈経済産業省〉〈ＪＩＣＡ（国際協力機構）〉〈ＪＥＴＲＯ（日本貿易振興機構）〉などの政府関連組織や、ＵＮＤＰ（国連開発計画）などの国際機関によるＢｏＰビジネス推進のイニシアチブが、次々に本格始動・拡大を始めた。特に、各組織によるフィージビリティ調査資金を提供する制度、現地パートナー候補の探索を支援する制度は、ＢｏＰビジネスに参入しようとする日本企業の数を著しく増大させたと考えられる。

具体的には、二〇〇九年度に経済産業省の要請で〈野村総合研究所（ＮＲＩ）〉により実施された「経済産業省委託事業に係るＦ／Ｓ調査」では一〇件が採択され、二〇一〇年度にはＪＩＣＡの「協力準備調査（ＢｏＰビジネス連携促進）」により、仮採択二〇件のうち、一九件が実施された。また、二〇一一年度においてはＪＥＴＲＯも「ＢｏＰビジネス・パートナーシップ構築支援事業」を開始し、事業全体で一九件を採択、ＪＩＣＡでも二回目から五回目の公募により、二〇一一〜二〇一三年で五六件の仮採択があった。

ほかにも、〈環境省〉〈総務省〉〈ＪＢＩＣ（国際協力銀行）〉などによる関連事業、ＵＮＤＰなどの国際機関による支援制度まで含めると、公的機関のイニシアチブに関わるＢｏＰビジネスだけを数えても、一六六組織により一一三事業が取り組まれている（同一地域における類似テーマの事業は、一つの事業として計算。また、複数組織が一つの事業を行っていることも多いため、組織数より事業数の方が少なくなっている）。

また、ＪＩＣＡの公募制度への応募件数を見ると、ＢｏＰビジネスを展開しようとしている企業数はさらに多く、すでに二〇〇以上の企業がＢｏＰビジネスを本格的に検討している、もしくは実際に推進していることがわかる。

このように、日本の政府の援助によってＢｏＰビジネスが増加していく中で、震災が起きた。その後、多くの日本企業が被災地への支援を模索する中で、ＢｏＰビジネスで蓄積した経験・発展させた技術を復興に活用しようとしたのである。

ＢｏＰビジネスを推進していない多くの企業も震災復興に貢献し、そうした中からさまざまな新しい技術が生み出された。そこで、日本政府はこうした動きを認識し、日本の新しい技術を世界に発信しようとした。

具体的には、ＪＩＣＡが既存の「協力準備調査（ＢＯＰビジネス連携促進）」を改善し、三回目の公募の際にこうした新技術と被災地に本拠地を構える企業の参加を勧奨した。

また、経済産業省は日本企業のグローバルビジネスを通じた適応対策の取り組みを加速するために新たな調査制度を制定した。結果として、一三の日本企業が適応対策ビジネスのフィージビリティ調査に取り組むこととなった（表12-1参照）。このうち、〈ヤマハ発動機〉〈三洋電機〉〈雪国まいたけ〉は、これまでにＪＩＣＡのＢｏＰビジネスの支援制度においても同制度を活用している。すなわち、ＢｏＰビジネスと適応対策ビジネスの親和性が高いことがここからわかる。

二〇一三年三月には経済産業省とＵＮＤＰ主催で「アフリカにおけるインクルーシブビジネスと

表 12-1 適応対策加速のため新たに制定された
経済産業省のフィージビリティ調査支援制度で採択された事業

企業	製品 / サービス	事業目的	対象国	年度
シャープ	電気分解方式の浄水装置	気候変動の影響により減少した安全な水の供給増	ケニア	2012
東レ	砂漠の緑化推進	砂を詰めた PLA（ポリ乳酸）チューブによる砂漠化防止および砂漠の農地化	南アフリカ	2012～2013
ヤマハ発動機	浄水装置	気候変動の影響により減少した安全な水の供給増	コートジボワール、ガーナ	2012
味の素	アミノ酸含有肥料	高温に耐える農産物の創造と収穫高の増加	タンザニア	2012
川崎地質	斜面災害の防止	暴風雨および集中豪雨による斜面災害の防止	ベトナム、タイ	2012～2014
三洋電機	ソーラーランタン	ソーラーランタンの提供による旱魃避難民の安全性向上	東アフリカ	2012
雪国まいたけ	塩害地域での豆生産	気候変動の影響により増加した塩害地域における緑豆生産	バングラデシュ	2012～2013
ユーグレナ	塩害地域での豆生産	気候変動の影響により増加した塩害地域における緑豆生産	バングラデシュ	2014
ヤマハ発動機	浄水装置および点滴灌漑システム	気候変動の影響により減少した安全な水と農業用灌漑の供給増	コートジボワール、ガーナ	2012
マルハニチロ食品	栄養強化食品	魚肉ソーセージによる栄養状態の改善	ガーナ	2013
三菱 UFJ モルガン・スタンレー証券	浄水システム	気候変動の影響により減少した安全な水の供給増	ベトナム、ミャンマー	2013
会宝産業	リサイクル農機	リサイクル農機レンタルビジネスによる食料安全保障問題の解決	ガーナ	2014
フロムファーイースト	無添加シャンプーと石鹸	無添加シャンプーと石鹸の原料栽培を通じた農地と森林の回復による洪水被害の軽減	カンボジア	2014
PEAR カーボンオフセット・イニシアティブ	有機性廃棄物コンポスト	コンポストを使った築堤による海面上昇被害の防止	モルディブ	2014

野村総合研究所『平成 26 年度「途上国における適応対策への我が国企業の貢献可視化に向けた実現可能性調査事業」採択候補案件』などをもとに筆者作成。

気候変動適応の可能性」というタイトルで国際シンポジウムが東京で開催され、レジリエンスリープのフィージビリティ調査を行ってきた〈シャープ〉〈東レ〉〈三洋電機〉〈ヤマハ発動機〉〈ウェルシィ〉が登壇した。経済産業省も二〇一四年に同様のシンポジウムを開催した。このようなシンポジウムにより、レジリエンスリープの重要性への認知は高まったにちがいない。

「三つの飛躍《トリプルリープ》」を次のステップに

さて、日本企業によるBoPビジネスがレジリエンスリープに発展しつつある今、次のステップとして「三つの飛躍《トリプルリープ》」を実現することが重要だと考えられる。三つの飛躍《トリプルリープ》とは、グリーンリープとレジリエンスリープが融合した概念である。すなわち、BoP、クリーンテクノロジー、適応対策の三つの要素を兼ね備えたビジネスのことを指す（図12‐3参照）。このビジネスは、BoP層の所得向上だけではなく、気候変動による所得減少を防止し、さらに気候変動リスクを軽減する効果を持つ。実際、日本の復興でも、被災地における持続可能な世界の実現に向けて、再生可能エネルギーの積極的な導入が推進されている。三つの飛躍《トリプルリープ》は津波被害のあとに拡大した新たなイノベーションなのである。

それでは、三つの飛躍《トリプルリープ》はさまざまなセクターにとってどのような意味を持つのだろうか？

まず、**多国籍企業**にとっては、開発途上国における外部リソースの活用という意味でメリットが大きい。BoPビジネスは通常のビジネスと異なり、質の良い安価な外部リソースを活用できる。BoPビジネスを推進する際、多国籍企業は政府による調査支援制度やプロボノの専門職のような外部リソースを活用できる。貧困削減、気候変動の緩和、適応という三つの領域のすべてに所属するということは、三倍の外部リソースを活用できることを意味する。

　例えば、三洋電機は、自社のソーラーランタン事業を成長させるために、さまざまな政府支援を活用している。第一に、緩和領域における環境省によるウガンダでの事業調査支援、第二に、経済産業省によるインドでのＢｏＰビジネスにおける事業調査支援、第三に、ＵＮＤＰによるケニアにおけるＢｏＰビジネス支援、第四に、ＪＩＣＡによるケニアでのＢｏＰビジネスにおける事業調査支援、第五に、適応領域における経済産業省によるソマリアとケニアでの事業調査支援を活用している。ソーラーランタンは、ケロシンランプの代替品としてＧＨＧｓを削減する。また、無電化地域において教育効果を高めることで生活向上を実現させる。そして、津波のように先進国の災害時にも人々の生活向上に寄与する。途上国においても、気候変動による旱魃で生じる避難民の生活向上を実現させる。このように前述の五つの調査事業に取り組むことで、自社のソーラーランタン事業のさまざまな社会的成果を実証することができた。また、それとともに、さまざまな国における事業基盤の構築を実行できた。

　多国籍企業にとっては、三つの飛躍《トリプルリープ》推進により多くの外部

図 12-3　三つの飛躍（トリプルリープ）

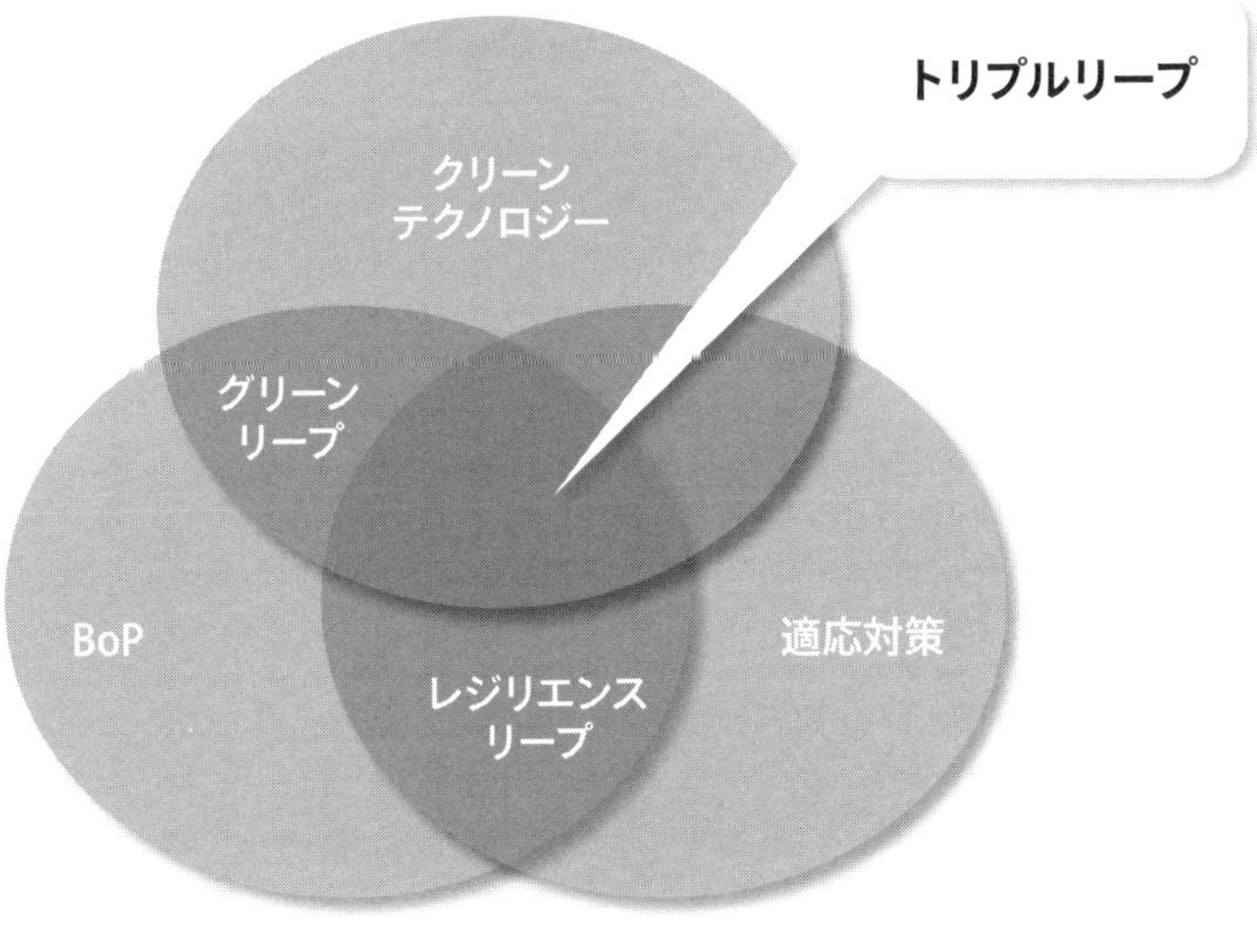

リソースが活用でき、みずからの事業のスケールアップを図ることができる。また自社のビジネスの社会的インパクトを実証できれば、開発途上国における政府機関向けの事業機会が増やせる。

次に、三つの飛躍《トリプルリープ》は、政府や国際機関などの**公共セクター**にとってみれば、貧困削減、気候変動の緩和、適応といった社会的目標の達成に、官民連携により民間企業のリソースを活用できるメリットがある。途上国に対する民間資金の流入が政府資金を大きく上回る今、このようにさまざまな領域において民間企業との連携を促進できることは非常に重要である。そのためにも、政府や国際機関は組織内の縦割り構造を超え、各領域のプロジェクトによる成果を共有していくことが必要とされる。

最後に、**BoP層**からすれば、三つの飛躍《トリプルリープ》を通じて持続可能な経済的安定を獲得できる。そのためには、多国籍企業の持つ経験を積極的に学び、みずからの持つ経験と融合させることが必要である。そうすることで、開発途上国に安定的に成長を続ける市場が形成され、多国籍企業と公共セクターとBoP層のウィン・ウィン構造が実現されることだろう。表12‐2に前述したメリットと課題のまとめを示す。

今後、三つの飛躍《トリプルリープ》を増やしていくために、日本が津波によって蓄積した経験や発展した技術を日本企業が世界中で活用していく必要がある。それによって、世界のさまざまなグローバルイシューの解決を試

表 12-2 三つの飛躍（トリプルリープ）に取り組む企業と組織のメリットと課題

	メリット	課題
多国籍企業	貧困削減、クリーンテクノロジー、適応それぞれに対して集まる金銭的、人的な外部リソースを事業に活用できる。 BoP 市場の継続的な成長を促進でき、潜在的な顧客を囲い込むことができる。 さまざまな政府プロジェクトにおいて、自社の製品を活用してもらえる機会が増える。	自社の製品・技術の社会的インパクトを実証し、国際的に積極的にアピールする必要がある。 自社の事業の社会パフォーマンスを測定することで、製品・技術が持つ効果を明確にしなければならない。
公共セクター	貧困削減、気候変動（緩和・適応）に民間企業のリソースを活用できる。	社会的ミッションを達成するには数多くの官民連携プロジェクトを行う必要がある。 組織内の縦割り構造を超え、貧困削減および気候変動（緩和・適応）のためのさまざまなプロジェクトの成果を共有する必要がある。
BoP 層	持続可能で豊かなライフスタイルを獲得できる。	多国籍企業の多様な経験を学び、みずからが持つ経験と融合させる必要がある。

みていく必要がある。

日本において、津波による被害は大きかった。しかし、そのために、日本人は世界でいち早く三つの飛躍《トリプルリープ》の重要性に気づき、実践できたのだと考えている。こうした動きをより大きくし、さらに世界に積極的に発信していきたい。それにより、世界中でＢｏＰビジネスが持つ潜在力が引き出され、持続可能な世界の実現が少しでも早く起きることを心より祈っている。

三つの飛躍《トリプルリープ》の三つの視点から見た新しいビジネスモデル

日本での三つの飛躍《トリプルリープ》の経験から、民間企業による社会課題の解決策としての新規ビジネスを三つの視点で捉えることができる。この三つの視点から、成功が見込まれるビジネスの可能性も生まれるはずだ（図12－4参照）。

これら三つの視点は二つの軸で整理される。横軸は社会課題の次元で、「静的課題の解決策」と「動的課題の解決策」に分けられる。縦軸は時間を示し、ビジネスによる解決策を「将来の社会課題の防止」と「既存の社会課題の解決策」に分ける。この二つの軸から三つの視点が生まれる。

図 12-4 三つの飛躍（トリプルリープ）の三つの視点から見た新規ビジネス

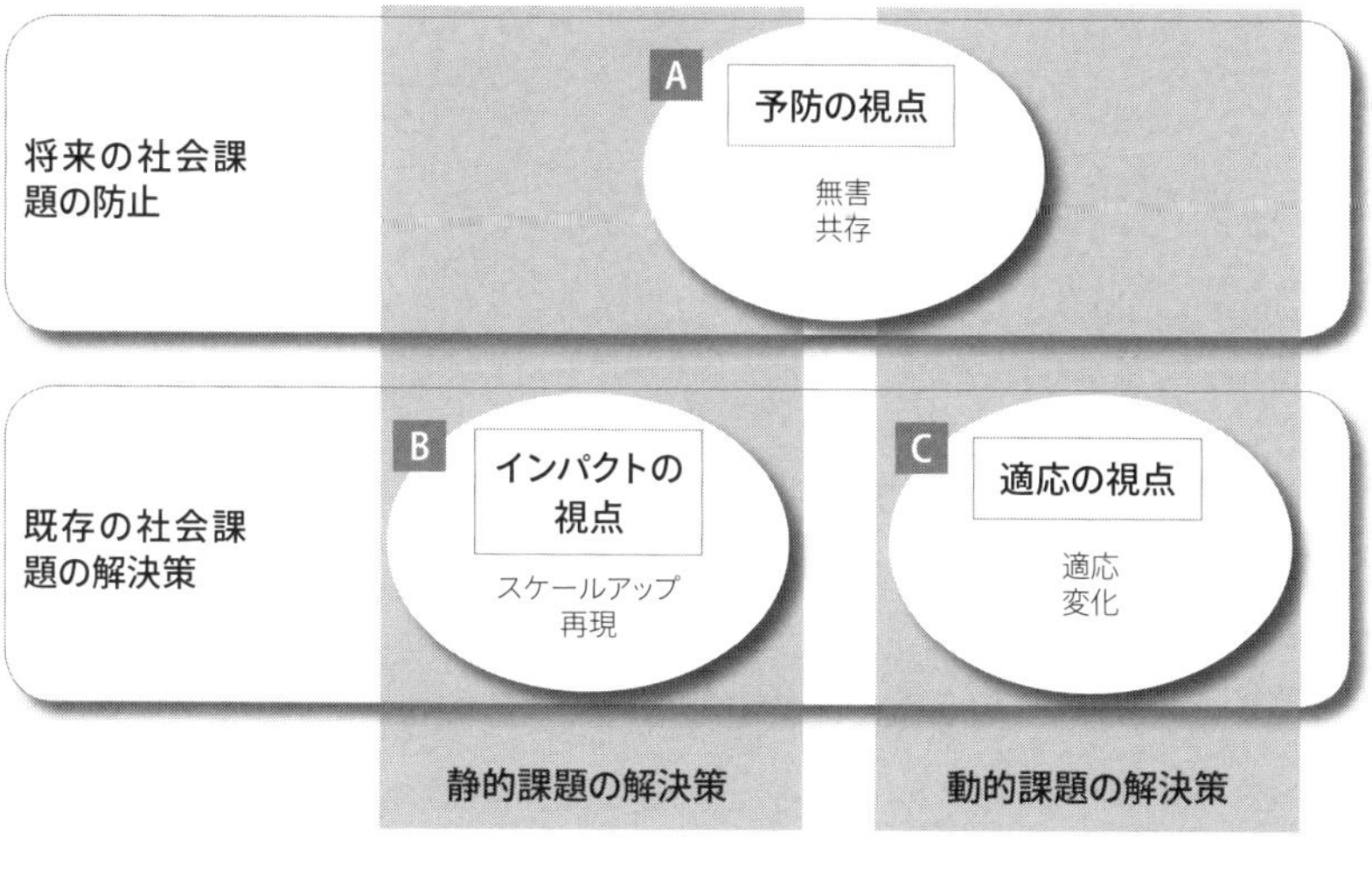

1. **予防の視点**から見ると、社会課題の解決策としての新規ビジネスは世界にとって無害であり、自然との共存に主眼を置いたものでなくてはならない。大半の既存のビジネスにはこの視点が欠けている。企業は常に予防の視点からビジネスの改善を図らなければならない。三つの飛躍《トリプルリープ》においては、クリーンテクノロジーがこの視点を含んでいる。

2. **インパクトの視点**から見ると、社会課題の解決策としての新規ビジネスはミレニアム開発目標（MDG）のような、すでにある最も深刻な社会課題に主眼を置くべきである。企業は自社のビジネスに、このような大きな課題に取り組む力があるかどうかを見きわめる必要がある。また、自社のビジネスのスケールアップと横展開をするための、最善策の発見に努めなければならない。三つの飛躍《トリプルリープ》においては、貧困削減策がこの視点を含んでいる。

3. **適応の視点**から見ると、社会課題の解決策としての新規ビジネスは今後最も増大していくと考えられる社会課題に主眼を置くべきである。大きな変化から生まれる突発的な社会課題は従来のライフスタイルと価値観を破壊する。企業は変化のあとの新しい世界に適した新規ビジネスによって、新たなライフスタイルと価値観を創造し導入しなければならない。三つの飛躍《トリプルリープ》においては、適応策がこの視点を含んでいる。

三つの視点はいずれも、持続可能な世界の創造のために重要である。すでに社会課題への解決策を持ちうるビジネスが数多く生まれ、成功している。そのビジネスが現時点で一つの視点だけに依拠している場合、他の二つの視点へと進出する大きな可能性を秘めている。あるいは他の二つの視点から生まれた別のビジネスと提携することもできる。これら三つの視点から、現在成功しているビジネスのさらなる可能性と社会課題の多面的な性質を認識できるだろう。

特別章

日本におけるBoPビジネスの発展とBoP3・0の萌芽事例

平本督太郎
BoPグローバルネットワーク・ジャパン

BoPビジネスは、貧困などのグローバルイシューを解決するとともに、企業の持続的な成長を促すビジネスである。日本ではBoPビジネス元年とされる二〇〇九年以降、多くの日本企業がBoPビジネスに取り組んできた。最近、メディアではBoPビジネスという言葉を目にすることも自体は減ってきたが、日本においても、そして当然だが世界においてもBoPビジネスは進化し続けている。世界の潮流にのって進化し続ける日本企業も存在する。

本章では、BoP3・0の提言内容について事例を交えて補足するとともに、日本のBoPビジネスの現状と日本におけるBoP3・0の萌芽事例、そしてBoP3・0の普及に尽力するネットワークである〈BoPグローバルネットワーク〉の紹介を行う。

ＢｏＰの進化の流れ

さて、本書の中でも触れられているが、これまでＢｏＰビジネスにはＢｏＰ1・0とＢｏＰ2・0が存在するとされてきた。簡単に言えば、ＢｏＰ1・0とは、企業が自社の事業拡大のためにＢｏＰ層を消費者としてのみ捉え、小分け、小型化した製品・サービスを販売するといった、市場探索型のビジネスモデルである。これに対してＢｏＰ2・0は、「相互価値の創造」(Creating Mutual Value) という考え方を重視し、ＢｏＰ層を消費者としてだけではなく事業パートナーとして捉え、深い対話の中でＢｏＰ層のニーズを見出し、そのニーズを協力して満たしていくビジネスである。

そして、今回ＢｏＰビジネスの提唱者の一人であるスチュアート・ハートにより、世界各地域からＢｏＰビジネスにおける第一人者が招集され、世界中の最新動向と知見を取りまとめることにより、ＢｏＰビジネスのさらなる発展形としてＢｏＰ3・0が提唱されるに至った。

プロローグでも解説されている通り、ＢｏＰ3・0は、①目的とマインドセット、②オープンイノベーション、③イノベーションのエコシステム、④ラストマイルのためのイノベーション、⑤セクター横断的な提携ネットワーク、⑥持続可能な開発という六つの特徴を持つＢｏＰビジネスのことを表している。

さらにわかりやすくいうと、ＢｏＰ1・0、ＢｏＰ2・0があくまでも一つの企業や一つのビジネスで完結した概念であったのに対し、ＢｏＰ3・0は、複数の事業者・組織が協力し合い、ＢｏＰ層と共にビジネスのエコシステムを創造することを重視したビジネスモデルだといえる。

また、これまでＢｏＰビジネスにおいて重視されてきた「貧困削減」というテーマから、「持続可能な開発」へと視点を広げることも提唱されている。ＢｏＰ3・0とは、まさに持続可能な地域・

国・産業づくりを通じて、事業の収益性と社会インパクトを高めていくモデルなのである。また、本書では、企業はBoPビジネスに取り組む際、そもそも自社のミッションを見つめなおしたうえで、なぜBoPビジネスを行わなくてはいけないのかという理由を、明確にすることが必要だと提言されている。

このようにBoP3・0においては、企業に対して持続可能な開発への強いコミットメントを求めているがゆえに、表面的な「社会課題の解決」という意思表明ではなく、経営戦略の一部としてBoPビジネスを組み込むことが求められる。そして、具体的な企業のアクションとしても、BoP1・0、BoP2・0のように企業単位の事業だけではなく、地域・産業全体を視野に入れたエコシステムを形成する仕掛けが求められる。

未来をつくるビジネス

とはいえ、企業にとって着手しやすいアプローチは、BoP1・0だろう。携帯電話が普及し、都市部の情報が郊外や農村部にも伝わるようになってきた今、BoP層の中でも所得が高く、消費意欲が高い人々にアプローチすれば、人々の生活を豊かにすることができるだろう。そういった意味では、決してBoP1・0を全面的に否定する必要はない。企業によっては、現地の人々の生活向上に大きく寄与するビジネスモデルになりうる。しかし、このBoP1・0と、以降のアプローチの間には大きな隔たりが存在すると考えられるし、実際にBoPグローバルネットワークでも普及の対象としているのは、BoP2・0とBoP3・0のみである。その理由としては、BoP1・0は既存の社会システムを前提として生まれたビジネスであり、他方でBoP2・0とBoP3・0

は持続可能な社会の創造を前提としたビジネスであることがあげられる。大量生産・大量消費による経済成長を是とした既存の社会システムは、すでに持続可能ではないことが明らかとなってきている。そして、持続可能な社会システムを地球全体で構築していくためには、人口としてマジョリティを占めるＢｏＰ層と、既存の社会システムが抱える問題について身をもって経験してきている先進国の人々が協力し合うことが必要である。こうした観点から考えると、ＢｏＰ２・０とＢｏＰ３・０は、未来をつくるビジネスだといえる。しかしながら、ＢｏＰ２・０といった概念が普及し、それに取り組む企業と一緒に試行錯誤を繰り返していた結果、単一の企業や単一のビジネスでは、こうした新たな持続可能な社会システムを構築するには不十分であることも明らかとなってきている。だからこそ、いまエコシステムの形成に重きを置いたＢｏＰ３・０の普及が求められているのである。

クリーンスター・ベンチャーズによるＢｏＰ３・０の実践

それでは、より理解を深めるために、ＢｏＰ３・０の実例について紹介しよう。ＢｏＰグローバルネットワーク内でＢｏＰ３・０の実例として高く評価されている企業として、〈クリーンスター・ベンチャーズ〉があげられる。クリーンスター・ベンチャーズは、第6章で失敗事例の一つとして紹介されているクリーンスター・モザンビークの持株親会社であり、サグン・サクセナ氏が代表を務める事業開発会社である。同社は、木炭燃料の使用をバイオエタノールに切り替えることをミッションとしている。

サグン氏は、インド、ブラジル、モザンビークなどをはじめとする国々において、日給五～一〇ドルの一般家庭が調理用の燃料として木炭を利用し、それによって健康被害、温暖化、家計の圧迫など、さまざまな社会課題が生じていることに強い問題意識を持った。

また、その市場規模はアフリカ地域だけでも一二〇億ドルを超え、携帯電話市場の三倍に相当することを発見した。そのためクリーンスター・ベンチャーズは、①都市生活者にとってのより安価なエネルギー源の確保、②農家にとっての収入源の確保、③環境に優しい持続可能なエネルギーの開発という三つの視点で事業開発に取り組んでいる。具体的には、バイオエタノールの生産・販売、バイオエタノール用の調理用コンロの製造・販売を行っている。そして、すでに五万人を超える人々にバイオエタノールを供給するに至っている。

こうした取り組みだけでもBoP2・0の事例としては十分だが、クリーンスター・ベンチャーズがBoP3・0の先進事例である理由は他にある。それは、同社が事業会社ではなく、事業開発会社であるということである。すなわち、社会課題や環境

図 SP-1　BoP ビジネスの進化

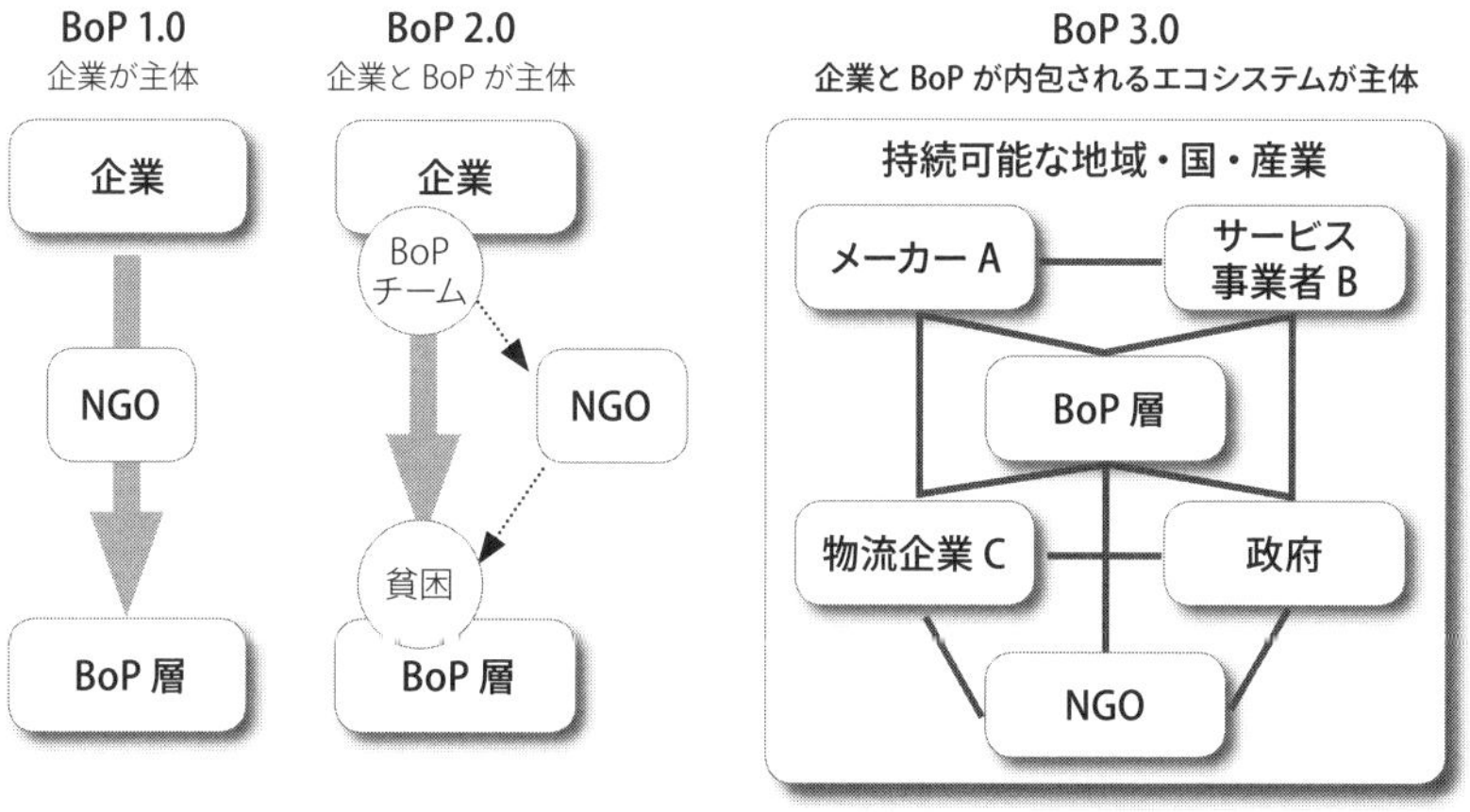

企業が自社の事業拡大のために、NGO 等を通じて BoP 層に対して小分け・小型化した製品等を販売する。

企業の BoP ビジネス担当が貧困削減という目的のために、BoP 層と原則一体一の関係で推進するビジネス。BoP 層と協力体制を構築することで、バリューチェーンの欠損を補う。また、展開の円滑化のため、現地をよく知る NGO に協力を仰ぐ。

様々なセクターが BoP 層と共に持続可能な地域・国・産業の創造を目指す。そのために、その地域・国・産業に存在する、または関わる組織が有するリソースを最大限に活用する。また、企業はその地域・国・産業で自らのミッションを成し遂げるための事業を展開する。

出典：経済産業省「平成 27 年度アジア産業基盤強化等事業（収益指向型 BOP ビジネス推進事業）最終報告書」より

問題解決を目的とした事業の探索、インキュベーション、創業を行い、事業が軌道に乗った段階で事業を譲渡してオペレーションを任せる、ということを繰り返す企業なのである。

サグン氏は世界的に有名なシリアルアントレプレナーであり、広大なグローバルネットワークを有している。そのため、事業の探索、インキュベーション、創業においては、そのネットワークを活かして世界中のリソースを収集し、事業の立ち上げやスケールアップを行う。しかし、事業が軌道に乗り、オペレーションをしていく段階になったら、きちんと現地の言語でマネジメントできる人材が経営者になったほうが良いとして、事業を譲渡する。そのため、クリーンスター・ベンチャーズは、経営人材バンクであり、ベンチャーキャピタルであり、事業開発型の研究開発機関でもある。

クリーンスター・ベンチャーズでは、特に事業の立ち上げ期において、核となる人材の不足が大きな障害になると考え、主に支援企業に派遣する三種類の人材リソースを確保している。一つ目の人材は、シリアルアントレプレナーである。実際に起業経験を豊富に有する人材が組織内にいることにより、事業立ち上げ時に必要となる、迅速かつ柔軟な意思決定が可能となる。二つ目の人材は、大企業の経営幹部経験者である。大きな組織を管理できる人材がいることにより、事業の拡大期に必要となるビジネスプロセスの仕組み化が容易になるとともに、大企業との連携も容易となる。そして、三つ目の人材はエシカル人材である。ここでいうエシカルとは、倫理的かつ客観的な判断をする意識・能力を持っていることを意味しており、例えば経理処理が適切に行える人材が派遣される。途上国ビジネスは、事業の成長とともに企業を誤った方向へと導く汚職や腐敗との接点が多くなってくる。そのため、正しく成長できるように導いていける人材が組織内に必要となってくる。

クリーンスター・ベンチャーズは、こうした核となる人材を確保しており、支援対象となる事業の拡大を促進している。実際に、サグン氏自身、シリアルアントレプレナーとして、複数の企業の役員を務めている。また、こうした取り組みに加えて、さまざまな事業を生み出していく中で、各事業会社で共通して活用できる物流・流通網、情報インフラ、工場などの施設、農地なども保有し、支援している事業会社に共有している。まさに、バイオエタノールに関連するエコシステムを形成しているのだ。

サグン氏によれば、エネルギー関連市場は巨大で、非常に魅力的なビジネスチャンスを秘めているが、家庭での木炭使用を止めるといった社会課題の解決は少数のプレイヤーでは難しいという。そのため、同時多発的に企業や公的機関、投資家などさまざまなプレイヤーに参画してもらい、ムーブメントを起こす必要がある。そして、大企業を巻き込むためには事業を軌道に乗せて譲渡する方法が有効であり、大企業が参画することで事業の拡大が容易となり、結果的に全体のインパクトが大きくなるのだという。

クリーンスター・ベンチャーズは、木炭燃料に関連する課題の解決をミッションとしているものの、事業自体はヘアサロンといった美容市場、料理や映画などのコンテンツ市場、郵便市場など、エネルギー関連市場以外のさまざまな市場に対する事業開発を行っている。また、製品開発においては、最新技術を積極的に活用し、ネット

図 SP-2　クリーンスター・ベンチャーズの製造・販売するバイオエタノール用の調理用コンロ

ワーク機能を有する無人キオスクの開発や3Dプリンタを用いた部材の開発など、世界中の技術の中で、自社の取り組みを加速させる技術を積極的に取り込んでいる。そういった意味で、まさにBoP3・0の六つの要素を実践している先進企業だといえる。

日本におけるBoPビジネスの現状

このように、世界ではBoPビジネスが進化し続けている。それでは、日本はどうだろうか？本章の冒頭にも記載したとおり、日本においてもBoPビジネスは進化し続けている。BoPビジネスがメディアで取り上げられることは少なくなり、関連のイベントも少なくなったが、BoPビジネス自体が行われなくなったのではない。逆に、日本において、BoPビジネスの本格的な発展が起きたのである。BoPビジネスへのメディアの注目が高まった2009年以降、BoPビジネスを新規事業の一つととらえた企業が中心となってさまざまな取り組みがなされてきた。しかし、本書で述べられたようなさまざまな障害に阻まれ、成果がうまくあがらない企業が続出した。また、残念ながら、企業内で収益を重視している人々の関心をひくことも難しかった。すなわち、今、BoPビジネスは企業の経営戦略の根幹に位置づけられ、企業内で収益の観点から大きな成果をあげている人たちが取り組むようになりつつある。彼らの中には、BoPビジネスという単語を知らない人たちも多い。単純に新興国ビジネスにおける戦略上の工夫としてBoPビジネスを取り込み始めているのである。

こうした発展を促したトリガーとして考えられるのが、「大企業・中小企業による新興国ビジネスの発展」、「第二世代のBoP起業家の登場」といった二つの変化である。

まず、「大企業・中小企業による新興国ビジネスの発展」について説明しよう。二〇〇八年のリーマンショック以降、日本企業は本格的に新興国に目を向け始めた。中国・インドといったアジアの巨大市場、統合が進むASEAN市場をはじめ、さまざまな新興国に本格的に進出をし、事業を発展させ始めた。当初は、日本企業は新興国ビジネスといっても、限られたリソースの投入しか行ってこなかった。そのため、新興国において事業を展開する地域は首都圏や地方の大都市など、国内の成熟都市に限られており、既存事業とBoP層との接点はほとんど見いだせなかった。

しかし最近では、国内拠点は増加し、進出エリアも拡大した。中小都市やその郊外、そして、スラム街や農村にまで既存事業の展開エリアが拡大するようになった。中小都市の郊外やスラム街・農村においては、BoP層がインフォーマルセクターとしてさまざまな事業を展開しており、企業のバリューチェーンになんらかの形で関与している。そのため、日本企業は自然とBoP層との接点を増加させていくことになったのである。元来、日本企業の中には、社会との共存共栄、理念の追求に力を入れる企業が多い。従って、既存事業を推進する中で、バリューチェーン上で接点を持つBoP層との共存共栄を実現する取り組みを始める企業が増えている。そして、それが結果として既存事業にBoPビジネスの要素を取り込むことにつながっているのである。

こうしたことからもわかる通り、私のこれまでの経験上、日本企業が

表 SP-1　日本企業による新興国ビジネスの発展と BoP ビジネスとの関係

	新興国ビジネス 1.0	新興国ビジネス 2.0	新興国ビジネス 3.0
進出形態	販売代理店などの現地パートナーを通じた輸出販売	現地拠点を設立し、マーケティング、アフターサービスを強化	国内拠点の増加、もしくは複数事業平行展開、製造拠点設立
展開地域	現地パートナーの展開地域のみ	主に、大都市首都圏など、国内の成熟都市のみ	近隣国への展開、もしくは中小都市郊外・スラム街・農村への展開
BoP ビジネスとの関係	● BoP1.0 しか既存事業との接点が見いだせない ● 新規事業として BoP2.0 を考えても、企業内の位置づけが低いため、リソースが十分に投入できない		● 既存事業において、BoP 層との接点が増加し、結果として BoP ビジネスの要素を既存事業に取り込み始める

BoP1・0を行おうとしたことは少なく、ほとんどの企業がBoP2・0まで視野に入れて活動をしている。先述したとおり、BoP1・0は、通常の新興国ビジネスの延長上であり、BoP層や彼らの抱える課題を意識せず、自らの製品・サービスを広く浸透させる活動である。こうした活動においては、現地との共存よりも、自社製品の普及が優先されることが多い。しかしながら、日本企業においては、BoPビジネスを進めようとしている日本企業に関わらず、あらゆる企業が現地との共存を前提に事業活動を進めている。

世界が認めた先進事例　良品計画

特に、最近の傾向としては、海外からの調達活動において、経営理念を重視した事業活動を進めた結果として、BoPビジネスの優良事例だと世界的に高く評価される日本企業が現れ始めている。通常、BoP層から富を搾取するという点においては、BoP層が保有する原材料や生産した製品を先進国に輸入して事業活動のリソースとする調達活動は、BoP1・0と同じ課題を抱えた活動である。しかし、日本企業はこうした活動においても、現地の自立を促す支援を行い、搾取ではなく共存をめざし、結果としてBoP2・0のビジネスモデルを確立している。

具体的な企業事例としては、〈良品計画〉の事業があげられる。良品計画はUNDPによる「ビジネス行動要請（Business call to Action）」に参加し、「カンボジア、ケニア、キルギスの手工業者の能力開発」というイニシアチブを推進している。これは、カンボジア、ケニア、キルギスの紛争後の社会の過渡期にある社会の女性をはじめとした、低所得層の手工業者500人の能力開発を実施するという取り組みである。★

★　UNDP「無印良品：カンボジア、ケニア、キルギスの手工業者の能力開発」

良品計画は、カンボジアの天然染商品、ケニアのソープストーン商品、キルギスのフェルト商品を調達し、日本をはじめとする先進国の店舗で販売している。良品計画は製品を調達するにあたって、国際市場で通用する品質水準や効率的な生産工程・包装・マーケティングに関して、現地の人々の能力が不十分であることに気づき、技術支援によってその問題を解決することを決断した。現地の手工業者を単なる製品の調達相手ではなく、共同で事業を推進していくパートナーとして捉えたのである。良品計画は自社独自の品質基準を有しており、その基準に沿って現地の手工業者と対話を繰り返しながら、技術支援を通じた品質向上を実現していった。また、化学物質の使用を減らすことで、環境への負荷を軽減すると同時に素材の特徴をこれまで以上に引き出すことに成功した。このことからわかるとおり、良品計画の取り組みは、単に手工業者の技術を高め、国際市場に参画できるようにすることで、手工業者の所得を高めるだけの取り組みではない。グローバル化の波の中で、途上国の伝統工芸にまで侵食しつつある生産性向上に伴う環境破壊といった現象を食い止める取り組みだともいえるのである。

過去のさまざまな経験から環境の持続可能性を維持することの大切さを学んだ先進国の企業として、途上国の人々に自らの技術を共有していくことは非常に重要である。現地の人々の伝統技術や意思を重視することも重要ではあるが、彼らだけではグローバル化の影響を避けることができないという現状から目を背けてはならない。こうした観点から、良品計画の取り組みは、彼らが意識していなかったとしても、現地のBoP層と共同して持続可能性の高い事業を想像していくことを重視するBoP2.0の先進事例だと位置づけることができるだろう。実際に、良品計画の取り組みは、2013年6月にUNDPの「ビジネス行動要請」に、アジアの小売業として初めて承認された。また、IFC（国際金融公社）が開催する「インクルーシブ・ビジネス・リーダーズ・フォーラム2013」にて、「インクルーシブ・ビジネス・リーダー賞」を受賞している。このことから、良品計画の取り組みが世界において高く評価されている。

良品計画の例からもわかるとおり、日本企業は特別なことをしなくても、途上国において自社の経営理念に沿った事業を展開していくことで、自然とBoP2・0を推進することができる素地を持っている。他方で、自社単独でBoP2・0を推進していくとなると、費用も時間もかかる。従って、現地のBoP層と日本企業の間をつないでくれる仲介者の存在が重要となる。それは、時には政府や国際機関であるかもしれないし、BoP層が住む村の村長やリーダーと豊富な接点を持っているNGOかもしれない。

良品計画の場合は、調達先となる現地パートナーの選定において、JICAからの支援を受けることで、現地のBoP層との関係構築を円滑に行うことができた。現在、JICAをはじめとする日本政府関連機関の中には、BoPビジネスに関連する取り組みに対する支援制度を有している機関が複数存在している。こうした支援制度を活用することも、BoP層との関係構築に向けた取り組みの第一歩としては有効だと考えられる。

関連する日本政府による主な支援制度としては、以下のような支援制度があげられる。★

◆「飛びだせJapan！世界の成長マーケットへの展開支援補助金」（経済産業省）
◆「途上国における適応対策への我が国企業の貢献可視化に向けた実現可能性調査事業」（経済産業省）
◆「草の根・人間の安全保障無償資金協力」（外務省）
◆「協力準備調査（BOPビジネス連携促進）」（JICA）

★　JICA等のウェブサイトをもとに作成

◆「普及・実証事業」（ＪＩＣＡ）

こうした支援制度はフィージビリティ調査のための調査資金や助成金等を提供するものが多く、時に提供される資金の額が注目を受ける。しかし、実際に制度を活用した企業にとっては、調査資金や助成金といった金銭的なリソースよりも、日本政府のプロジェクトとして推進ができるといったプロジェクトの信頼性を向上させる効果のほうが大きいという。具体的には、地方の中小企業であっても、途上国におけるＪＩＣＡやＪＥＴＲＯなどの現地事務所の協力をはじめ、ＵＮＤＰやＵＮＩＣＥＦ、ＩＦＣといった日本政府と密接に連携している国際機関の東京事務所や現地事務所の協力、さらには、現地政府やＮＧＯの協力などが受けやすくなるという効果がある。

特に、途上国において事業の立ち上げを円滑に推進していくためには、現地パートナーが信頼できる人・組織なのかを検証することや、現地パートナーが楽な方向に流されないようにけん制することが重要である。支援制度への採択をきっかけに上記機関とのネットワークや良好な関係の構築を築いていくことによって、そうした課題を乗り越えていくことが容易となることだろう。

こうした支援制度についても、無理にＢｏＰにフォーカスした取り組みに使われるのではなく、通常の新興国ビジネスの延長上にある取り組みに活用されていくことになれば、日本企業におけるＢｏＰビジネスの本格的な発展をさらに促進させることにつながるのではないかと考えられる。

次に、「第二世代のＢｏＰ起業家の登場」について説明しよう。「ＢｏＰビジネス元年」と呼ばれた二〇〇九年においても、ＢｏＰビジネスを推進しようとする起業家は大勢いた。しかし、残念ながら、既存市場におけるビジネスにおいて、過去に大きな成功を得た経験を有しておらず、いきなり

ＢｏＰビジネスに挑戦するといった起業家が多かった。そのため、うまくいった企業でも社会課題の解決と収益創出の両立ができない、もしくはできたとしても非常に小さな規模でしか行えず、スケールアップを実現することができない、という結果に陥る起業家が多かった。

現在は、これまで複数の事業の立ち上げ・拡大を手掛けてきたシリアルアントレプレナーや、大企業の中で成果を上げたのちに独立した起業家が、ＢｏＰビジネスに取り組むことが多くなった。彼らは、事業で収益を上げることはもちろんのこと、事業の拡大や大企業との取引に関して豊富な経験を有している。そのために、ＢｏＰビジネスにおいても、儲けの源泉をしっかりと確保したうえで、事業を推進している。そして、なぜ自分がＢｏＰビジネスに取り組む必要があるのか、ＢｏＰビジネスに取り組むことが他社との差別化にどのように結びつくのかをしっかりと理解している。だからこそ、ＢｏＰビジネスを事業の中核におき、事業を推進しているのである。

例えば、〈Ｄａｒｉ Ｋ〉は、モルガン・スタンレー証券株式会社（現モルガン・スタンレーＭＵＦＧ証券）出身の吉野慶一氏が代表を務めており、発酵技術によりカカオの付加価値を向上することで、インドネシア農家の生活向上に貢献しようとしている。従来の国際開発手法であれば、技術支援の成果が出た後に販売先を探そうとする。しかし、Ｄａｒｉ Ｋは技術支援を行いながらも、まず自社でカカオ豆を買い取り・発酵させたうえで、チョコレートを製造・販売し、先行してインドネシア産のチョコレートに関する市場評価を高めている。結果として、農家が発酵技術を習得した際に、販売先が確保できる状況を作り出すことができるのである。また、Ｄａｒｉ Ｋも国際市場によって価格が乱高下するカカオ豆を安定的に調達することが可能になる。Ｄａｒｉ Ｋのように大企業の第一線で活躍した人物が設立したベンチャーに共通しているのは、構想力の高さである。ＢｏＰビジネスの成功には今起こっている現象を理解するための土着力に加え、市場のお金の流れを理解したうえで、問題の本質をとらえ段階的に解決していくストーリーを描く構想力が必要である。彼らは、大企業の第一線で活躍することで、この構想力を身につけることができたのだと考えられる。今後、彼らの活躍が知れ渡ることによって、ますます同様の能力を持つ起業家が増えていくと考えられる。

こうした2つの変化により、日本企業のBoPビジネスにおいて、「貧困などのグローバルイシューの解決」と、「企業の持続的な成長」の両立が現実的になってきた。そして、最近では、世界でもまだ事例が限られているBoP3・0の萌芽事例も現れ始めている。そのうちの二社が、以下に紹介する〈会宝産業〉と〈フロムファーイースト〉である。

BoP3・0の萌芽事例① 会宝産業

①企業概要

会宝産業★は、日本を代表する自動車リサイクル企業であり、いわゆる「静脈産業」のパイオニアとして、使用済み自動車を正しく解体し、資源として活用することに取り組んでいる。「静脈産業」とは、作ったものを循環させる産業のことであり、製品を製造して市場に供給する「動脈産業」の対義語として用いられる。会宝産業は、日本において中古車、廃車を買い取り、それをリサイクルする際に中古部品を取り出して海外に輸出している。国際的な自動車リサイクルネットワークを構築することで、世界七四カ国に対する販売を実現し、売上に占める輸出の割合は七五パーセントを超えている。

現在、JICAによる支援制度を用いて、ナイジェリアやブラジルで、技術者育成を通じた

★ http://kaihosangyo.jp/

自動車リサイクルに関するバリューチェーンの構築に取り組んでいる。その一環として、現地でスカベンジャー（ごみやくずを拾い集めて生活する人）として生計を立てているＢｏＰ層の育成を行っている。

②既存社会・業界が抱える課題

現在、アジア・アフリカを始め世界中のどの国でも、日本車が多く走っている。アフリカのような開発途上地域においては、そのほとんどが中古車であり、整備・修理に用いる部品も中古部品が使われることが多い。こうした中古部品を取り扱っているのは現地のバイヤーであり、バイヤーの顧客にはタクシーやトラック・バスなどの個人事業主や小規模企業、ＢｏＰ層の営む修理業者が含まれる。そのため、日本企業の積極的な関与があるかどうかは別として、日本製の自動車や自動車部品とＢｏＰ層は既に強いかかわりを持っている。残念ながら、こうした状況を日本企業は手放しで喜ぶことができない。それは、日本企業が積極的に関与して市場の整備を行ってこなかったために、現在の中古自動車部品市場は安全性が担保されておらず、透明性が低いため、多くの人々が不利益をこうむっているからである。

そこには、日本企業が絶対に扱わないような、耐用年数をすぎた日本製の中古部品が出回っている。そして、中古部品の品質を見極められるかどうかは、バイヤーの目利き力にかかっていた。そのため、目利き力・交渉力がないバイヤーや最終顧客が、品質の悪い部品を高く買わされるといった状況や、品質の良い中古部品であっても安い価格で取引をされてしまうという状況が起きている。また、品質の悪い中古部品のスクリーニングが行われないために、最終顧客が交通事故に見舞われることも少なくない。このように、これまで、中古自動車部品市場は、品質が良くても悪くても、それが価格には反映されず、安全性も担保されていない透明性が低い市場であった。

③現在推進している取り組み

こうした状況を鑑みた会宝産業は、「ＪＲＳ（Japan Reuse Standard／日本安全基準）」と「中古部品オークション」といった仕組みを活用したプラットフォームを構築することで、中古部品市場において、誰もが品質の良い部品は高く、品質の悪い部品は安く取引ができ、粗悪品は部品としてではなく、スクラップとして取引されるようにする仕組みを構築した。

まず、「ＪＲＳ」とは、誰もが中古部品の品質を把握できるようにする仕組みであり、会宝産業独自の品質表示規格である。ＪＲＳでは、例えばエンジンに対して内部のオイル汚れや年式、始動状態などを5段階で評価し、タグにつけて表示をしている。

こうした中古部品の見える化を実現した「会宝ブランド」の確立により、海外のバイヤーが持つリスクを削減し、結果として、販売量の増大と日本の中古部品の信頼性回復を実現した。またケニアにおいては、現地企業と

図 SP-3　会宝産業のエコシステム

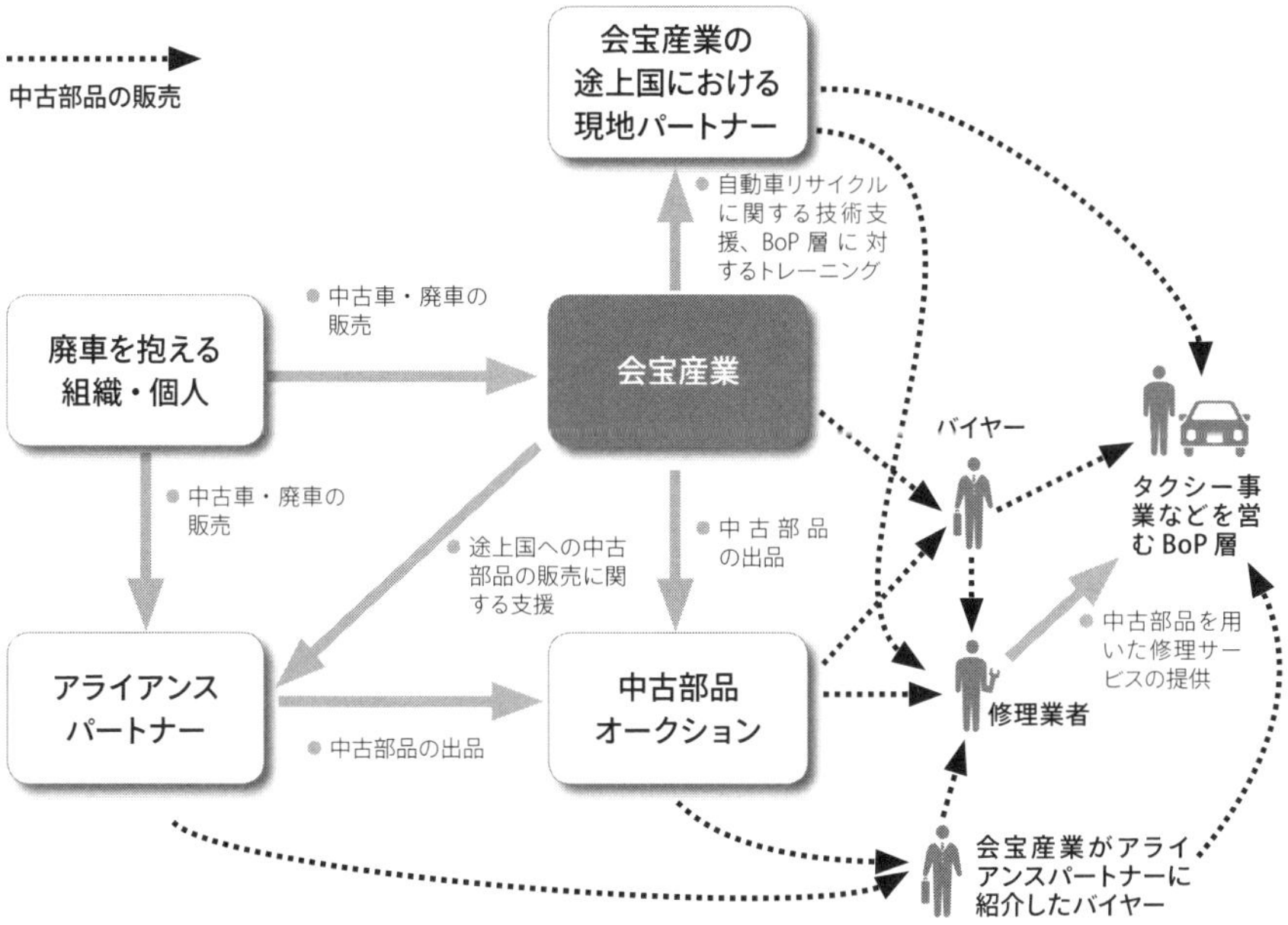

の合弁会社である〈マエジ・カイホー・インターナショナル〉を通じてＢｏＰ層が多く集まる地域で、ＪＲＳのタグが付けられたエンジンを直接販売している。

さらに、ＪＲＳを世界に普及させるため、ＪＲＳをベースに国際規格に準拠した公開仕様「ＰＡＳ７７７」の発行を実現した。将来的にはＩＳＯ化を実現し、アフリカを始めとしたさまざまな途上国において、各国政府の規制に組み込むことで、品質の高い中古車部品市場の確立をめざしている。こうした業界のグレーゾーンに切り込んだ取り組みは、今後日本企業がＢｏＰビジネスを推進する際に、市場との関係を深めていくうえで参考にすべき取り組みだと考えられる。

次に「**中古部品オークション**」とは、数千の中古部品業者が集まる世界最大の物流拠点であるアラブ首長国連邦（ＵＡＥ）のシャルジャに設立された、オンライン入札の中古部品オークションである。会宝産業は二〇一四年七月に現地法人を設立し、同年一二月から週に一回オークションを開催している。これは、先述したＰＡＳ７７７を用いた公正な部品価格マーケットを実現するための仕組みである。

従来は、自動車部品には品質による価格差がつきにくい状況であったが、オークションにおいてＰＡＳ７７７の評価に応じた価格での入札が行われることで、高品質なエンジンには高値がつくという状況が生じる。これまで、中古部品の品質評価は主に会宝産業の売上向上に貢献していたが、オークションの仕組みによって、利益率が向上するとともに、日本からの中古部品の輸出全体に対する付加価値向上にもつながると考えられる。アフリカ市場においては、中東から自動車部品を調達する現地企業も多く、中東にこうした仕組みを作ることは、会宝産業のアフリカ事業の拡大に大きく寄与すると考えられる。

また、こうした市場に日本の中小企業が参入する障壁を下げるために、供給側の自動車リサイクル企業向けに「会宝リサイクルアライアンス（ＫＲＡ）システム」というプラットフォームも設立している。「ＫＲＡシステム」とは、自動車リサイクルにトレーサビリティを導入するためのシステムで、使用済み自動車から取り出した部品一つ一つに対して、仕入れから販売までの情報を一貫して管理することができる。

会宝産業は、このシステムを五社のＫＲＡネットワーク企業に導入することで、企業の枠を超えた経営効率の改善を実現している。そして、これらはすべてＫＲＡシステムに情報が集約され、「会宝ブランド」の部品として出荷されている。

さらに、競合他社を提携先企業と捉え、バイヤーの紹介や、コンテナ積込管理、貿易書類作成、資金回収などの業務を代行する商社機能を備えることでネットワークの強化に努めている。もちろん、販売代行をする場合には個別バイヤーとの取引だけではなく、先述した中古部品オークションを通じた販売も行われる。これらの取り組みを核としたネットワークの構築により、国内の車輛調達基盤を拡大し、海外需要の高まりに対応できる体制を整え、結果として中小企業一社では難しい途上国の急成長にあわせた継続的な成長を実現している。

会宝産業は、こうしたプラットフォームの創造・活用により、市場における透明性の向上を実現し、中古部品の利用者である新興国・途上国のＭｏＰ（ピラミッドの中間）層、ＢｏＰ層、バイヤー、日本の中小企業など全てのステークホルダーが、安心して中古部品市場に関われるようになる仕組みを作り、それを自社の継続的な成長につなげているのである。

④ＢｏＰビジネスとしての意義

こうした会宝産業の取り組みを、ＢｏＰビジネスの視点から改めて整理してみよう。会宝産業が日本で行っている自動車リサイクル事業、これは廃棄物処理という観点から世界で共通して必要とされる環境ビジネスである。会宝産業は、リサイクル事業を通じて中古部品を発展途上国へと輸出する。この販売先には、最終的にＢｏＰ層の修理業者などが含まれるため、ＢｏＰ１・０のビジネスとして捉えられる。会宝産業は、ここに留まることなく、自動車リサイクルの仕組みやそれを成り立たせている制度ごと、ナイジェリアやブラジルに輸出をする。その中で、現地のインフォーマルセクターで、スカベンジャーとして廃車から中古部品を違法に回収して販売しているＢｏＰ層を育成していくこととなる。ＢｏＰ層と共に、これまでインフォーマルセクターとしてしか存在していなかった市場をフォーマル化していく共創活動は、ＢｏＰ２・０のビジネスとして捉えられる。

そしてさらに、こうした市場に他社が積極的に参入してくれるようなプラットフォームを創造している。まず、競合他社を提携先企業と捉え、中古部品の販売を代行し、誰もが中古部品の品質を把握できるようにする「ＪＲＳ」という仕組みを構築したうえで、誰もが参加可能な「中古部品オークション」を設立している。中古部品の調達部分、販売部分の双方に誰もが参加できる仕組みを構築し、品質表示規格を導入することで、市場自体を拡大すると同時に市場の透明性と安全性の改善を行っているのである。

つまり、単純な中古部品の販売にとどまらず、競合他社を含むさまざまなステークホルダーを巻き込んだ仕組みや、新しい業界規範をつくることで、エコシステムとして持続的に成長していくような基盤をめざしているのである。これはまさしくＢｏＰ３・０の特徴を備えはじめているといえるだろう。

ＢｏＰ３・０の萌芽事例②　フロムファーイースト

①企業概要

フロムファーイーストは、二〇〇三年に設立された大阪のベンチャー企業である。「美容室向け商品の製造販売、一般向け美容商品の製造販売」の事業を手がけ、主にオーガニック原料を使った石鹸・シャンプーを中心とした美容商品を美容室・一般消費者に販売している。

具体的には、オーガニックココナッツなどの天然素材のみから作られる、無添加かつノンキャリーオーバーの製品である石鹸やシャンプーを自社のＥＣサイト「みんなでみらいを」★を通じて日本で販売している。人間の肌に対して非常に優しく、そのまま自然界に廃棄しても地球に環境負荷をかけない製品である。

フロムファーイーストの創業の背景には、代表の阪口竜也氏の地球環境に対する問題意識がある。一九九二年にブラジルのリオデジャネイロで開催された「環境と開発に関する国際連合会議」で、当時わずか一二歳の少女だったセヴァン・スズキが未来のために環境保全を訴えたスピーチに感銘を受け、現在の「経済発展＝環境破壊」の仕組みを変え、「環境保護＝経済発展」となる仕組みが必要だと考えた。そのためには、自分自身も行動を起こす必要があり、人々が日常生活を送る中で健康になり、環境も改善していくような事業をすべきだと考えるようになった。

経営理念に「心の幸せ、身体の幸せを日本から世界へ」とあるように、創業当時から日本だけでなく海外での事業展開も視野に入れていた。日本の美容業界で培われた高い技術を途上国で活かし、現地の人々と一緒になって、販売者・消費者・地球環境すべてによい影響を与えるビジネスを実施したいという思いを抱いていた。

★　http://minnademiraio.net/

現在、フロムファーイーストは、カンボジアの農村部で植林・製品開発・環境への再投資という循環型のBoPビジネスを展開している。BoP層とともに植林をして洪水抑制を行うとともに、植林した樹木から得られる葉・実・油などの原料を日本に輸出し、日本市場でシャンプーや石鹸やヘアカラー剤などの美容関連消費財を販売し、そこで得た利益をより広範囲の植林へ再投資していく仕組みだ。最終的には、現地において安定的な製造体制が構築できた後に、シェムリアップ市内の観光客や現地美容室を通じた富裕層・中間層向け販売も現地で行うことで、その循環を強めていくことをめざしている。

②既存社会・業界が抱える課題

こうした事業を推進している背景としては、気候変動の影響による社会課題の増大が存在する。カンボジアでは、気候変動の影響で洪水の被害が年々多くなってきている。農作物を流されたり、財産を流されたりすることで、BoP層の生活が一層苦しくなっている。その一因となっているのがカンボジアでの大量の森林伐採である。フロムファーイーストによる現地調査によって、洪水被害を抑制してくれる森林がない地域ほど、BoP層の生活が不安定になっていることがわかった。そのため、ただ単に原材料を調達するのではなく、BoP層の住む地域やBoP層が有する農地を守るための森を広げていくことで、原材料の持続的な調達と洪水被害の抑制を両立することをめざしている。

③現在推進している取り組み

フロムファーイーストのビジネスの具体的な構造は以下の通りとなる。フロムファーイーストと、

〈IKTT（クメール伝統織物研究所）〉〈コズミック〉の三社でコンソーシアムを構成し、さまざまなプロジェクトを実施している。まず、フロムファーイーストがコズミックから牡蠣殻を原材料とした土壌改質剤を購入し、シェムリアップ近郊の農村を管理している現地NGOであるIKTTに無償提供をする。その後、コズミックがIKTTに土壌改質剤を用いた農業手法に関する指導を行い、IKTTがモリンガやココナッツ、インディアンアーモンドなどの栽培を行う。フロムファーイーストは、IKTTが植物から抽出した原料（液や粉末）を購入し、日本で製造するシャンプーや石鹸、ヘアカラー剤の原材料として使用し、日本市場で高付加価値製品として販売を行う。そこで得た利益を、土壌改質剤や栽培植物の種、人件費などに再投資をし、植林面積の拡大を行い、安定的な原材料の供給体制を確立させる。

　この取り組みを始める前までは、美容商材のエクステを主に販売する企業であった。また、阪口氏は大手美容室チェーンの経営に参画していた経験があり、こうした既存の販売網や人脈を活用して、売り先を確保した上でBoPビジネスの立ち上げに取り組んだ。

　また、フロムファーイーストは既存の顧客に依存することなく、その顧客を軸にしながらも、初期の段階で製品のテスト販売を行うことで、自社の新たな製品に対する購買意欲が高い新たな顧客網を

図 SP-4　フロムファーイーストのエコシステム

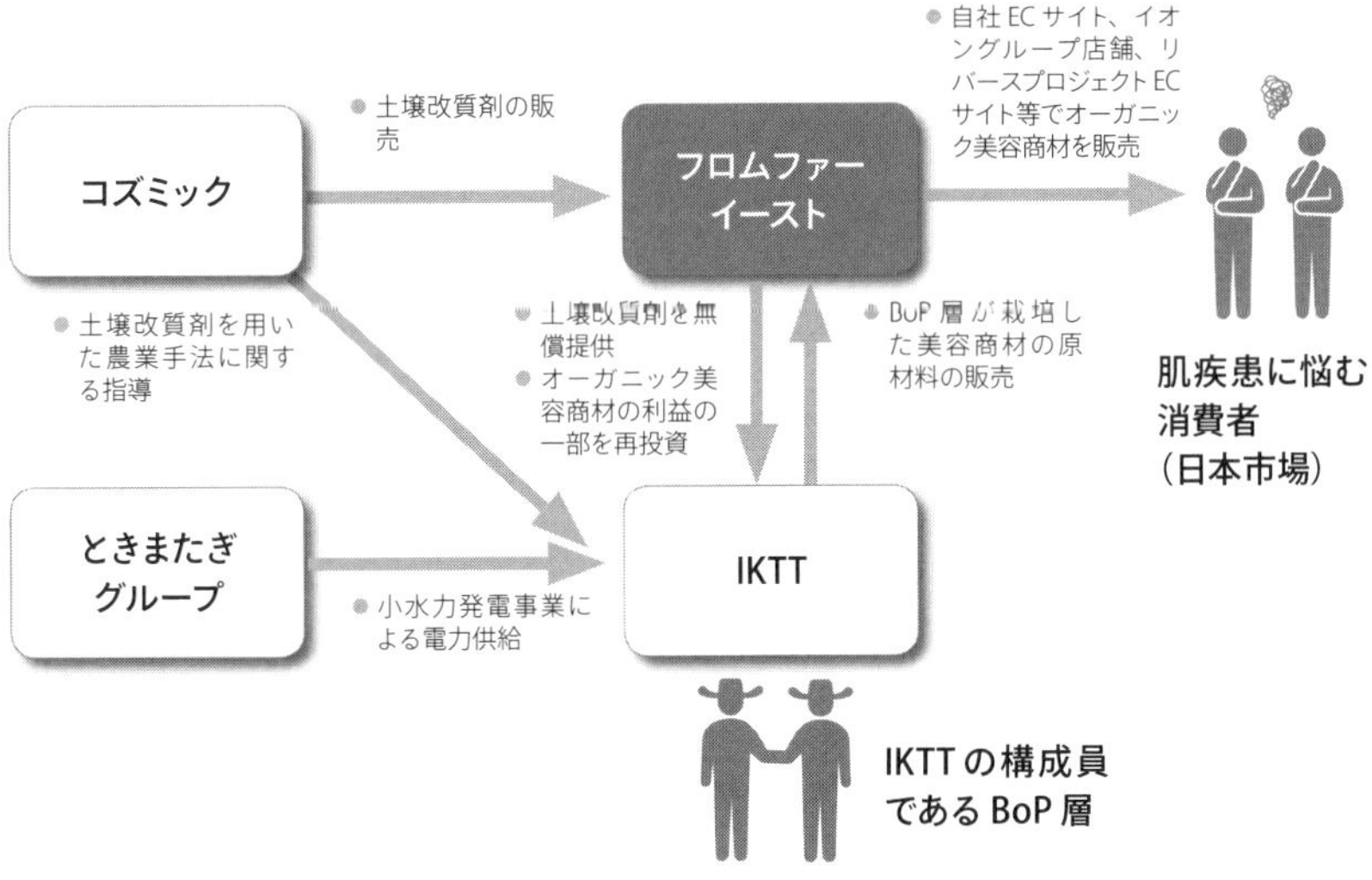

開拓していった。また、テスト段階においては、事業化のめどをつけることを優先した展開手法を採用した。具体的には、最初は現地で栽培した植物から抽出した原材料ではなく、原材料の提供に関する事業を既に行っている別の企業から同様の原材料を調達し、OEM企業へ生産委託を行い、製品を開発し、それをテスト販売する中で事業性を見極め、その後現地で栽培した植物から抽出した原材料に置き換えていくといった手法を採用したのである。こうした手法を用いることで、迅速に製品に対する顧客ニーズを把握し、事業化を実現するのに必要な製品を開発することに成功した。

最初に発売をしたのはココナッツオイルであり、これは土壌改質剤によって成長を促進させたカンボジアのココナッツを用いた製品である。近年、ココナッツオイルは日本市場においてブームとなっており、多くのメディアで取り上げられてきた。実際に、このブームに乗って、フロムファーイーストの取り組みがメディアに取り上げられた。他方で、こうした美容商材は、ブームの移り変わりに応じて売れる商品が入れ替わっていく性質を持つ。ココナッツオイルに関しても、現在は同市場への数多くの企業参入による競争過多とブームの冷え込みによる需要低下により、急速に製品販売の収益性が低下してきている。

フロムファーイーストは、こうした市場の特性を理解しており、ココナッツオイルの次に注目されると見込まれている、モリンガを活用した美容商材の事業化に早くから通り組んできた。

モリンガは成長が早い植物でもあるため、現地での植林に関しても非常に効率的に行うことができる。既に、モリンガタブレット、モリンガオイルはテスト販売が行われており、その売れ行きが良いために、大手流通チェーンである〈イオン〉グループの複数店舗で取り扱われ、現在取扱店舗が急増している状況である。また、モリンガの成長が早いため、カンボジアで抽出した原材料を活用した製品の販売も早期に実現する予定である。

さらに、フロムファーイーストは、さまざまな経営者をシェムリアップに連れていき、現地のさらなる地域・産業発展を促進している。その成果の一つとして、大阪を拠点としている〈ときまたぎ〉グループは、現地でのＢｏＰ層の生活や製品製造に必要な電力を供給する小水力発電事業に着手した。異なる業界の企業が参画することにより、地域の持続的な発展が一段と加速されることとなった。

さらに、フロムファーイーストでは、こうした他社の参入を継続的に促進する仕組みも構築し始めている。例えば、二〇一六年三月には、後述するＢｏＰグローバルネットワーク・ジャパンとともに、カンボジア・シェムリアップにて、「持続可能なコミュニティと革新的ビジネスのためのラウンドテーブル２０１６（ＳＩＲ２０１６）」というイベントを実施した。このイベントは、すでに新興国・途上国市場で事業運営などを行ってきた人の円卓であるアクティブサークルと、これから同様の取り組みに興味・関心を持ち、自らの今後の計画を宣言できる人の円卓であるフューチャーサークルから構成されている。そして、アクティブサークルの人々が自らの活動をモニタリングするとともに、フューチャーサークルの人々のメンター、もしくは経営アドバイザーとなるという、アクティブサークルの拡大をめざした取り組みとなっている。イベントは招待制であり、アクティブサークルに所属する人がアクティブサークルに所属できる能力や経験を持った人、アクティブサークルに将来参加できそうな可能性を秘めた人を招待することで、質の担保を図っている。

④ＢｏＰビジネスとしての意義

こうした取り組みを、ＢｏＰビジネスの視点から改めて整理してみよう。まず、フロムファーイーストは、カンボジアの農村部において土壌改質剤を用いてＢｏＰ層とともに植林をし、植物から得た原材料を用いて美容商材を作り、日本市場で販売をしている。そして、そこで得た収益を元に植林を拡大していくことで、ＢｏＰ層が受ける洪水被害を抑制している。自然を守りながら自然から得た実や油を有効活用し生活を豊かにするといった手法は、これまでもＢｏＰ層が自然と共生していくために用いてきた手法である。その手法をベースとしている活動は、ＢｏＰ２・０のビジネスとして捉えられる。

さらに、フロムファーイーストはＢｏＰ３・０に関する取り組みとして、シェムリアップにおける自社の事業対象地域に、異なる業界のさまざまな企業を呼び込むことによって、業界横断型の地域・産業発展を促している。ＳＩＲ２０１６にも、一〇名以上のアクティブサークルの人々が参加した。こうした仕組みからさらに連携の輪が広がることで、対象地域の持続可能な開発はより一層進んでいくものと考えられる。この取り組みが成熟してエコシステムが確立されていけば、より広範囲でＢｏＰ層に寄与しながら自らも成長する企業が増え、ＢｏＰ３・０で提唱される仕組みが完成されるだろう。

ＢｏＰグローバルネットワーク・ジャパンが推進する六つの事業

上記のように、日本にもＢｏＰ３・０の萌芽事例といえる企業が登場し始めている。本書の執筆者達が所属しているＢｏＰグローバルネットワークは、こうした世界中のＢｏＰ３・０の萌芽事例を発見し、支援していくために、世界中のＢｏＰビジネス関連のプレイヤー間のネットワークを構築・拡大し続けている。そもそも、ＢｏＰグローバルネットワークとは、ＢｏＰビジネス考案者であるスチュアート・ハート教授によって二〇〇七年に創設された、有識者ネットワークである。

ＢｏＰグローバルネットワークは、各国のＢｏＰビジネス業界における主要プレイヤーとすでに協力関係を築きあげている大学・シンクタンクをさらにネットワーク化することで、ＢｏＰビジネスに関するエコシステムの創造を推進することを目的としている。

世界においては、二〇一六年五月時点で二八のラボが参画しており、先進国のみならず、ＢｏＰビジネスの対象地である途上国にもラボが多く設置されている。どこか特定の地域に偏らず、あらゆる地域にラボが設置されているのが特徴である。

日本のラボは私が現在代表を務めている。拙著『ＢｏＰビジネス戦略』出版をきっかけに二〇一一年にスチュアート・ハート教授から設立依頼を受け、同年九月に設立したものである。また、日本のラボは二〇一六年七月に法人化をし、今後六つの事業を推進していくこととなる。一つ目は、「ＢｏＰイノベーションラボ」事業である。これは、世界のＢｏＰビジネスの潮流の日本向けの発信、日本の先進事例の世界向けの発信と、そのベースとなる研究事業のことを指す。二つ目は、「ＢｏＰビジネスアワード」事業である。これは、日本企業の中でＢｏＰ3・0推進企業や萌芽事例の企業を表彰するとともに、日本の代表事例として世界に向けて情報発信していく事業である。三つ目は、「ＢｏＰバーチャルファンド」事業である。これは、ＢｏＰビジネスに関する社会起業家を応援する篤志家のネットワークを作ることで、新たなＢｏＰビジネスの創出や将来有望なＢｏＰビジネスのスケールアップに必要な資金の流れを

図 SP-5　BoP グローバルネットワーク・ジャパンが推進する 6 つの事業

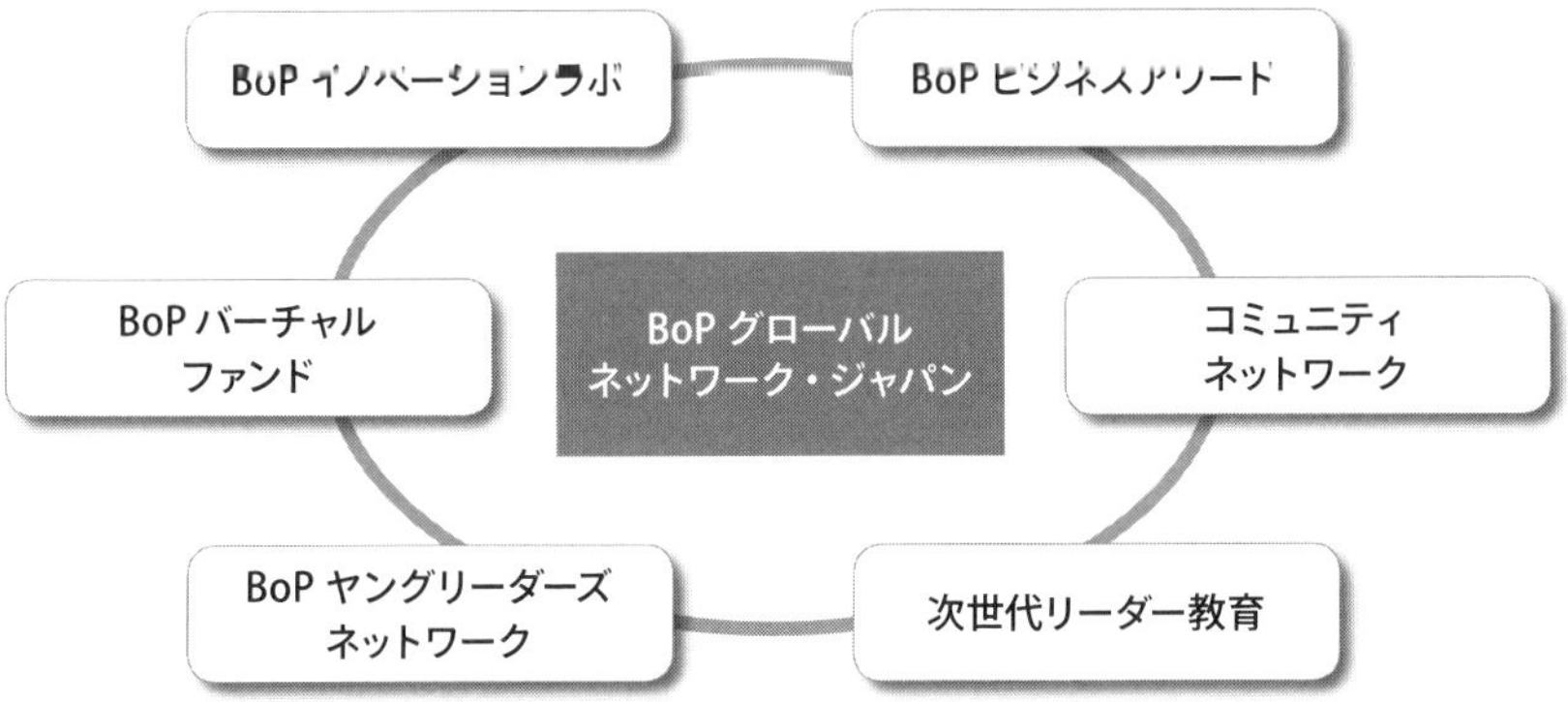

生み出す事業である。四つ目は、「コミュニティネットワーク」事業である。これは、ＢｏＰ層が多く住む途上国の農村と日本の地方コミュニティをつなぎ合わせることで、お互いの地域が有する課題を共有し支えあっていくためのネットワークを組成する事業である。五つ目は、「ＢｏＰヤングリーダーズネットワーク」事業である。これは、ＢｏＰビジネスの発展を牽引している三〇～四〇代のリーダーを核とし、グローバルイシューの解決に興味・関心が高い経営者のネットワークを組成する事業である。フロムファーイーストと共催したＳＩＲ２０１６がこれに該当する。六つ目は、「次世代リーダー教育」事業である。これは、ヤングリーダーの候補になりうる経営者を世界の第一線で働いている人物とつなぐことで、リーダーに必要な視野・価値観を養っていく事業である。

ＢｏＰグローバルネットワーク・ジャパンでは、これら六つの事業を推進していくことで、日本におけるＢｏＰ2.0、ＢｏＰ3.0を推進するプレイヤーの増加、日本と世界のＢｏＰビジネス関係者のネットワーク構築に貢献することをめざしている。二〇一六年から二〇一七年にかけて、アジアにおいて、ＢｏＰグローバルネットワークのアジア会議と世界会議が行われる。ＢｏＰグローバルネットワーク・ジャパンは、各会議の日本の窓口を担うが、近い将来、日本でも開催できるように準備を進めていく。なお、ＢｏＰグローバルネットワーク・ジャパンでは現在、個人会員、法人会員とともに募集をしているため、興味・関心がある方は詳細をウェブサイトにて確認のうえ、是非活動に参画してもらいたい。

本書の発売をきっかけに、こうした世界でのＢｏＰビジネスに関する取り組みに、より多くの日本人・日本企業が参画するとともに、日本の素晴らしい取り組み、考え方が世界に広まっていくことを心より祈っている。

25　Gupta, R., and S. Gangopadhyay (2013) "Urban Food Security Through Urban Agriculture and Waste Recycling: Some Lessons for India", *Perspectives* 38.3: 13-21.

26　前掲. Gupta, R., and S. Gangopadhyay (2013).

12章

1　Hart, S.L. (2010) *Capitalism at the Crossroads* (Upper Saddle River, NJ: Prentice Hall, 3rd edn).（『未来をつくる資本主義［増補改訂版］』スチュアート・L・ハート著，石原薫訳，英治出版，2012年）

2　Immelt, J.R., V. Govindarajan and C. Trimble (2009) "How GE Is Disrupting Itself", *Harvard Business Review* 87.10: 56-65.

参考文献

- BoP Global Network (2013), *Raising the Base of the Pyramid Through Enterprise: Innovative Case Studies of BoP Ventures and Initiatives* (Barcelona: Global CAD/ESW/BoPGlobal).
- Japan Ministry of Economy, Trade and Industry (2012) *Study on Sustainable Contribution by the Japanese Private Sector to Developing Countries' Adaptation Needs* (Tokyo: Ministry of Economy, Trade and Industry).
- Japan Ministry of Economy, Trade and Industry (2014) *Projects to Contribute Overseas to Countermeasures Against Global Warming Caused by Carbon Dioxide from Non-Energy Sources (Project For Visualization Of Contributions by Japanese Companies Relating to Countermeasures Adopted and the Prevention of the Decline and Degradation of Forestry in Developing Nations) in FY 2014* (Tokyo: Ministry of Economy, Trade and Industry).（経済産業省『平成26年度非エネルギー起源温暖化対策海外貢献事業（途上国における適応分野の我が国企業の貢献可視化事業）詳細版報告書』http://www.meti.go.jp/meti_lib/report/2015fy/000015.pdf）
- Koike, J., T. Hiramoto and T. Izumi (2013) *Strategy to Develop Frontier Markets with Emphasis on Adaptation to Climate Change* (NRI Papers 191; Tokyo: Nomura Research Institute).（小池純司，平本督太郎，和泉隆則「気候変動の適応策に着目したフロンティア市場の開拓戦略」野村総研，2013年 https://www.nri.com/jp/opinion/chitekishisan/2013/pdf/cs20130403.pdf）
- Prahalad, C.K. (2004) *The Fortune at the Bottom of the Pyramid* (Upper Saddle River, NJ: Wharton School Publishing).（『ネクスト・マーケット』C・K・プラハラード著，スカイライトコンサルティング訳，英治出版，2005年）
- Prahalad, C.K., and S.L. Hart (2002) "The Fortune at the Bottom of the Pyramid", *Strategy +Business* 26: 1-14.
- UNFCCC (2014) "Adaptation Private Sector Initiative (PSI)", http://unfccc.int/adaptation/workstreams/nairobi_work_programme/items/4623.php.
- Watanabe, S., T. Hiramoto and N. Tsuzaki (2012) *Developing BoP Business as the Principal Strategy in Emerging and Developing Economies (Volume 1): Paving the Road to a New Market that is Expected to Reach 5.5 Billion People and 70 Trillion Dollars by 2030* (NRI Papers 172; Tokyo: Nomura Research Institute).（渡辺秀介，平本督太郎，津崎直也「新興国・途上国における王道戦略としてのBoPビジネスの実践（上）」野村総合研究所，2012年 https://www.nri.com/jp/opinion/chitekishisan/2012/pdf/cs20120103.pdf）
- Watanabe, S., T. Hiramoto and N. Tsuzaki (2012) *Developing BoP Business as the Principal Strategy in Emerging and Developing Economies (Volume 2): Improving the Profitability of BoP Business in India and South Africa* (NRI Papers 175; Tokyo: Nomura Research Institute).（渡辺秀介，平本督太郎，津崎直也「新興国・途上国における王道戦略としてのBoPビジネスの実践（下）」野村総合研究所，2012年 https://www.nri.com/jp/opinion/chitekishisan/2012/pdf/cs20120407.pdf）

11章

1 FAO (1996) "Rome Declaration on World Food Security and World Food Summit Plan of Action", *World Food Summit*, Rome, 13–17 November 1996.（『世界の食料不安の現状 2014 年報告』国際連合食糧農業機関［FAO］編集，公益社団法人　国際農林業協働協会［JAICAF］翻訳・発行，2014 年，http://www.jaicaf.or.jp/fileadmin/user_upload/publications/FY2014/SOFI2014-J.pdf）

2 UN (2000) *United Nations Millennium Declaration* (A/RES 55/2; New York: United Nations).（外務省『ミレニアム宣言（仮訳）』，平成 12 年）http://www.mofa.go.jp/mofaj/kaidan/kiroku/s_mori/arc_00/m_summit/sengen.html

3 FAO, IFAD and WFP (2014) *The State of Food Insecurity in the World 2014: Strengthening the Enabling Environment for Food Security and Nutrition* (Rome: Food and Agriculture Organization).〔邦訳は http://www.fao.org/3/a-i4030o.pdf より引用〕

4 UNDG (2010) *Thematic Paper on MDG1, Eradicate Extreme Poverty and Hunger* (New York: United Nations Development Group).

5 前掲．FAO, IFAD and WFP (2014).

6 UNFPA (2007) *State of World Population 2007: Unleashing the Potential of Urban Growth* (New York: United Nations Population Fund).（UNFPA［国連人口基金］著，阿藤誠日本語版監修，財団法人家族計画国際協力財団［ジョイセフ］日本語版制作，『世界人口白書　2007』http://www.unfpa.or.jp/cmsdesigner/data/entry/publications/publications.00038.00000018.pdf）

7 Mougeot, L. (2006) *Growing Better Cities: Urban Agriculture for Sustainable Development* (Ottawa: International Development Research Centre [IDRC]).

8 Lee-Smith, D. (2010) "Cities Feeding People: An Update on Urban Agriculture in Equatorial Africa", *Environment and Urbanization* 22.2: 483-98.

9 Von Braun, J. (2008) *Food and Financial Crises: Implications for Agriculture and the Poor* (Washington, DC: International Food Policy Research Institute).

10 Dubbeling, M. (2013) *Scoping Paper Feeding into the Development of UNEP's Position on Urban and Peri-urban Agriculture* (Leusden: RUAF Foundation).

11 OECD (2013) *Estudios Económicos de la OCDE Colombia: Evaluación Económica* (Paris: Organisation for Economic Co-operation and Development).

12 UNDP (2014) *Human Development Report 2014. Sustaining Human Progress: Reducing Vulnerabilities and Building Resilience* (New York: United Nations Development Programme).

13 前掲．OECD (2013).

14 CEPAL and OIT (2013) *Coyuntura Laboral en América Latina y el Caribe: Avances y desafíos en la medición del trabajo decente* (Santiago de Chile: ONU).

15 UNHCR (2014) *War's Human Cost: UNHCR Global Trends 2013* (Geneva: UN High Commissioner for Refugees).

16 Wurwarg, J. (2014) "Urbanization and Hunger: Food Policies and Programs Responding to Urbanization, and Benefiting the Urban Poor in Three Cities", *Journal of International Affairs* 67.2: 75-90.

17 Álvarez, M., and A. Estrada (2008) "Inseguridad alimentaria de los hogares colombianos según localización geográfica y algunas condiciones sociodemográficas", *Perspectivas en Nutrición Humana* 10.1. 23-36.

18 Neufeld, L., M. Rubio and M. Gutiérrez (2012) *Nutrición en Colombia II: Actualización del estado nutricional con implicaciones de política* (Washington, DC: Banco Interamericano de Desarrollo).

19 Barriga, L., and D. Leal (2011) *Agricultura Urbana en Bogotá: Una evaluación externa participative* (Bogotá: Universidad del Rosario); Jardín Botánico José Celestino Mutis (2011) *Unidades Integrales de Agricultura Urbana en Bogotá D.C.: Cartilla para el manejo integrado de la fertilización, las plagas y las enfermedades* (Bogotá: Jardín Botánico José Celestino Mutis).

20 Gómez, S. (2014) "Bogotanos crean sus propias huertas en las terrazas de las casas", *El Tiempo*, 23 June 2014.

21 前掲．Lee-Smith, D. (2010).

22 Gallaher, C., D. Mwaniki, M. Njenga, N. Karanja and A. WinklerPrins (2013) "Real or Perceived: The Environmental Health Risks of Urban Sack Gardening in Kibera Slums of Nairobi, Kenya", *EcoHealth* 10: 9-20.

23 Stewart, R., M. Korth, L. Langer, S. Rafferty, N. DaSilva and C. van Rooyen (2013) "What are the Impacts of Urban Agriculture Programs on Food Security in Low and Middle-income Countries?" *Environmental Evidence* 2.7: 1-13.

24 Mougeot, L. (2000) *Achieving Urban Food and Nutrition Security in the Developing World: The Hidden Significance of Urban Agriculture* (Focus 3, Brief 6 of 10; Washington, DC: International Food Policy Research Institute).

32 前掲. WEF (2009b).

33 WBCSD (2004) *Finding Capital for Sustainable Livelihoods Businesses* (Geneva: World Business Council for Sustainable Development, www.wbcsd.org/web/publications/SL%20Finance%20guide%20August%2030.pdf).

34 前掲. WEF (2009a).

35 Eisenhardt, K. (1989) "Building Theories from Case Study Research", *Academy of Management Review* 14.4: 532-50.

36 前掲. UNDP (2008).

37 前掲.Chesbrough, H., S. Ahern, M. Finn and S. Guerraz (2006); 前掲.Drayton, B., and V. Budinich (2010); 前掲. Webb, J.W., G.M. Kistruck, R.D. Ireland and D.J. Ketchen Jr. (2010).

38 前掲. UNDP (2008); IFC (2007) *Case Study: Amanco. An Excerpt from Market Movers: Lessons from a Frontier of Innovation* (Washington, DC: International Finance Corporation, http://www.ifc.org/wps/wcm/connect/233ac58048855812bed4fe6a6515bb18/MarketMovers_CS_Amanco.pdf?MOD=AJPERES); Liew, J. (2005) "Banking the Unbanked in Fiji: The ANZ Bank and UNDP Partnership", paper presented to the *ADB Regional Conference on Expanding the Frontiers of Commercial Microfinance*, Manila, Philippines, 14–15 March, http://www.ncrc.org/global/australAsia/documents/Fiji_Art_1_3-29-05.pdf; 前掲. Webb, J.W., G.M. Kistruck, R.D. Ireland and D.J. Ketchen Jr (2010); WRI (2001) *What Works: Grameen Telecom's Village Phones* (Washington, DC: World Resources Institute, http://pdf.wri.org/dd_grameen.pdf); Skarp, M., R. Bansal, R. Lovio and M. Halme (2008) "Affordable Communication for Rural Communities", in P. Kandachar and M. Halme (eds.), *Sustainability Challenges and Solutions at the Base of the Pyramid: Business, Technology and the Poor* (Sheffield, UK: Greenleaf Publishing): 307-25; 前掲. WBCSD (2004).

39 Weidner, K.L., J.A. Rosa and M. Viswanathan (2010) "Marketing to Subsistence Consumers: Lessons from Practice", *Journal of Business Research* 63: 559-69.

40 前掲. WBCSD (2004).

41 前掲. Rivera-Santos, M., and C. Rufin (2010).

42 前掲. Hart, S.L. (2005); 前掲. Klein, M.H. (2008); 前掲. London, T., and S.L. Hart (2004); 前掲. Prahalad, C.K. (2004); 前掲. Webb, J.W., G.M. Kistruck, R.D. Ireland and D.J. Ketchen Jr. (2010).

43 前掲. UNDP (2008); 前掲. Hart, S.L. (2005).

44 前掲. Sánchez, P., J.E. Ricart and M.Á. Rodríguez (2005).

参考文献

- Eisenhardt, K., and C. Schoonhoven (1996) "Resource-based View of Strategic Alliance Formation: Strategic and Social Effects in Entrepreneurial Firms", *Organization Science* 7.2: 136 -50.
- Fairbourne, J.S., S.W. Gibson and W.G. Dyer (2007) *Microfranchising: Creating Wealth at the Bottom of the Pyramid* (Northampton, MA: Edward Elgar Publishing).
- Kandachar, P., and M. Halme (eds.) (2008) *Sustainability Challenges and Solutions at the Base of the Pyramid: Business, Technology and the Poor* (Sheffield, UK: Greenleaf Publishing).

10章

1 O'Brien, R. (2001) *An Overview of the Methodological Approach of Action Research*, in R. Richardson (ed.), *Teoria e Prática da Pesquisa Ação* (Theory and Practice of Action Research) (João Pessoa, Brazil: Universidade Federal da Paraíba); Reason, P., and H. Bradbury (2006) *Handbook of Action Research* (London: Sage).

2 Hargadon, A. (2002) "Brokering Knowledge: Linking Learning and Innovation", *Research in Organizational Behaviour* 24: 41-85.

3 Provan, K.G., and P. Kenis (2007) "Modes of Network Governance: Structure, Management, and Effectiveness", *Journal of Public Administration Research and Theory* 18: 229-52.

4 Dhanaraj, C., and A. Parkhe (2006) "Orchestrating Innovation Networks", Academy of Management Review 31.3; Hargadon, A. (2002) "Brokering Knowledge: Linking Learning and Innovation", *Research in Organizational Behaviour* 24: 41-85; Rothwell, R. (1994) "Towards the Fifth-generation Innovation Process", *International Marketing Review* 11: 7-31.

5 Chesbrough, H., and K. Schwartz (2007) "Innovating Business Models with Co-Development Partnerships", *Research Technology Management* 50.1; Kolk, A., M. Rivera-Santos and C. Rufín (2013) "Reviewing a Decade of Research on the 'Base/Bottom of the Pyramid' (BOP) Concept", *Business and Society* 53.3; Osterwalder, A., M. Rossi and M. Dong (2002) "The Business Model Handbook for Developing Countries", IRMA 2002 Information Resources Management Association International Conference 2002, Seattle; www.businessmodelgeneration.com 参照.

6 Eisenhardt, K. (1989) "Building Theories from Case Study Research", Academy of Management Review 14.4: 532-50.

7 前掲. Rivera-Santos, M., and C. Rufin (2010).

8 Jenkins, B., and E. Ishikawa (2009) *Business Linkages: Enabling Access to Markets at the Base of the Pyramid. Report of a Roundtable Dialogue March 3-5, 2009, Jaipur, India* (Washington, DC: International Finance Corporation/International Business Leaders Forum/CSR Initiative at the Harvard Kennedy School, http://c.ymcdn.com/sites/www.gbsnonline.org/resource/collection/0814C059-1ABC-4D1F-B774-A01A9014CF79/BusinessLinkages_BaseOfPyramid.pdf).

9 前掲. Klein, M.H. (2008); Sánchez, P., J.E. Ricart and M.Á. Rodríguez (2005) "Influential Factors in Becoming Socially Embedded in Low-Income Markets", *Greener Management International* 51: 19-38; UNDP (2008) *Creating Value for All: Strategies for Doing Business with the Poor* (New York: United Nations Development Programme, http://www.rw.undp.org/content/dam/rwanda/docs/povred/RW_rp_Creating_Value_for_All_Doing_Business_with_the_Poor.pdf). (『世界とつながるビジネス――BOP 市場を開拓する 5 つの方法』国連開発計画［UNDP］著, 吉田秀美訳, 英治出版, 2010 年)

10 前掲. London, T., and S.L. Hart (2004).

11 前掲. Hart, S.L. (2005); 前掲. Klein, M.H. (2008); 前掲. London, T., and S.L. Hart (2004).

12 前掲. Hart, S.L. (2005); 前掲. Klein, M.H. (2008); 前掲. London, T., and S.L. Hart (2004); 前掲. Prahalad, C.K. (2004).

13 前掲. Klein, M.H. (2008); 前掲. Rondinelli, D.A., and T. London (2003).

14 前掲. UNDP (2008).

15 Weidner, K.L., J.A. Rosa and M. Viswanathan (2010) "Marketing to Subsistence Consumers: Lessons from Practice", *Journal of Business Research* 63: 559-69.

16 Hoyt, M., and E. Jamison (2007) "Microfranchising and the Base of the Pyramid", in J.S. Fairbourne, S.W. Gibson and W.G. Dyer (eds.), *Microfranchising: Creating Wealth at the Bottom of the Pyramid* (Northampton, MA: Edward Elgar Publishing: 111-32); Jenkins, B., and E. Ishikawa (2009); 前掲. UNDP (2008).

17 Gibson, S.W. (2007) "Microfranchising: The Next Step on the Development Ladder" in J.S. Fairbourne, S.W. Gibson and W.G. Dyer (eds.), *Microfranchising: Creating Wealth at the Bottom of the Pyramid* (Northampton, MA: Edward Elgar Publishing: 17-42).

18 Christensen, L.J., H. Parsons and J. Fairbourne (2010) "Building Entrepreneurship in Subsistence Markets: Microfranchising as an Employment Incubator", *Journal of Business Research* 63: 595-601; 前掲. Gibson, S.W. (2007).

19 前掲. Christensen, L.J., H. Parsons and J. Fairbourne (2010).

20 Chesbrough, H., S. Ahern, M. Finn and S. Guerraz (2006) "Business Models for Technology in the Developing World: The Role of Non-Governmental Organizations", *California Management Review* 48.3: 48-61; Drayton, B., and V. Budinich (2010) "A New Alliance for Global Change", *Harvard Business Review* 88.9: 56-64.

21 前掲. Drayton, B., and V. Budinich (2010).

22 WEF (2009a) *The Next Billions: Business Strategies to Enhance Food Value Chains and Empower the Poor* (Geneva: World Economic Forum).

23 前掲.Chesbrough, H., S. Ahern, M. Finn and S. Guerraz (2006); Webb, J.W., G.M. Kistruck, R.D. Ireland and D.J. Ketchen Jr. (2010) "The Entrepreneurship Process in Base of the Pyramid Markets: The Case of Multinational Enterprise/Nongovernment Organization Alliances", *Entrepreneurship Theory and Practice* 34.3: 555-81.

24 前掲. Webb, J.W., G.M. Kistruck, R.D. Ireland and D.J. Ketchen Jr. (2010).

25 前掲. Chesbrough, H., S. Ahern, M. Finn and S. Guerraz (2006); London, T., R. Anupindi and S. Sheth (2010) "Creating Mutual Value: Lessons Learned from Ventures Serving Base of the Pyramid Producers", *Journal of Business Research* 63: 582-94; 前掲. WEF (2009a).

26 前掲. UNDP (2008).

27 Dalberg (2009) *Franchising in Frontier Markets: What's Working, What's Not, and Why* (A report by Dalberg Global Development Advisors with support from the John Templeton Foundation and the International Finance Corporation; Copenhagen/New York: Dalberg, http://www.dalberg.com/documents/Franchising_in_Frontier_Markets.pdf).

28 前掲. Hart, S.L. (2005); 前掲. Klein, M.H. (2008).

29 前掲. UNDP (2008).

30 前掲. UNDP (2008); WEF (2009b) *The Next Billions: Unleashing Business Potential in Untapped Markets* (Geneva: World Economic Forum, http://www3.weforum.org/docs/WEF_FB_UntappedMarkets_Report_2009.pdf).

31 Reficco, E., and P. Márquez (2009) "Inclusive Networks for Building BOP Markets", *Business and Society* 51:3: 512-56.

4 Simanis, E. (2012) "Reality Check at the Bottom of the Pyramid", *Harvard Business Review* 90.6: 120-25.

5 Austin, J. (2002) *The Collaboration Challenge: How Nonprofits and Businesses Succeed Through Strategic Alliances* (San Francisco: Jossey-Bass); Brugmann, J., and C.K. Prahalad (2007) "Cocreating Business's New Social Compact", *Harvard Business Review*, February: 80-90.

6 Seelos, C., and J. Mair (2007) "Profitable Business Models and Market Creation in the Context of Deep Poverty: A Strategic View", *Academy of Management Perspectives* 21.4: 49-63.

7 本人との談話.

8 前掲. Prahalad, C.K. (2004).

9 Banerjee, A., and E. Duflo (2011) *Poor Economics: A Radical Rethinking of the Way to Fight Global Poverty* (New York: PublicAffairs).（『貧乏人の経済学――もういちど貧困問題を根っこから考える』アビジット・V・バナジー／エスター・デュフロ著, 山形浩生訳, みすず書房, 2012 年）

10 Novogratz, J. (2009) *The Blue Sweater: Bridging the Gap between Rich and Poor in an Interconnected World* (New York: Rodale).（『ブルー・セーター――引き裂かれた世界をつなぐ起業家たちの物語』ジャクリーン・ノヴォグラッツ著, 北村陽子訳, 英治出版, 2010 年）; Collins, D., J. Morduch, S. Rutherford and O. Ruthven (2009) *Portfolios of the Poor: How the World's Poor Live on $2 a Day* (Oxford: Princeton University Press).（『最底辺のポートフォリオ――1日2ドルで暮らすということ』ジョナサン・モーダック／スチュアート・ラザフォード／ダリル・コリンズほか著, 野上裕生／大川修二訳, みすず書房, 2011 年）

11 Thomke, S.H., and M. Sinha (2010) "The Dabbawala System: On-Time Delivery, Every Time", *Harvard Business School Case* 610-059, February.

12 Sen, A. (1999) *Development as Freedom* (New York: Alfred Knopf).（『自由と経済開発』アマルティア・セン著, 石塚雅彦訳, 日本経済新聞社, 2000 年）

8章

1 Hart, S.L. (2007) *Capitalism at the Crossroads: Aligning Business, Earth, and Humanity* (Upper Saddle River, NJ: Prentice Hall, 2nd edn).

2 Bhan, N. (2009) "The 5D's of BoP Marketing: Touchpoints for a Holistic, Human-Centered Strategy", http://www.core77.com/blog/featured_items/the_5ds_of_bop_marketing_touchpoints_for_a_holistic_humancentered_strategy_12233.asp.

3 同上.

4 Karamchandani, A., M. Kubzansky and P. Frandano (2009) *Emerging Markets, Emerging Models* (Cambridge, MA: Monitor Group)

5 Asian Development Bank (2013) "Inclusive Business Study: Philippines. Prepared by ASEI, Inc. for the Asian Development Bank", ADB Poverty, http://www.scribd.com/doc/142734216/ASEI-23-Apr-2013-IB-in-PHI-Final-Report-with-Disclamer, ADB Poverty.

6 Donnges, C., M. Españo and N. Palarca (2006) *Philippines Infrastructure for Rural Productivity Enhancement* (Rural Access Technical Papers [RATP] No. 14; Geneva: International Labour Organization).

7 Hammond, A., W.J. Kramer, J. Tran, R. Katz and C. Walker (2007) *The Next 4 Billion* (Washington, DC: World Resources Institute).

8 前掲. Asian Development Bank (2013).

9章

1 Hahn, R. (2009) "The Ethical Rational of Business for the Poor: Integrating the Concepts Bottom of the Pyramid, Sustainable Development, and Corporate Citizenship", *Journal of Business Ethics* 84, 313-24; Prahalad, C.K., and S.L. Hart (2002) "The Fortune at the Bottom of the Pyramid", *Strategy+Business* 26: 1-14.

2 Hart, S.L. (2005) *Capitalism at the Crossroads* (Upper Saddle River, NJ: Wharton School Publishing).（『未来をつくる資本主義』スチュアート・L・ハート著, 石原薫訳, 英治出版, 2008 年）; Klein, M.H. (2008) "Poverty Alleviation through Sustainable Strategic Business Models: Essays on Poverty Alleviation as a Business Strategy", PhD thesis, Erasmus University Rotterdam. http://repub.eur.nl/pub/13482/; London, T., and S.L. Hart (2004) "Reinventing Strategies for Emerging Markets: Beyond the Transnational Model", *Journal of International Business Studies* 35.5: 350-70; Prahalad, C.K. (2004) *The Fortune at the Bottom of the Pyramid* (Upper Saddle River, NJ: Wharton School Publishing).（『ネクスト・マーケット』C・K・プラハラード著, スカイライト コンサルティング訳, 英治出版, 2005 年）

3 Rivera-Santos, M., and C. Rufin (2010) "Global Village vs. Small Town: Understanding Networks at the Base of the Pyramid", *International Business Review* 19.2: 126-39.

4 前掲. Hart, S.L. (2005).

5 Das, T.K., and B. Teng (2000) "A Resource-Based Theory of Strategic Alliances", Journal of Management 26.1: 31-61.

10 前掲. Koh, H., A. Karamchandani and R. Katz (2012).

11 Impact Assets (2011) "50 Impact Investment Fund Managers Managing $8.9 Billion in Assets", http://www.impactassets.org/impactassets-50/2011-impactassets-50; Practitioner Hub (2012) "Database of Financial and Technical Support for Inclusive Businesses", http://www.inclusivebusinesshub.org/database-of-financial-and-technical-support-for-inclusive-businesses/.

12 J.P. Morgan (2010) *Impact Investments: An Emerging Asset Class* (New York: J.P. Morgan, www.morganmarkets.com).

13 Mohiuddin, M., and O. Imtiazuddin (2007) *Socially Responsible Licensing: Model Partnerships for Underserved Markets* (Acumen Fund Concepts; New York: Acumen Fund).

14 Vermot Desroches, G., and André, T. (2012) "The BipBop Programme: Providing Access to Reliable, Affordable and Clean Energy with a Combined Approach of Investment, Offers and Training", *Field Actions Science Reports*, Special issue 6, http://Factsreports.Revues.Org/1997#Tocfrom2n2.

6章

1 Novozymes (2014) "NewFire Africa Files for Voluntary Liquidation", 20 June 2014, http://www.novozymes.com/en/news/news-archive/2014/06/newfire-africa-files-for-voluntary-liquidation.

2 Flader, S. (1974) *Thinking Like a Mountain: Aldo Leopold and the Evolution of an Ecological Attitude toward Deer, Wolves, and Forests* (Columbia, MO: University of Missouri Press).

3 Simanis, E. (2012) "Reality Check at the Bottom of the Pyramid", *Harvard Business Review* 90.6: 120-125.

4 Khanna, T., and K. Palepu (1997) "Why Focused Strategies May Be Wrong for Emerging Markets", *Harvard Business Review* 75: 41-54.

5 Hart, S.L. (2010) *Capitalism at the Crossroads* (Upper Saddle River, NJ: Wharton School Publishing, 3rd edn).(『未来をつくる資本主義［増補改訂版］』スチュアート・L・ハート著，石原薫訳，英治出版，2012 年)

6 Hammond, A. (2011) "BoP Venture Formation for Scale", in T. London and S. Hart (eds.) *Next Generation Business Strategies for the Base of the Pyramid* (Upper Saddle River, NJ: Financial Times Press).（アレン・ハモンド「拡大可能な組織構成とは」，『BOPビジネス　市場共創の戦略』テッド・ロンドン，スチュアート・L・ハート著，清川幸美訳，英治出版，2011 年に収録）; London, T. (2015) *Fulfilling the Base of the Pyramid Promise* (Palo Alto, CA: Stanford University Press).

7 前掲. Flader, S. (1974).

8 Schumpeter, J. (1942) *Capitalism, Socialism, and Democracy* (New York: Harper and Brothers).（『資本主義・社会主義・民主主義』J.A. シュムペーター著，中山伊知郎／東畑精一訳，東洋経済新報社，1995 年）

9 ITU (2014) *Measuring the Information Society Report* (Geneva: International Telecommunication Union, http://www.itu.int/en/ITU-D/Statistics/Documents/publications/mis2014/MIS2014_without_Annex_4.pdf).

10 Prahalad, C.K., and S.L. Hart (2002) "The Fortune at the Bottom of the Pyramid", *Strategy+Business* 26: 54-67.

11 前掲. Hart, S.L. (2010).

12 Hart, S.L. (2012) "Create Business Ecosystem: Think Like a Mountain", Voice of the Planet (blog), 20 November 2012, http://stuartlhart.com/blog/2012/11/create-a-business-ecosystem-think-like-a-mountain.html.

参考文献

- Adner, R. (2006) "Match Your Innovation Strategy to Your Innovation Ecosystem", *Harvard Business Review*, 83.4: 98-107.
- Hart, S.L. (2011) "Taking the Green Leap to the Base of the Pyramid", in London, T. and S.L. Hart (eds.) *Next Generation Business Strategies for the Base of the Pyramid* (Upper Saddle River, NJ: Financial Times Press).（スチュアート・ハート「緑の飛躍戦略」，『BOPビジネス　市場共創の戦略』テッド・ロンドン，スチュアート・L・ハート著，清川幸美訳，英治出版，2011 年に収録）
- Leopold, A. (1949) *A Sand County Almanac* (New York: Oxford University Press).（『野生のうたが聞こえる』アルド・レオポルド著，新島義昭訳，講談社学術文庫，1997 年）

7章

1 Prahalad, C.K. (2004) *The Fortune at the Bottom of the Pyramid* (Upper Saddle River, NJ: Prentice Hall).(『ネクスト・マーケット』C・K・プラハラード著，スカイライト コンサルティング訳，英治出版，2005 年）

2 Khanna, T., and K.G. Palepu (2006) "Emerging Giants: Building World-Class Companies in Developing Countries", *Harvard Business Review* 84.10: 60-69.

3 Govindarajan, V., and C. Trimble (2012) *Reverse Innovation* (Boston, MA: Harvard Business Review Press).(『リバース・イノベーション』ビジャイ・ゴビンダラジャン／クリス・トリンブル著，渡部典子訳，小林喜一郎解説，ダイヤモンド社，2012 年）

8 BEPA (Bureau of European Policy Advisers, European Commission) (2011) *Empowering People, Driving Change: Social Innovation in the European Union* (Luxembourg: Publications Office of the European Union).

9 Prahalad, C.K., and M.S. Krishnan (2008) *The New Age of Innovation: Driving Co-created Value Through Global Networks* (New York: McGraw-Hill).（『イノベーションの新時代』C·K·プラハラード, M·S·クリシュナン著, 有賀裕子訳, 日本経済新聞出版社, 2009 年）

10 前掲. BEPA. (2011).

11 Stiglitz, J., A. Sen and J.-P. Fitoussi (2009) *Report by the Commission on the Measurement of Economic Performance and Social Progress* (http://www.stiglitz-sen-fitoussi.fr/documents/rapport_anglais.pdf).

12 Smith, A., E. Arond, M. Fressoli, H. Thomas and D. Abrol (2012) "Supporting Grassroots Innovation: Facts and Figures", SciDevNet, 2 May 2012, http://www.scidev.net/global/icts/feature/supporting-grassroots-innovation-facts-and-figures.html.

13 Rothwell, R. (1994) "Towards the Fifth-generation Innovation Process", *International Marketing Review* 11.1: 7-31.

14 Chesbrough, H. (2003) *Open Innovation* (Boston, MA: Harvard Business School Press).（『オープンイノベーション』ヘンリー・チェスブロウ編著, PRTM 監訳, 長尾高弘訳, 英治出版, 2008 年）

参考文献

- Christensen, C.M. (1997) *The Innovator's Dilemma* (Boston, MA: Harvard Business School Press).（『イノベーションのジレンマ』クレイトン・クリステンセン著, 玉田俊平太監修, 伊豆原弓訳, 翔泳社, 2001 年）
- Gradl, C., and B. Jenkins (2011) *Tackling Barriers to Scale: From Inclusive Business Models to Inclusive Business Ecosystems* (Boston, MA: Harvard Kennedy School CSR Initiative).
- Green, E. (2014) "Innovation: The History of a Buzzword", *The Atlantic*, 13 February.
- Hammond, A., W.J. Kramer, J. Tran, R. Katz and C. Walker (2007) *The Next 4 Billion* (Washington, DC: World Resources Institute, http://www.wri.org/publication/the-next-4-billion).
- Hart, S. L. (2010) *Capitalism at the Crossroads* (Upper Saddle River, NJ: Prentice Hall Pearson, 3rd edn).（『未来をつくる資本主義［増補改訂版］』スチュアート・L・ハート著, 石原薫訳, 英治出版, 2012 年）
- Kandachar, P., and M. Halme (eds.) (2008) *Sustainability Challenges and Solutions at the Base of the Pyramid: Business, Technology and the Poor* (Sheffield, UK: Greenleaf Publishing).
- London, T. (2008) "The Base-of-the-Pyramid Perspective: A New Approach to Poverty Alleviation", in G.T. Solomon (ed.), Academy of Management Best Paper Proceedings (Chicago, IL: Academy of Management).
- London, T., and S.L. Hart (eds.) (2010) *Next Generation Business Strategies for the Base of the Pyramid* (Upper Saddle River, NJ: FT Press).（『BOPビジネス 市場共創の戦略』テッド・ロンドン, スチュアート・L・ハート著, 清川幸美訳, 英治出版, 2011 年）
- Prahalad, C.K., and S.L. Hart (2002) "The Fortune at the Bottom of the Pyramid", *Strategy +Business* 26: 1-14.
- Spruijt, J., T. Spanjaard and K. Demouge (2013) *The Golden Circle of Innovation: What Companies Can Learn from NGOs When It Comes to Innovation* (Katowice, Poland: University of Economics in Katowice Publishing House).

5章

1 Hammond, A., W.J. Kramer, J. Tran, R. Katz and C. Walker (2007) *The Next 4 Billion* (Washington, DC: World Resources Institute/International Finance Corporation).

2 Dalberg (2011) *Impact Investing in West Africa* (Copenhagen/New York: Dalberg).

3 Koh, H., A. Karamchandani and R. Katz (2012) *From Blueprint to Scale: The Case for Philanthropy in Impact Investing* (New York: Acumen Fund/Monitor Group).

4 Van der Klein, W., N. Chevrollier and L. Collée (2012) *Inclusive Innovation: Shared Value at the Base of the Pyramid* (Three Pilots for Pro-poor Innovation Consortium; Utrecht, The Netherlands: BoP Innovation Center).

5 前掲. Dalberg (2011).

6 UNECA (2010) *Economic Report on Africa* (Addis Ababa: United Nations Economic Commission for Africa).

7 前掲. Dalberg (2011).

8 同上.

9 前掲. Dalberg (2011); Marr, A., and C. Chiwara (2011) *Investment Supply for Small and Medium Enterprises* (New Partnership for Africa's Development [NEPAD] Report; Johannesburg: Development Bank of Southern Africa); UNEP (2007) *Innovative Financing for Sustainable Small and Medium Enterprises in Africa: International Workshop, Geneva, 2007 Meeting Report* (Geneva: United Nations Environment Programme Finance Initiative/African Task Force/WWF/ Geneva International Academic Network (RUIG-GIAN), International Organizations MBA, University of Geneva).

3章

1　Chambers, R. (1983) *Rural Development: Putting The Last First* (Harlow, UK: Longman; New York: Earthscan).（『第三世界の農村開発――貧困の解決　私たちにできること』ロバート・チェンバース著，穂積智夫／甲斐田万智子監訳，明石書店，1995 年）

2　Von Hippel, E. (1988) *The Sources of Innovation* (New York: Oxford University Press).（『イノベーションの源泉――真のイノベーターはだれか』E・フォン・ヒッペル著，榊原清則訳，ダイヤモンド社，1991 年）

3　Chesbrough, H. (2003) *Open Innovation: The New Imperative for Creating and Profiting from Technology* (Boston, MA: Harvard Business School Press).（『オープンイノベーション――組織を超えたネットワークが成長を加速する』ヘンリー・チェスブロウ編著，PRTM 監訳，長尾高弘訳，英治出版，2008 年）

4　Geilfus, F. (2008) *80 Tools for Participatory Development: Appraisal, Planning, Follow-up and Evaluation* (San Jose, CR: IICA).

5　同上.

6　同上.

7　Belz, F.-M., S. Silvertant, J. Füller and J. Pobisch (2009) *Ideenwettbewerbe: Konsumenten Involvieren, Ideen Generieren, Lead User Identifizieren* (Freising, Germany: Technische Universität München).

参考文献

- Chambers, R. (2002) *Participatory Workshops: A Sourcebook of 21 Sets of Ideas and Activities* (Abingdon, UK: Earthscan).（『参加型ワークショップ入門』ロバート・チェンバース著，野田直人監訳，明石書店，2004 年）
- Gradl, C., and Knobloch, C. (2010) *Inclusive Business Guide: How to Develop Business and Fight Poverty* (Berlin: Endeva).
- Krämer, A. (2015) "Low-income Consumers as a Source of Innovation: Insights from Idea Competitions in Brazilian Low-income Communities", PhD thesis, Technical University of Munich.
- Larsen, M. L., and A. Flensborg (2011) *Market Creation Toolbox: Your Guide to Entering Developing Markets* (Copenhagen: DI International Business Development).
- Simanis, E., and S.L. Hart (2008) *The Base of the Pyramid Protocol: Toward Next Generation BOP Strategy* (Ithaca, NY: Cornell University, Johnson School of Management, 2nd edn, http://www.stuartlhart.com/sites/stuartlhart.com/files/BoPProtocol2ndEdition2008_0.pdf).
- Simanis, E., and S.L. Hart (2011) "Innovation From the Inside Out", *MIT Sloan Management Review* 50. 4 (Winter 2011): 9-19.
- Simanis, E., S.L. Hart and D. Duke (2008) "The Base of the Pyramid Protocol Beyond 'Basic Needs' Business Strategies", *Innovations* 3: 1: 57-83.
- Von Hippel, E. (2005) *Democratizing Innovation* (Cambridge, MA: MIT Press).（『民主化するイノベーションの時代――メーカー主導からの脱皮』E・フォン・ヒッペル著，サイコム・インターナショナル監訳，ファーストプレス，2006 年）
- Whitney, P. (2010) "Reframing Design for the Base of the Pyramid", in T. London and S.L. Hart, (eds.), *Next Generation Business Strategies for the Base of the Pyramid* (Upper Saddle River, NJ: Prentice Hall Pearson, 3rd edn).（パトリック・ホイットニー「デザインのリフレーム」，『BOPビジネス　市場共創の戦略』テッド・ロンドン，スチュアート・L・ハート著，清川幸美訳，英治出版，2011 年に収録）

4章

1　Godin, B. (2008) *Innovation: The History of a Category* (Project on the Intellectual History of Innovation Working Paper No. 1; Montreal: INRS).

2　Benhamou, R. (1991) "Imitation in the Decorative Arts of the Eighteenth Century", *Journal of Design History* 4.1; 1-14; Berg, M. (2002) "From Imitation to Invention: Creating Commodities in Eighteenth-Century Britain", *Economic History Review* 30; Berg, M., and H. Clifford (eds.) (1999) *Consumers and Luxury: Consumer Culture in Europe*, 1650–1850 (Manchester: Manchester University Press); Clifford, H. (1999) "Concepts of Invention, Identity and Imitation in the London and Provincial Metal-working Trades, 1750–1800", *Journal of Design History* 12.3: 241-55.

3　Godin, B. (2010) *Innovation Studies: the Invention of a Specialty (Part II)* (Project on the Intellectual History of Innovation, Working Paper No. 8; Montreal: INRS).

4　Freeman, C. (1974) *The Economics of Industrial Innovation* (Harmondsworth, UK: Penguin Books).

5　前掲．Godin, B. (2010).

6　Schumpeter, J. (1912) *Theorie der wirtschaftlichen Entwicklung* (Berlin: Duncker and Humblot).（『経済発展の理論』シュムペーター著，塩野谷祐一ほか訳，岩波書店，1980 年）

7　Drucker, P. (2006) *Innovation and Entrepreneurship* (London: HarperCollins).（『イノベーションと企業家精神』P·F·ドラッカー著，上田惇生訳，ダイヤモンド社，2007 年）

2章

1 Lefifi, T.A. (2014) "Capitec Grabs the Limelight from its Bigger Competitors", *Business Day Live*, http://www.bdlive.co.za/business/financial/2014/03/23/capitec-grabs-the-limelight-from-its-bigger-competitors.

2 同上.

3 テッド・ロンドンによるセメックスの事例参照. London, T. (2012) *Constructing a Base-of-the-Pyramid Business in a Multinational Corporation: CEMEX's Patrimonio Hoy Looks to Grow* (Case Study No. 1-429-202; Ann Arbour, MI: GlobaLens, William Davidson Institute).

4 Ismail, T., and N. Kleyn (2012) *New Markets, New Mindsets* (Auckland Park, South Africa: Stonebridge).

5 Sehgal, V., K. Dehoff and G. Panneer (2010) "The Importance of Frugal Engineering", *Strategy+Business*, 59: 1-5, http://www.strategy-business.com/article/10201?pg=all.

6 前掲. Ismail, T., and N. Kleyn (2012); Christensen, C.M., and M. Overdorf (2000) "Meeting the Challenge of Disruptive Change", *Harvard Business Review*, March 2000, https://hbr.org/2000/03/meeting-the-challenge-of-disruptive-change.

7 前掲. Ismail, T., and N. Kleyn (2012).

8 Busch, C. (2014) "Substantiating Social Entrepreneurship Research: Exploring the Potential of Integrating Social Capital and Networks Approaches", *International Journal of Entrepreneurial Venturing* 6.1: 69-84; Ernst, H., H.N. Kahle, A. Dubiel, J. Prabhu and M. Subramaniam (2014) "The Antecedents and Consequences of Affordable Value Innovations for Emerging Markets", *Journal of Product Innovation Management* 32.1: 65-79; Schuster, T., and D. Holtbrügge (2014) "Resource Dependency, Innovative Strategies, and Firm Performance in BOP Markets", *Journal of Product Innovation Management* 31.S1: 43-59.

参考文献

- Anderson, J. and N. Billou (2007) "Serving the World's Poor: Innovation at the Base of the Economic Pyramid", *Journal of Business Strategy* 28.2: 14-21.
- Cappelli, P., H. Singh, J. Singh and M. Useem (2010) *The India Way: How India's Top Business Leaders Are Revolutionizing Management* (Boston, MA: Harvard Business Press).（『インド・ウェイ――飛躍の経営』ピーター・カペッリ, ハビール・シン, ジテンドラ・シン, マイケル・ユシーム 著, 英治出版, 2011 年）
- Christensen, C.M. (1997) *The Innovator's Dilemma: When New Technologies Cause Great Firms to Fail* (Boston, MA: Harvard Business School Press).（『イノベーションのジレンマ――技術革新が巨大企業を滅ぼすとき』クレイトン・クリステンセン著, 玉田俊平太監修, 伊豆原弓訳, 翔泳社, 2001 年）
- Goyal, S., B.S. Sergi and A. Kapoor (2014) "Understanding the Key Characteristics of an Embedded Business Model for the Base of the Pyramid Markets", *Economics and Sociology* 7.4:26-40.
- Hart, S.L., and C.M. Christensen (2002) "The Great Leap: Driving Innovation from the Base of the Pyramid", *MIT Sloan Management Review*, Fall:, 51-56.
- Johnson, M.W., C.M. Christensen and H. Kagermann (2008) "Reinventing your Business Model", *Harvard Business Review* 86.12: 50-59.
- London, T. (2009) "Making Better Investments at the Base of the Pyramid", *Harvard Business Review* 87.5.
- London, T., and S.L. Hart (2011) *Next Generation Business Strategies for the Base of the Pyramid* (Upper Saddle River, NJ: Pearson Education FT Press).（『BOPビジネス 市場共創の戦略』テッド・ロンドン, スチュアート・L・ハート著, 清川幸美訳, 英治出版, 2011 年）
- O'Reilly, C., and M. Tushman (2013) "Organizational Ambidexterity: Past, Present, and Future", *The Academy of Management* 27.4: 324-38.
- Porter, M.E., and M.R. Kramer (2011)"The Big Idea: Creating Shared Value", *Harvard Business Review* 89.1: 62-77, https://hbr.org/2011/01/the-big-idea-creating-shared-value.
- Prahalad, C.K., and A.L. Hammond (2002) "Serving the World's Poor, Profitably", *Harvard Business Review* 80.9: 48–57, https://hbr.org/2002/09/serving-the-worlds-poor-profitably.
- Reficco, E., and P. Márquez (2009)"Inclusive Networks for Building BOP Markets", *Business & Society* 51.3, 512-56.
- Rivera-Santos, M., and C. Rufín (2010) "Global Village vs. Small Town: Understanding Networks at the Base of the Pyramid", *International Business Review*, 19.2: 126-39.
- Sánchez, P., and J.E. Ricart (2010) "Business Model Innovation and Sources of Value Creation in Low-income Markets", *European Management Review*, 7.3: 138-54.
- Simanis, E., and S.L. Hart (2008)*The Base of the Pyramid Protocol: Toward Next Generation BOP Strategy* (Ithaca, NY: Cornell University, Johnson School of Management, 2nd edn, http://www.stuartlhart.com/sites/stuartlhart.com/files/BoPProtocol2ndEdition2008_0.pdf).

原注・参考文献

はじめに

1 Prahalad, C.K., and S.L. Hart (2002) "The Fortune at the Bottom of the Pyramid," *Strategy+Business* 26: 1-14.

2 London, T., and S.L. Hart (2010) *Next Generation Business Strategies for the Base of the Pyramid: New Approaches for Building Mutual Value* (Upper Saddle River, NJ: FT Press).（『BOPビジネス　市場共創の戦略』テッド・ロンドン，スチュアート・L・ハート著，清川幸美訳，英治出版，2011 年）

1 章

1 Prahalad, C.K., and S.L. Hart (2002) "The Fortune at the Bottom of the Pyramid", *Strategy +Business* 26: 1-14.

2 Khanna, T., and K.G. Palepu (2006) "Emerging Giants. Building World-Class Companies in Developing Countries", *Harvard Business Review* 84.10: 60-69.

3 Garrette, B., and A. Karnani (2010) "Challenges in Marketing Socially Useful Goods to the Poor", *California Management Review* 52.4: 29-47.

4 Simanis, E. (2012) "Reality Check at the Bottom of the Pyramid", *Harvard Business Review* 90.6: 120-25.

5 Leonard, H.B. (2007) "When Is Doing Business With the Poor Good—For the Poor?" in V.K. Rangan, J.A. Quelch, G. Herrero and B. Barton (eds.), *Business Solutions for the Global Poor* (Boston, MA: Harvard Business Press: 362-73).

6 Drucker, P.F. (1973) *Management: Tasks, Responsibilities, Practices* (New York: Harper & Row).（『マネジメント――課題、責任、実践』P・F・ドラッカー著，上田惇生訳，ダイヤモンド社，2008 年，『マネジメント――務め、責任、実践』P・F・ドラッカー著，有賀裕子訳，日経BP社，2008 年）

7 Garrette, B., and A. Karnani (2010) "Challenges in Marketing Socially Useful Goods to the Poor", *California Management Review* 52.4: 29-47; Simanis, E. (2012) "Reality Check at the Bottom of the Pyramid", *Harvard Business Review* 90.6: 120-25.

8 Economist, The (2012) "A New Boss at Tata: From Pupil to Master", *The Economist*, 1 December 2012.

9 Casey, S. (2007) "Eminence Green", *Fortune*, 2 April: 62-70.

10 Reinhardt, F., R. Casadesus-Masanell and D. Freier (2003) "Patagonia", *Harvard Business School Case* 9-703-035.

11 同上.

12 Katz, R. (2006) "Prahalad Responds to 'Mirage at the Bottom of the Pyramid'", http://nextbillion.net/prahalad-responds-to-mirage-at-the-bottom-of-the-pyramid/.

13 Simanis, E., S. Hart and D. Duke (2008) "The Base of the Pyramid Protocol Beyond 'Basic Needs' Business Strategies", *Innovations* 3: 1: 57-83.

14 Jäger, U., and M. Rothe (2013) "Multidimensional Assessment of Poverty Alleviation in a Developing Country: A Case Study on Economic Interventions", Nonprofit Management and Leadership 23.4: 511-28.

15 Hart, S. L. (2010) *Capitalism at the Crossroads: Next Generation Business Strategies for a Post-Crisis World* (Upper Saddle River, NJ: Prentice Hall Pearson, 3rd edn).（『未来をつくる資本主義［増補改訂版］――世界の難問をビジネスは解決できるか』スチュアート・L・ハート著，石原薫訳，英治出版，2012 年）; London, T., and S.L. Hart (2010) *Next Generation Business Strategies for the Base of the Pyramid* (Upper Saddle River, NJ: FT Press).（『BOPビジネス　市場共創の戦略』テッド・ロンドン，スチュアート・L・ハート著，清川幸美訳，英治出版，2011 年）; Prahalad, C.K. (2009) *The Fortune at the Bottom of the Pyramid: Eradicating Poverty Through Profits* (Upper Saddle River, NJ: Pearson Prentice Hall).（『ネクスト・マーケット［増補改訂版］――「貧困層」を「顧客」に変える次世代ビジネス戦略』C・K・プラハラード著，スカイライト コンサルティング訳，英治出版，2010 年）

16 London, T., R. Anupindi and S. Sheth (2010) "Creating Mutual Value: Lessons Learned from Ventures Serving Base of the Pyramid Producers", *Journal of Business Research* 63: 582-94.

17 前掲. Hart, S. L. (2010).

18 前掲. Simanis, E., S. Hart and D. Duke (2008).

19 WBCSD (2010) *Vision 2050* (Geneva: World Business Council for Sustainable Development).

20 Hammond, A., W.J. Kramer, J. Tran, R. Katz and C. Walker (2007) *The Next 4 Billion: Market Size and Business Strategy at the Base of the Pyramid* (Washington, DC: World Resources Institute).

21 前掲. Hart, S. L. (2010).

22 Govindarajan, V., and C. Trimble (2012) *Reverse Innovation: Create Far From Home, Win Everywhere* (Boston, MA: Harvard Business Review Press).（『リバース・イノベーション――新興国の名もない企業が世界市場を支配するとき』ビジャイ・ゴビンダラジャン／クリス・トリンブル著，渡部典子訳，小林喜一郎解説，ダイヤモンド社，2012 年）

エドガール・バルキ　Edgard Barki

ジェトゥリオ・ヴァルガス財団サンパウロビジネススクール（FGV - EAESP）のマーケティングおよびソーシャルビジネスの助教授。同ビジネススクールで博士号とMBAを取得した。インスティテュート・コカ・コーラ・ブラジルとアルテミシアの顧問、FGV - EAESPの国際経営大学院修士課程副学部長、GVcev（FGV - EAESP小売業センター）のBoPブラジルラボリーダーおよび社会的インパクトセンターGVcenn（起業・新規事業センター）のコーディネーター。ソーシャルビジネスとBoPに関して国内外の定期刊行物に論文を寄稿し、『Business with Social Impact in Brazil（ブラジルにおける社会的インパクトビジネス）』（Peirópolis、2013年）と『Retail for Low Income（低所得層向けの小売業）』（Bookman、2008年）を共同編集。『Retail in Brazil（ブラジルの小売業）』（Atlas、2014年）の共著がある。

フェルナンド・カサード・カニェーケ　Fernando Casado Cañeque

開発のためのパートナーシップセンター（CAD）の創設者兼ディレクター、BoPグローバルネットワークのアソシエイト・ディレクター。持続可能な経済開発の専門家として、国連やプライスウォーターハウスクーパースでさまざまな開発プロジェクトに携わったのち、CADを創設。途上国におけるプロジェクト立案・実施や、啓発動画の制作、次世代リーダーの育成など多岐にわたる活動を行っている。バルセロナ自治大学で経済学・社会科学の博士号、コロンビア大学国際公共政策大学院（SIPA）で修士号を取得、バルセロナ大学公共経済研究所で修士課程学位を取得。世界銀行のIFC（国際金融公社） - SME（中小企業）ツールキット・マスタートレーナーの資格を有し、業務提携仲介者としてプロフェッショナル認定も受けている。

ニコラス・シュヴロリエ　Nicolas Chevrollier

社会改革家としてアフリカ、南アジア、アメリカにおいてイノベーション、起業、開発を融合させる取り組みに15年以上にわたり熱心に取り組んできた。現在はBoPイノベーションセンター（BoPInc）のプログラム・マネジャーとして、低所得市場の起業推進のファシリテーションを行っている。BoPIncに入る前はオランダTNO応用科学研究機構の開発のための情報通信技術イノベーションチームの共同創設者兼リーダー、「開発のためのイノベーション」プログラムの副部長を務めていた。国際的に活躍するシュヴロリエは、アメリカ国立標準技術研究所の客員研究員として博士課程の研究を進める傍ら、マダガスカルで国際組織フランコフォニー大学機構の国際ボランティアも行っていた。国立電気通信研究所（フランス）で工学学士号と博士号を取得。INSEADで社会的起業の経営者訓練教育を修了している。

ミルティーユ・ダンス　Myrtille Danse

BoPイノベーションセンター（BoPInc）の初代ディレクターで、持続可能な貧困削減と事業戦略を融合させる専門家として国際的に評価が高い。開発途上国および移行経済国における、多国籍企業や現地民間セクターとのバリューチェーン開発戦略およびBoPビジネス戦略では20年以上の経験がある。その経験はヨーロッパ、アフリカ、東南アジア、中南米における多数の国際的な事業開発のプロジェクトリーダーとして培われたものである。中米で8年以上にわたり民間セクターのアドバイザー、オランダ外務省の政策顧問兼通商代表、開発協力の国際NGOの現地民間セクター開発顧問を務めた経験から、民間セクターと中心的な社会活動家の仲介をし、貧困削減のための市場本位のイノベーション開発を成功させている。

チロプリヤ・ダスグプタ　Chiropriya Dasgupta

持続可能な世界構築に向けたエンタープライズ（ESW）戦略施策ディレクター。企業セクターおよび社会事業向けの技術・経営コンサルティングと事業開発に10年以上の経験があり、都市部と農村部のBoP層と協業してきた。民間セクターの開発専門家として世界銀行に勤務したのちESWに参加。BoPに関してはアフリカのマイクロファイナンスの資金管理およびアドバイザリーサービス、フィリピン、ブラジル、ペルーでのインフォーマルな廃物処理セクターのための事業創出、インド最大の部族集団との極貧層向け試験施策の設計と実施、中南米・カリブ諸国の土着集団のための職位制度の設計と実施などの経験がある。プネ大学で電子通信工学の学位、コーネル大学ジョンソン経営大学院でMBAを取得している。

マルクス・ディートリッヒ　Markus Dietrich

BoPビジネスの専門家で、フィリピンのBoPおよび再生可能エネルギーに関するコンサルティング、調査、プロジェクト開発に豊富な経験がある。2009年にアジアン・ソーシャル・エンタープライズ・インキュベーター（ASEI）を創設し、事業開発、政策開発、持続可能な開発の融合に関する幅広い知識を、顧客であるアジア開発銀行、世界銀行、ドイツ国際協力公社（GIZ）、フランクフルト経営金融大学、BCIアジアその他の企業に提供している。執筆した先駆的な「ADB インクルーシブビジネス研究・フィリピン」は、同国のインクルーシブビジネス開発のきっかけとなった。CASSビジネススクールで経営学の学士号を、サザンニューハンプシャー大学で国際コミュニティ経済開発の修士号を取得。2011年にシンガポールで行われたINSEADの社会的起業プログラムに参加した。2012年に高級有機食品を生産する社会的事業、ヒルトライブ・オーガニクスを共同創業。タイ北部の山岳民族の農家の生活向上のため、当面は放し飼いの鶏の有機卵の生産に注力している。

ミンナ・ハルメ　Minna Halme

フィンランド・ヘルシンキのアアルト大学ビジネススクールの経営学教授。低所得の新興国市場の貧困削減のためのBoPビジネスと、持続可能なビジネスモデルを専門に研究している。多数のヨーロッパの研究コンソーシアムと共同研究を行い、持続可能なビジネスと消費に関する国内調査プロジェクトを指揮。フィンランドと韓国の修士課程、博士課程、エグゼクティブMBAコースで持続可能な経営を教え、実業界と共同で調査プロジェクトにたずさわっている。『Business Strategy and the Environment（事業戦略と環境）』、『Scandinavian Journal of Management（北欧経営ジャーナル）』、『Organization & Environment（組織と環境）』の編集委員。『Ecological Economics（環境に優しい経済）』、『Journal of Management Studies（経営研究ジャーナル）』、『Journal of Business Ethics（企業倫理ジャーナル）』などに論文を発表、著書も2冊ある。国連事務総長有識者ハイレベル・パネルで「グローバルな持続可能性」の顧問を務め、ニュースメディアからの取材も多数。2008年10月にフィンランド・アカデミーから研究の社会的インパクトを認められ、賞を受けた。

スチュアート・L・ハート　Stuart L. Hart

持続可能な開発と環境保護に関するビジネス戦略研究の世界的権威。バーモント大学のビジネススクール教授ならびにスティーヴン・グロスマン寄付講座教授、コーネル大学のジョンソン経営大学院名誉教授ならびにサミュエル・C・ジョンソン持続的なグローバル事業センター主任。持続可能な世界構築に向けたエンタープライズ創設者兼会長、BoPグローバルネットワーク創設者兼代表。2002年にC・K・プラハラードと共同執筆した「The Fortune at the Bottom of the Pyramid（ピラミッドの底辺に潜む富）」は、企業が開発途上国の40億人の貧困層のニーズに応えながら利益を上げられることを初めて明らかにした。著書に『未来をつくる資本主義［増補改訂版］――世界の難問をビジネスは解決できるか』（英治出版、2012年）、共著書に『BOPビジネス市場共創の戦略』（英治出版、2011年）がある。

マルヨ・ヒエタプロ Marjo Hietapuro

2011年にフィンランド・ヘルシンキのアアルト大学修士課程（経済学と国際ビジネス専攻）を修了。在学中にアアルト大学でBoPビジネスモデルを調査する企業の環境・社会的責任研究グループのプロジェクト研究員兼教師を務めながら、BoPビジネスにおけるパートナーシップについて修士論文を執筆した。卒業後は持続可能性と新興国市場に関わるさまざまなプロジェクトのセクター横断的パートナーシップ構築にたずさわる。例えば、ヘルシンキ・ビジネス・サイエンス・パークのプロジェクトマネジャーとしてフィンランドの食料安全保障のノウハウを新興国市場に輸出するセクター横断的プロジェクトに従事した。またそれに先立って、ヘルシンキの環境センターではヘルシンキにおける気候変動対策で企業とその他の関係者が協力するための新たなプラットフォームの設計に参加した。現在はフィンランドのEY（アーンスト・アンド・ヤング）の経営コンサルタントとして、戦略および業績向上コンサルティングを行っている。

平本督太郎 Tokutaro Hiramoto

一般社団法人BoPグローバルネットワーク・ジャパン代表理事。2016年3月まで野村総合研究所（NRI）にて、アフリカビジネス、BoPビジネス、CSR、官民連携、中期経営計画策定・運用支援、次世代経営者育成などを専門とするコンサルタントとして従事した。これまで日本企業数十社とBoPビジネス、アフリカビジネス等のフロンティア市場における事業創造、拡大に取り組んできた。また、2008年から経済産業省によるBoPビジネス普及のための施策も支援している。2010年にはBOPビジネス支援センター（www.bop.go.jp）の立ち上げ・支援を行い、2010〜2011年に同センターの運営プロジェクト（経済産業省から委託）のリーダーを務めた。2012年から同センターの運営協議会委員。現在は金沢工業大学でも教鞭をとっている。共著書に、『BoPビジネス戦略』（東洋経済新報社、2010年）、『アフリカ進出戦略ハンドブック』（東洋経済新報社、2016年）がある。

タシュミア・イシュマエル Tashmia Ismail

マーストリヒト技術革新・経済社会研究所フェロー、プレトリア大学ゴードン・インスティテュート・オブ・ビジネス・サイエンス（GIBS）講師。中核的なプログラムでイノベーションを教え、教職およびコンサルティング活動において低所得市場のための戦略に取り組む。開発途上国市場戦略の立案・実行に関心を持つステークホルダーのための協働プラットフォームを提供するGIBSインクルーシブ市場プログラムの代表を務めマネジメントを行っている。2012年に著書『New Markets, New Mindsets（新しい市場、新しいマインドセット）』を出版（2000部以上を売り上げた）、他にも多数の論文やケーススタディを発表している。国内外のカンファレンスやフォーラムに講師・パネリストとして招待を受けることも多い。

ウルス・イェーガー Urs Jäger

INCAEビジネススクール准教授、ザンクトガレン大学准教授。開発途上国と先進国（ピラミッドの底辺と頂点）との接点として起業を成功させる方法を学生たちに教えている。VIVA TRUSTの知識交流センター研究ディレクターとして持続可能な戦略と社会的起業の知識を創出・普及させ、持続可能性の専門家同士を結び、起業家の事業計画の立案・実行を支援するための新たな教授法を開発している。第3セクター研究の1流誌（『Nonprofit and Voluntary Sector Quarterly（非営利・ボランティアセクター・クオータリー）』、『Voluntas（ボランタス〔ラテン語でボランティアの意〕）』、『Nonprofit Management and Leadership（非営利のマネジメントとリーダーシップ）』など）に論文を多数発表、最新刊『Managing Social Businesses: Mission, Governance, Strategy and Accountability（ソーシャルビジネスの経営――ミッション、ガバナンス、戦略、説明責任）』（Palgrave Macmillan社）をはじめ5冊の著書がある。1流誌のレビュアーの他、40以上の国内外の非営利組織・営利組織の顧問を務め、ルフトハンザドイツ航空で3年以上の勤務経験もある。

クラウディア・クノブロッホ　Claudia Knobloch

エンデヴァのディレクター。企業との協業によるBoPビジネス実現の専門家。プロジェクトマネジメントと経営コンサルティングに15年の経験がある。約80社のヨーロッパ、南米、アジアの新市場参入を支援、GIZなどの財団や組織の戦略コンサルティングプロジェクトを手がけ、BoPビジネスと国際CSRに関する研究プロジェクトと出版を精力的に行ってきた。最近はマダガスカルで包括的エネルギービジネスのための市場調査を行い、現在はBoP層の住宅市場の顧客ニーズの調査にたずさわっている。国際ビジネス・文化研究の修士号を取得している。

アリーヌ・クレーマー　Aline Krämer

BoPビジネスの専門家。エンデヴァの創設者・マネージングディレクターとして、7年以上にわたりBoPビジネスをテーマとした調査とコンサルティングプロジェクトを立案・指揮してきた。インクルーシブ・ビジネスモデルに関して、企業とターゲット集団であるBoP層の双方にとって効果を上げる方法を考察した数本の研究論文の共著がある。最近は研究を主導した論文「Multiplying Impact: Supporting the Replication of Inclusive Business Models（インパクトの増殖――インクルーシブ・ビジネスモデルの拡大支援）」を共同執筆した。現場で参加型の手法を通じて低所得消費者のニーズを理解・評価し、適切な解決策の開発につなげる経験を積んだ。

マリア・アレハンドラ・ピネダ＝エスコバル　María Alejandra Pineda-Escobar

BoPビジネスと企業の社会的責任のコンサルタント・研究者。中南米の開発のためのパートナーシップセンター（CAD）と協力している。コロンビア・ビジネス・カウンシル・フォー・サステナブル・ディベロップメント（CECOES）のコンサルタントを務め、コロンビアのインクルーシブな地域開発の事例の記録、金融機関による持続可能性原則の採用評価を行ってきた。また中南米のトゥワーズ・ザ・ヒューマン・シティ・プロジェクトの地域コーディネーター、コロンビアのポリテクニコ・グランコロンビアーノ大学の准教授でもあり、同大学でビジネスにおける持続可能性、グローバリゼーション、競争優位性を教えている。CSRとBoP層における持続可能性についての記事、論文、書籍への寄稿があり、ナショナル・コミッティ・オブ・インクルーシブ・ビジネス・オブ・コロンビア（CONNIC）の委員を務めている。オランダのマーストリヒト大学国際ビジネス学部を卒業、中小企業と小売業経営専攻で商学士号、公共政策と人材開発で修士号、持続可能性とCSR（スペイン）で修士号を取得した。

ヤコブ・ラヴン　Jacob Ravn

2007年にアクセス・トゥ・イノベーション（A2I）ネットワークを創設、運営してきた。同ネットワークはNGO、学術機関、民間セクターを結ぶプラットフォームを立ち上げ、16のパートナーシップを誕生させた。最近では政府や地方自治体も商業ネットワークをもとにしたイノベーションのアプローチでパートナーシップに参加させている。パートナーシップは救援事業、持続可能なエネルギー、農業関連ビジネス、給水と衛生に特化しており、そこからこれまでに7社をデンマークと開発途上国内に独立させている。これに先立ちデンマーク赤十字社で働いた5年間で、デンマーク国内外のNGOセクターに関して深い知識を培った。2007～2011年のA2Iでの経験をもとに、救援・救助事業を対象としたネットワークベースのビジネスモデル・イノベーションをテーマにデンマークのオールボー大学の博士号を取得。ベルギーのCeris（Centre Européen de Recherches Internationales et Stratégiques、ヨーロッパ国際戦略研究センター）で国際政治の修士号、オールボー大学で行政学の修士号を取得。

● 著者

ヴィジェイ・サテ　Vijay Sathe

カリフォルニアのクレアモント大学院大学ピーター・F・ドラッカー＝伊藤雅俊経営大学院のC・S&D・J・デヴィッドソン寄付講座教授、経営学教授。前職では10年間にわたりハーバード・ビジネススクールで教鞭をとり、スイスのローザンヌにある国際経営開発研究所（IMD）でも教えた。インドのプネ大学で工学士号、ウィスコンシン大学で機械工学修士号、オハイオ州立大学でMBAと経営学博士号を取得。多数の論文と6冊の著書、『Controller Involvement in Management（経理部長の経営参加）』（Prentice Hall、1982年）、『Culture and Related Corporate Realities（文化および関連する企業の現実）』（Irwin、1985年）、『Organization（組織）』（ジョン・コッター、レナード・シュレジンジャーとの共著、Irwin、1992年）、『Corporate Entrepreneurship: Top Managers and New Business Creation（企業内起業――経営者と新規事業創出）』（Cambridge University Press、2003年）、『Manage Your Career: Ten Keys to Survival and Success When Interviewing and on the Job（キャリアマネジメント――面接と就職後の生き残りと成功の鍵）』（Business Expert Press、2008年）、ウルス・イェーガーとの共編『Strategy and Competitiveness in Latin American Markets: The Sustainability Frontier（中南米市場の戦略と競争優位性――持続可能性のフロンティア）』（Edward Elgar、2014年）がある。

クリスティーナ・ティーベス・グラール　Christina Tewes-Gradl

BoPビジネスの専門家。エンデヴァの創設者・マネージングディレクターとして、あらゆるセクターのパートナーと協働し、貧困に対する市場ベースの解決策の特定と実行を手がけている。持続可能性、戦略、開発の問題に関する調査と助言に12年以上の経験がある。ハーバード・ケネディスクールのCSR施策の研究フェロー。博士論文のための研究では、ビジネスモデル・コンセプトの視点を発展させた。パッサウ大学とロンドン・スクール・オブ・エコノミクスで修士号を取得。マッキンゼー社の戦略コンサルタントとしてマダガスカルの米作農家との仕事をした経験がある。

ジュン・ティビ　Jun Tibi

マイクロおよび中小規模の起業と開発セクターに特化した起業家。起業家としての関心と情熱を共有できる他の組織とも協働している。現在はマニラを拠点とするデザイン・コミュニケーション代理店および歴史あるパラワン州クリオン島のツアー会社の共同創設者。後者はフィリピンで最も成功している新興企業として評価されている。2008年にアテネオ・デ・ナガ大学で経営学の優等学位学士号を取得。

渡辺秀介　Shusuke Watanabe

野村総合研究所（NRI）のコンサルティング事業本部上級コンサルタント。専門は主にヘルスケア、BoPビジネス、情報通信事業分野の事業戦略、新規事業の立ち上げ支援、業務提携およびパートナーシップ戦略の立案と支援。エレクトロニクス、通信、医療分野など多岐にわたる民間顧客にコンサルティングサービスを提供している。また日本の政府機関への支援経験も豊富。BoPビジネス分野では複数の日本企業の新興国での事業拡大を支援した。具体的にはソーラーパネル、浄水剤、医療機器などの新規開発製品の販売のためのマーケティング調査、パートナーシップの仲介、事業戦略立案など。2014年4月からはNRIのコーポレートストラテジー部門の業務に従事。

● 訳者

平本督太郎　Tokutaro Hiramoto

一般社団法人BoPグローバルネットワーク・ジャパン代表理事。
（※詳細プロフィールは著者紹介頁を参照）

BoPビジネス3.0
持続的成長のエコシステムをつくる

発行日　2016年　8月31日　第1版　第1刷

編著者　フェルナンド・カサード・カニェーケ、スチュアート・L・ハート
訳者　平本督太郎（ひらもと・とくたろう）
発行人　原田英治
発行　英治出版株式会社
〒150-0022 東京都渋谷区恵比寿南 1-9-12 ピトレスクビル 4F
電話　03-5773-0193　FAX　03-5773-0194
http://www.eijipress.co.jp/
プロデューサー　下田理
スタッフ　原田涼子　高野達成　岩田大志　藤竹賢一郎　山下智也
鈴木美穂　田中三枝　山見玲加　安村侑希子　平野貴裕
山本有子　上村悠也　渡邉吏佐子
印刷・製本　大日本印刷株式会社
装丁　遠藤陽一（DESIGN WORKSHOP JIN, inc.）
翻訳協力　月谷真紀
株式会社トランネット　www.trannet.co.jp
校正　株式会社ヴェリタ

ISBN978-4-86276-233-7　C0034　Printed in Japan

ネクスト・マーケット［増補改訂版］　「貧困層」を「顧客」に変える次世代ビジネス戦略

C・K・プラハラード著　スカイライト コンサルティング訳　本体 3,200 円+税

新たなる巨大市場「BOP（経済ピラミッドの底辺=貧困層）」の可能性を示して全世界に絶大な影響を与えたベストセラーの増補改訂版。企業の成長戦略を構想する上でいまや不可欠となった「BOP」を、骨太の理論と豊富なケースで解説。

BOP ビジネス　市場共創の戦略

テッド・ロンドン、スチュアート・L・ハート編著　清川幸美訳　本体 2,200 円+税

BOP を単なるボリューム・ゾーンとみなした企業の多くは苦戦、失敗した。その経験で得られた教訓は「BOP と“共に”富を創造する」こと。事業設計から規模の拡大まで、BOP ビジネスで本当に成功するためのノウハウを、最先端の研究者・起業家 8 人が提示する!

未来をつくる資本主義［増補改訂版］　世界の難問をビジネスは解決できるか

スチュアート・L・ハート著　石原薫訳　本体 2,200 円+税

気候変動、エネルギー問題、貧困……世界の難問はビジネスが解決する!　真の「持続可能なグローバル企業」は BOP 層の生活の質を高め、後世のために地球の健全性を守るビジネスを創り、利益を上げる。日本語版序文、新章を加筆した増補改訂版。

アフリカ　希望の大陸　11億人のエネルギーと創造性

ダヨ・オロパデ著　松本裕訳　本体 2,200 円+税

無秩序のなかにグローバル経済の未来が見える。「シリコン・サハラ」の起業家たち、国よりも強い究極のシェア文化、アイデアあふれる教育と医療……全米注目のジャーナリストが各国に足を運び目にした、思い込みの向こうにあるリアルなアフリカの姿とは。

世界とつながるビジネス　BOP 市場を開拓する 5 つの方法

国連開発計画（UNDP）編　吉田秀美訳　本体 2,000 円+税

何かが足りない所にはニーズがあり、ニーズがある所にはチャンスがある。成功のカギは「つながり」をつくること!　明確なフレームワークと 17 のケースで学ぶ「BOP ビジネス」実践ガイド。

世界一大きな問題のシンプルな解き方　私が貧困解決の現場で学んだこと

ポール・ポラック著　東方雅美訳　遠藤謙序文　槌屋詩野解説　本体 2,200 円+税

15 カ国、2000 万人の貧困脱却を可能にした単純かつ大胆な解決策とは――?　30 年間にわたり現地の人びとと対話し続けて培った、製品デザイン、ビジネスモデル開発、マーケティングのノウハウが詰まった一冊。